Beck'sche Reihe
BsR 1030

Nicht immer waren es die großen Erleuchtungen, die vom Himmel herabkamen und sich, wie eine höhere Gunstbezeugung, im Kopfe des Denkers festsetzten. Auch schlichtere Überzeugungsmuster machten auf sich aufmerksam und beanspruchten anhaltendes Interesse: Manchmal war es nur ein Buch, das entscheidende Hinweise gab, oder der wiederkehrende Anblick einer in sich ruhenden Landschaft; es konnte eine Vorlesung sein, die auf einmal die bislang verschlossene Tür zur eigenen Gedankenarbeit aufstieß, oder ein Arsenal verschütteter Erinnerungen, das, plötzlich und gleichnishaft, dem Denker (s)ein Licht aufgehen ließ...

Otto A. Böhmer lebt als freier Schriftsteller in Nieder-Wöllstadt (Wetteraukreis). Geboren am 10. Februar 1949 in Rothenburg ob der Tauber. Aufgewachsen in Warendorf (Münsterland). Studium von Philosophie, Politologie, Soziologie und Literaturwissenschaft an den Universitäten Münster und Freiburg i. Br. In Freiburg 1979 Promotion zum Dr. phil. mit einer Dissertation über J. G. Fichte. Von 1977–1986 Lektoratstätigkeit. Zahlreiche Veröffentlichungen. Zuletzt erschienen: *Holzwege. Ein Philosophen-Kabinett* und der Essay-Band *Zeit des schönen Scheins*. Das vorliegende Buch beruht auf einer erfolgreichen Feature-Reihe, die zwischen 1990 und 1993 von Deutschlandfunk, NDR, Radio Bremen, SFB und WDR gesendet wurde.

OTTO A. BÖHMER

Sternstunden der Philosophie

*Schlüsselerlebnisse großer Denker
von Augustinus bis Popper*

VERLAG C.H. BECK MÜNCHEN

Für Christel und Mareike

Die Deutsche Bibliothek – CIP-Einheitsaufnahme
Böhmer, Otto A.:
Sternstunden der Philosophie : Schlüsselerlebnisse großer
Denker von Augustinus bis Popper / Otto A. Böhmer. -
Orig.-Ausg. – München : Beck, 1994
    (Beck'sche Reihe ; 1030)
    ISBN 3 406 37420 4
NE: GT

Originalausgabe
ISBN 3 406 37420 4

Einbandentwurf von Uwe Göbel, München
Umschlagbild: Eugène Ionesco, ‚La licence de la mariée', 1983.
Originallithographie
Copyright © 1983 by Erker-Verlag
Franz Larese und Jürg Janett, St. Gallen
© C. H. Beck'sche Verlagsbuchhandlung (Oscar Beck), München 1994
Satz: Fotosatz Otto Gutfreund GmbH, Darmstadt
Druck und Bindung: C. H. Beck'sche Buchdruckerei, Nördlingen
Gedruckt auf säurefreiem, aus chlorfrei gebleichtem
Zellstoff hergestelltem Papier
Printed in Germany

Inhalt

Einleitung

Philosophische Schlüsselerlebnisse – zum Beispiel Augustinus, Pascal, Rousseau und Feuerbach

> „Das Produkt des Philosophen ist sein Leben (zuerst, vor seinen Werken)."
> *Friedrich Nietzsche*

Die Ideengeschichte der Philosophie ist, bezogen auf ihre Urheber, auch ein Teil Lebensgeschichte, die sich aufspüren läßt: Wer der Frage nachgeht, wie Philosophen, die vom Staunen ins Grübeln verfielen, denn letztlich auf ihre Gedanken gekommen sein mögen, der wird feststellen, daß es nicht selten Schlüsselerlebnisse waren, hausgemachte Visionen, die für jene Illumination sorgten, in der sich die jeweilige Philosophie ihrem Philosophen, sinn-gebend und einer Erleuchtung gleichkommend, zu erkennen gab.

Der sprichwörtlich gewordene Gedankenblitz, der auch den Mann oder die Frau auf der Straße gelegentlich befällt und zu manch ungeahnter Einsicht verhilft, hat bei den Philosophen, ihrem Stande gemäß, zumeist tiefergreifende Wirkungen erzielt – zumindest drängt sich diese Vermutung auf, wenn man den Zeugnissen Glauben schenken will, die von der Historie und dem Umfeld jener Eingebungen berichten, denen Philosophen sich, bevor sie zu Philosophen wurden, ausgesetzt sahen. Nicht immer waren es die großen und genialen Erleuchtungen, die vom Himmel herabkamen und sich, wie eine höhere Gunstbezeugung, im Kopfe des Denkers festsetzten; auch schlichtere Überzeugungsmuster machten auf sich aufmerksam und beanspruchten anhaltendes Interesse: Manchmal war es nur ein Buch, das entscheidende Hinweise gab, oder der wiederkehrende Anblick einer in sich ruhenden Landschaft; es konnte eine Vorlesung sein, die auf einmal die bislang verschlossene Tür zur eigenen Gedankenarbeit aufstieß, oder ein Arsenal verschütteter Erinnerungen, das, plötzlich und gleichnishaft, jenes Licht aufgehen ließ, in dem das Vergangene zum Kristallisationspunkt einer noch zu bestimmenden Zukunft wurde.

Was immer das philosophische Schlüsselerlebnis war: Es hatte, zumindest in der Rückschau nehmenden Vergegenwärtigung des Philosophen, die von feinen Selbst-Stilisierungen natürlich nicht ganz frei sein konnte, eine dauerhaft-grundlegende und geheimnisvoll-produktive Wirkung. Von nun an war ein Weg vorgezeichnet: Die existentiellen Überraschungen, von denen noch die Rede sein konnte, hatten mit den einmal geweckten Ideen zu tun, die dazu bestimmt schienen, zum Rüstzeug einer sich selbst erfüllenden Philosophie zu werden. Was einmal in Gang gebracht wird – nicht nur am Hang, an dem sich Lawinen lösen, sondern auch im schwer einsehbaren Reich der Gedanken –, läßt sich kaum noch – oder gar nicht mehr – aufhalten.

Der Gedankenblitz selbst, den wir in der Redensart kennen, hat durchaus auch eine altehrwürdige philosophische Tradition. Schon der griechische Philosoph Heraklit, dem wir eine Vielzahl weisheits-strenger Aphorismen verdanken, nannte den Blitz die Urkraft, die, im umfassenden Ganzen, aufscheinen läßt, was überhaupt als Seiendes sichtbar gemacht werden kann – und einsehbar wird. Der Blitz, das Konzentrat des welt-stiftenden Feuers, hat im Großen wie im Kleinen realitätsetzende Macht: Als kosmischer Feuerstrahl bringt er das Geschaffene überhaupt, unzählige Welten, ins Licht; als Gedankenblitz gerät er, scheinbar aus dem Nichts, zur jähen Eingebung, der die Erschaffung des eigentlichen Mikrokosmos, der Welt der Gedanken im Kopf, zugemutet wird.

Erkenntnisprozesse, so scheint es, bedürfen der blitzartigen Erhellung, die zur Triebkraft der Intuition wird, aber auch die unverzichtbaren Glanzlichter setzt im mühsamen Geschäft rationaler Überlegung und der logisch-depressiven Arbeit der Begriffe. Wer denken will, ist auf den Zuspruch der Gedanken verwiesen; wo und wann aber ein Gedankenblitz einschlägt und die Eingebung bringt, bleibt ein Geheimnis, dem wir, wenn überhaupt, nur in Gedanken nahekommen können. Wir begreifen vieles, aber die Sichtbarkeit der Dinge ist uns ein Rätsel, das allenfalls Ähnlichkeiten hat mit dem unergründlichen Bild-von-uns-Selbst, an dem wir, mehr schlecht wohl als recht, unsere schüttere Identität ausrichten. Gedanken, die sich einnisten mit suggestiver Gewalt, sind als Erleuchtungen zu begreifen, als herrisch auftretende Visionen, die keinen Widerspruch dulden; von ihnen, aber auch von der sanften Verfestigung des Gesehenen in der Wiederholung, berichten Lebens-Geschichten in der Philosophie. Wer sie zu deuten weiß, dem wird ein anderer Zugang zur Philosophie ermöglicht, in dem es eher um das listige Behaupten von Urheberrechten geht als um die erdrückende Wucht eines Werkes.

Eine der bekanntesten Erleuchtungen, die wir aus der Philosophiegeschichte kennen, überkam im Sommer des Jahres 386 den späteren Kirchenvater Aurelius Augustinus. Seine ‚Bekehrung‘, über die er im gleichnamigen achten Kapitel seiner „Bekenntnisse" berichtet, hat so, wie Augustinus sie beschrieb, wohl nicht stattgefunden. Seine Darstellung des Vorgangs ist gleichwohl ein Musterbeispiel stilisierter Rückschau, in der das Wesentliche auf die Eingebung konzentriert wird, welche jahrelange geistige Kämpfe, Ängste und Zweifel zusammenfaßt und zu einer Art Palastrevolte der Gedanken im Kopf erklärt, die den endgültigen Umsturz bringt und Gott als den heimlichen Strategen erkennen läßt, der sich, nicht ohne Seelen-Listen, der Dienste eines von ihm Auserwählten versichert.

Augustinus hatte zuvor einige weltliche Brücken hinter sich abgebrochen: Es war ihm gelungen, sein ungeliebtes Dasein als Rhetorik-Lehrer in Karthago zu beenden und, gegen den Wunsch seiner resoluten Mutter Monnica, nach Italien überzusiedeln, wo er zum kaiserlichen Redner am Hofe von Mailand aufstieg, was für einen Rhetor damals das höchste war, was er erreichen konnte. Augustinus' Denken rieb sich auf im Widerspruch zwischen der manichäischen Lehre, der er eine Zeitlang angehangen hatte, und der Faszination des Neuplatonismus, mit dem Augustinus nachhaltig in Berührung geraten war. Schließlich trennte er sich von seiner Freundin, mit der er einen Sohn hatte und mehr als fünfzehn Jahre zusammengewesen war: – Was in seinen bescheidenen Kräften stand, hatte er getan; nun war die Zeit reif für seine Bekehrung, die ein anderer für ihn besorgen mußte. Von ihr erzählt Augustinus in seinen „Bekenntnissen" wie folgt:

„Jetzt aber, da eindringende Betrachtung aus verborgenen Tiefen mein ganzes Elend hervorgezogen und mir vor das Seelenauge gerückt hatte, erhob sich ein gewaltiger Sturm und trieb einen gewaltigen Regenguß von Tränen heran... Ich aber warf mich, weiß nicht wie, unter einem Feigenbaum zur Erde und ließ den Tränen freien Lauf. Sie flossen in Strömen aus meinen Augen, ein dir gefälliges Opfer, und nicht mit diesen Worten, aber dem Sinne nach sprach ich zu dir: ‚Ach du, Herr, wie lange! Wie lange, Herr, willst du so zürnen? Gedenke nicht unserer alten Missetaten!' – Denn ich fühlte, daß sie es waren, die mich festhielten... So sprach ich und weinte in bitterster Zerknirschung meines Herzens. Und siehe, da hörte ich vom Nachbarhause her in singendem Tonfall, ich weiß nicht, ob eines Knaben oder eines Mädchen Stimme, die immer wieder sagt: ‚Nimm und lies, nimm und lies!' – Sogleich wandelte sich meine Miene, und angestrengt dachte ich nach, ob wohl Kinder bei irgendeinem Spiel so zu singen pflegten, doch konnte ich mich nicht entsinnen, dergleichen je vernommen zu haben. Da ward der Tränen Fluß zurückgedrängt; ich stand auf und konnte mir's nicht anders erklären, als daß ich den göttlichen Befehl empfangen habe, die Schrift aufzuschlagen und die erste Stelle zu lesen, auf die meine Blicke träfen... So kehrte ich schleunigst dahin zurück, wo Alypius noch saß, denn dort hatte ich, als ich fortging, die Schrift des Apostels liegen lassen. Ich griff sie auf, öffnete sie und las stillschweigend den ersten Abschnitt, der mir in die Augen fiel: ‚Nicht in Fressen und Saufen, nicht in Kammern und Unzucht, nicht in Hader und Neid, – sondern ziehet an den Herrn Jesus Christus und hütet euch vor fleischlichen Gelüsten...' – Weiter konnte ich nicht lesen, wollte es auch nicht. Denn kaum hatte ich den Satz beendet, durchströmte mich das Licht der Gewißheit, und alle Schatten des Zweifels waren verschwunden."

Augustinus' Bekehrung, von der er in seinen „Bekenntnissen"

berichtet, steht in Zusammenhang mit einer weiteren göttlichen Eingebung, der es gelingt, die gewöhnlichen Zeitunterschiede auszulöschen und ein Ereignis der Vergangenheit, das rückschauend vergegenwärtigt wird, zu einer realen Vision werden zu lassen, in der sich die Zukunft zu erkennen gibt. Augustinus sieht den Tod seiner Mutter Monnica voraus, den er im Gespräch mit ihr, begleitet vom göttlichen Zuspruch, vorwegnimmt, um ihn, als eine Art mystische Wiedervereinigung von Wissenden, für Gott zu Ende zu bringen.

„Als nun der Tag herannahte, an dem sie aus diesem Leben scheiden sollte – du kanntest ihn, wir kannten ihn nicht –, da traf sich's, wie du auf deine geheime Weise es wohl gefügt, daß wir beide, ich und sie, allein an ein Fenster gelehnt dastanden. Es schaute auf den inneren Garten des uns beherbergenden Hauses, dort bei Ostia am Tiber, wo wir fern vom Menschenschwarm uns von der Mühe der langen Reise erholten... Da führten wir, Aug in Auge, ein herzerquickendes Gespräch... Wir sagten: Wenn in einem Menschen der Lärm des Fleisches schwiege, und es schwiegen auch die Erinnerungsbilder von Erde, Wasser und Luft, es schwiegen des Himmels Pole, wenn auch die Seele vor sich schwiege und selbstvergessen über sich hinauseilte, wenn die Träume schwiegen und alles, was man sich einbilden und erdichten mag...; wenn alles so spräche und dann schwiege und nun lauschend das Ohr dem zuwendete, der es erschuf – und wenn dann er allein spräche..., so daß wir sein Wort hörten... und im raschen Gedankenflug die ewige, über allem waltende Weisheit berührten, und wenn dies Dauer hätte..., so daß das ewige Leben wäre wie dieser Augenblick höchster Erkenntnis, nach dem wir uns gesehnt, ja wäre dann nicht erfüllt, was verheißen ist: ‚Gehe ein zu deines Herrn Freude?'... – Du aber weißt, Herr, daß meine Mutter an jenem Tage, als wir so miteinander redeten und die Welt mit all ihren Freuden jeglichen Reiz für uns verlor, das Wort ergriff und sagte:... Was denn soll ich noch hier?"

Wann nun genau Augustinus' Mutter wirklich starb, ist unerheblich: Ihr Tod hat zuvor seine Begründung gefunden, und so verabschiedet sie sich denn, als ihre Stunde gekommen ist, aus dem Zeitlichen und geht ein in die Ewigkeit. – Das mystische Gespräch zwischen Mutter und Sohn ist eine Eingebung gewesen, die in einem späteren philosophischen Schlüsselerlebnis, der Traumvision von René Descartes (s. oben S. 31 ff.) ihre Wiederaufnahme findet. Darauf hat Hans Blumenberg in seinem 1989 erschienenen großen Buch „Höhlenausgänge" hingewiesen. – Blumenberg schreibt:

„Was der Traum in der Vita des Descartes bedeutet, hatte seine Vorprägung in der Vision von Ostia, die Augustin gemeinsam mit seiner Mutter kurz vor deren Tod ... gehabt und etwa ein Jahrzehnt später in den ‚Confessiones' beschrieben hatte. Es wird zutreffen, daß erst die Cartesianer Augustins Einfluß auf ihren Meister festhalten wollten, doch ist Kenntnis dieser urbildlichen Wandlungsgeschichte vorauszusetzen, wenn Descartes nach einer legitimierenden Fassung seiner weltlichen ‚Bekehrung' suchte ... Was in der Erfahrung von Ostia geschieht, ist eine philosophische, keine christliche ‚ekstasis' ... Aus der philosophischen Ekstase geht die Erwartung des augenblickhaft Berührten als eines dauernden Zustandes von Besitz hervor: das einmal gegenwärtige Absolute als das zukünftig Unverlierbare."

Das Erweckungserlebnis, das den Philosophen Blaise Pascal in der Nacht vom 23. auf den 24. November 1654 – und zwar, wie er selbst vermerkte, „von ungefähr zehneinhalb Uhr abends bis ungefähr eine halbe Stunde nach Mitternacht", überkam, muß von so einschneidender Wirkung gewesen sein, daß es verdiente, herznah und ein Leben lang aufbewahrt zu werden: Pascal tat dies, indem er auf einem Stück Pergament in großen Buchstaben das Wort FEUER notierte, das er sich dann in das Futter seines Mantels einnähen ließ. Wie ein Feuer war seine Vision über ihn hereingebrochen; es brannte in seiner Seele, um zu vernichten, was endgültig der Vergangenheit angehören sollte, und in hellstes Licht zu stellen, was sein Auftrag war und seine Gewißheit für die Zukunft.

In einem von ihm so genannten ‚Memorial' hat Pascal festzuhalten versucht, welche Gedanken ihm blieben aus seiner Vision, als die Nacht des Feuers vorbei war und der Alltag sein Regiment wieder antreten wollte. Pascal bekennt sich zu Gott, aber es ist ein anderer Gott, den er nun zu sehen glaubt: der „Gott Abrahams, Isaaks und Jakobs", der weit entfernt ist von jenem Schrumpfgott, den Pascal, bis vor kurzem noch, mit Hilfe des „gesunden Menschenverstandes", für sich beanspruchen zu können meinte. Dieser „sehr kleine" Gott, so Pascal, war „der Gott der Philosophen und Gelehrten"; ihn wird es nicht mehr geben. Mit Feuer hat der wahre Gott seine Botschaft weitergegeben und einer Seele übereignet, die ihre Stunde gekommen sah.

Es ist dies ein Anlaß zu großer Freude, obwohl Pascals ‚Memorial' eher von euphorischer Furcht zeugt und einem Bangen dem alttestamentarischen Vater-Gott gegenüber, der ja nicht im Rufe stand, sonderlich milde gestimmt zu sein oder gar als Förderer der seiner Welt übereigneten Lebensfreude zu gelten. Pascal macht sich selbst Mut; er ahnt, daß Visionen, allein gelassen, in einer rauhen Wirklichkeit scheitern und auf Grund laufen. So beschwört er die Zukunft und verklagt seine Vergangenheit; seine Gegenwart aber wird erhellt vom Schein eines langsam herunterbrennenden Feuers...

„Gerechter Vater, Gott Jesu Christus... Dein Gott wird mein Gott sein... Freude, Freude, Freude; Tränen der Freude... Ich habe mich von ihm getrennt, und ich habe ihn geflohen; ich habe mich von ihm losgesagt, ich habe ihn gekreuzigt... Möge ich nicht auf ewig von ihm geschieden sein... Nur auf den Wegen, die das Evangelium lehrt, kann er bewahrt werden... Gott finden, Gott bewahren... Die menschliche Seele hat die doppelte Fähigkeit, Gnade zu erwerben und zu verlieren... Vollkommene und wonnevolle Entsagung... vollkommene Unterwerfung unter Jesus Christus und meinen geistlichen Führer... Ewig in der Freude – für einen Tag der Mühe auf Erden."

Pascal ließ von seiner Vision nicht mehr ab; er verteidigte sie im Stile eines gestrengen Schriftstellers, der nicht mehr bereit war, mit sich spaßen zu lassen. In seinem berühmtesten Werk, den unvollendet gebliebenen „Pensées", hat er noch einmal niedergeschrieben, welche Lehre er aus seinem Erweckungserlebnis, der Vision vom Gott-im-Feuer, zog. Gottes Zuspruch erfährt der Mensch als die Stimme seines Herzens; das Herz, Ort unmittelbarer Einsicht und der großen Gewißheiten, ist der

Vernunft übergeordnet und verweist sie in ihre Schranken. Eine Eingebung, wie sie Pascals Vision mit sich brachte, ist jedem Menschen zugänglich; er muß nur glauben und auf den Zuspruch seines Herzens hören; in ihm läßt Gott sich vernehmen:

„Das Herz hat seine Gründe, die die Vernunft nicht kennt. Es ist das Herz, das Gott spürt, und nicht die Vernunft. Das ist der Glaube: Gott spürbar im Herzen und nicht der Vernunft... Wie weit ist es von der Erkenntnis Gottes bis dahin, ihn zu lieben!... Jesus Christus, Paulus folgten der Ordnung der Gottesliebe, nicht der des Geistes; sie wollten nicht unterrichten, sondern *entzünden.*"

Für den Philosophen Jean-Jacques Rousseau wurde das „Licht der Erkenntnis" an einem Oktobertag des Jahres 1749 entzündet. Seine von ihm selbst so genannte „Illumination" vollzog sich in schlichter Umgebung: Er war auf der Landstraße von Paris nach Vincennes unterwegs, wo er seinen Freund Diderot besuchen wollte, den man des fortgesetzten Atheismus bezichtigt und ins Schloß von Vincennes gesteckt hatte, das damals als Staatsgefängnis genutzt wurde. Diderot ging es dort im übrigen gar nicht schlecht; man behandelte ihn vergleichsweise zuvorkommend, er durfte arbeiten und die Besuche seiner Freunde empfangen.

Rousseau war im Jahre 1749 ein noch unbekannter Mann, der sich in wechselnden Berufen, mehr schlecht als recht, durchgeschlagen hatte. Auf dem Wege nach Vincennes geriet ihm eine Zeitung, der „Mercure de France", in die Hände; er blätterte darin und stieß dabei auf eine von der Akademie Dijon ausgegebene Preisfrage, die da lautete: „Ob der Fortschritt der Wissenschaften und Künste zur Läuterung der Sitten beigetragen hat?". Was dann geschah, schildert Rousseau in einem Brief an seinen Förderer de Malesherbes so:

„Da fiel mir... die Frage der Akademie zu Dijon in die Augen, die den Anlaß zu meiner ersten Schrift gab. Wenn jemals etwas einer plötzlichen Inspiration glich, so war es die Bewegung, die dadurch in mir entstand. Mit einem Schlage fühlte ich meinen Geist durch tausend Lichter geblendet; zahllose lebensvolle Ideen strömten auf mich ein mit einer Kraft und Fülle, die mich in unaussprechliche Verwirrung brachte... Mein Kopf ist berauscht, als sei ich betrunken. Heftiges Herzklopfen droht mich zu ersticken; ich kann nicht mehr atmen und werfe mich unter einen der Bäume an der Landstraße. Eine halbe Stunde bringe ich dort in einer solchen Aufregung zu, daß ich beim Aufstehen meine Weste von Tränen benetzt finde. Oh, mein Herr, hätte ich damals den vierten Teil dessen niederschreiben können, was ich unter jenem Baum empfand, mit welcher Klarheit hätte ich dann die Widersprüche der gesellschaftlichen Ordnung darlegen können, mit welcher Gradlinigkeit hätte ich bewiesen, daß der Mensch von Natur aus gut ist und daß die Menschen allein durch unsere Einrichtungen böse werden. Das Wenige, was ich von der Fülle der großen Wahrheiten festhalten konnte, die mich in jener Viertelstunde unter dem Baume erleuchteten, finden sich, in abgeschwächter Form, zerstreut in meinen Hauptschriften. Auf diese Art bin ich, ohne daran zu denken, fast wider meinen Willen zum Schriftsteller geworden."

Rousseaus Erleuchtung brachte Ansehnliches zuwege: Sie machte ihn zum Schriftsteller, der Ruhm und Beschimpfungen einheimsen konnte, und sie eröffnete ihm ein wahrhaft produktives Jahrzehnt, in dem er mehr als ein halbes Dutzend Bücher veröffentlichte und zum meistdiskutierten Autor Frankreichs, ja des gebildeten Europa wurde.

Weit weniger dramatisch ging die Gedanken-Erweckung des angehenden Philosophen Ludwig Feuerbach über die Bühne. Er sah sich zunächst zum Theologen bestimmt, wechselte dann aber an die Universität Berlin, wo der Philosoph Hegel lehrte, der sich anschickte, berühmt zu werden. Hegels Vorlesungen, die von anderen als trocken und langweilig empfunden wurden, brachten für Feuerbach die Wende. Ihm war, als sei ihm zum ersten Mal vergönnt, „die reine, frische Luft" zu atmen; der „Wind" des Denkens, den der eher dröge Hegel entfacht hatte, drängte ihn hinaus ins „wirkliche Leben". Nach Ablauf des Sommersemesters 1825 schrieb er an seinen Vater: „Palästina ist mir zu eng; ich muß in die weite Welt, und diese trägt bloß der Philosoph auf seinen Schultern... Mit den alles durchdringenden und durchlaufenden Wurzelfasern der Gedanken will ich reichen und mich ausdehnen bis an die Enden der Welt."

Später, als Feuerbach glaubte, auf dem richtigen Wege zu sein, brachte er die Dankbarkeit Hegel gegenüber noch einmal zum Ausdruck. Er übersandte ihm seine Dissertation und schrieb dazu im Begleitbrief. „Hochzuverehrender Herr Professor!... Ich nehme mir die Freiheit, Euer Wohlgeboren meine Dissertation zu schicken... Diese meine Freiheit... kann ich nur verzeihen... durch das Bewußtsein, daß die durch Sie in mir erzeugten oder geweckten und in Ihrer Philosophie ausgesprochenen Ideen nicht oben im Allgemeinen über dem Sinnlichen... sich halten, sondern schaffend in mir fortwirken."

Philosophen sind, was die kritische Beschäftigung mit dem Werdegang der eigenen Person angeht, nicht unbedingt auskunftsfreudiger als andere Sterbliche. Manch einer hat sich so listig hinter seinem Werk verbarrikadiert, daß er nicht mehr zum Vorschein kam, und man allenfalls noch das stille Vergnügen erahnen konnte, mit dem er vermutlich das kritische Treiben seiner Interpreten verfolgte. Andere haben sich erwiesener Unnahbarkeit unterzogen, die ein Frage- und Antwortspiel, auf Autor und Werk gleichermaßen bezogen, unergiebig macht. Wer als Philosoph jedoch seiner Lebensgeschichte ein dezidiertes Andenken bewahrt hat, der erinnert sich auch in Dankbarkeit an jenes Ereignis, das seiner Philosophie ein Licht aufsteckte und die Richtung wies. Nicht immer sind es, wie wir wissen, kraftstrotzende Träume und flammensprühende Visionen gewesen, die dazu bestimmt waren, den noch schlummernden Gedanken Beine zu machen; der einfache Anlaß oder das hartnäckige Wiederholen einer eher diskreten Einflußnahme konnten die gleiche Wirkung erzielen.

Wie intensiv auch immer Eingebungen, Einsichten, Erweckungen, philosophische Schlüsselerlebnisse also, ihren Anspruch angemeldet haben, sie sprachen für sich selbst und bestimmten das von nun an gültige, erkenntnisleitende Interesse. Dem Philosophen, der oftmals noch gar nicht wußte, daß er zu einem Philosophen werden sollte, wurde eine Gewißheit zuteil, die er – auch – als Geschenk begreifen durfte. Es bot sich ihm an, in aller Offenheit und auf Folgerungen versessen, ein Schlüssel, zur Welt – und, wie Walter Benjamin einmal gesagt hat, „ein Gleichnis für die Dinge; ein Gleichnis für den Alltag der Utopie.“

„In den Hallen der Großen"

Niccolò Machiavelli

Eine Redensart besagt, daß manch einer zu seinem Glück erst gezwungen werden muß. Dabei geht man von der Annahme aus, daß es vornehme Zwecke gibt, die sich nur über die Köpfe der Individuen hinweg realisieren lassen. Das Widerstreben des einzelnen, seine offensichtliche Lustlosigkeit zählen nicht; für ihn wird entschieden, was er selbst, trotz oder gerade wegen seines vorgeblich besseren Wissens, nicht entscheiden kann. Der Zwang zum Glück, der sich um den Einspruch des Betroffenen nicht scheren mag, wird erst im nachhinein, wenn eine wertende Rückschau möglich ist, als erfolgreiche Verfügungsmaßnahme offenbar; nun kann man überblicken, was sich ergeben hat, und aus der vollzogenen Entwicklung seine Schlüsse ziehen. Was zuvor als ärgerliches, ja fatales Geschehen ausgedeutet wurde, erweist sich nun als glückliche Fügung; man preist die geheimnisvoll-wohltätigen Absichten, die über allem walten, und fühlt sich letztlich – und sehr zu Recht – eines Besseren belehrt.

Zu seinem Glück gezwungen wurde auch der Schriftsteller und Philosoph Niccolò Machiavelli. Allerdings verstand dieser sein Glück nicht unbedingt als Glück, sondern als gänzlich unberechtigte Benachteiligung: Machiavelli nämlich war mit dem, was ihm zwangsweise widerfuhr, keineswegs einverstanden, und dem Standpunkt der Nachwelt, die sein Leben etwas anders beurteilte, mochte und konnte er sich, aus sehr verständlichen Gründen, noch nicht anschließen. Das Glück, zu dem Machiavelli gezwungen wurde, bestand in einem ausgedehnten Berufsverbot, das nicht dem Schriftsteller und Philosophen galt, sondern dem Politiker Machiavelli, einem ehemals einflußreichen Staatssekretär der Republik Florenz, dem die Ungunst der Umstände erst das Gefängnis und anschließend die Verbannung auf sein bescheidenes Landgut L'Albergaccio eingetragen hatte. Dort also saß er nun und sah sich dazu verdonnert, gegen sein Unglück – das andere später als sein Glück interpretierten – anzuschreiben, im übrigen aber bereit zu sein für den Fall, daß sich die allgemeine politische Lage doch wieder zum Positiven veränderte. In einem Brief an seinen Vertrauten, den Gesandten Francesco Vettori, schrieb Machiavelli:

„Da Fortuna alles selber tun will, muß man sie machen lassen, ruhig bleiben, ihr nicht lästig werden und abwarten, bis sie uns Menschen etwas tun läßt. Dann ist es an der Zeit, mehr Mühe aufzuwenden und stärker in den Lauf der Dinge einzugreifen – und an mir, mein Landhaus zu verlassen und zu sagen: Hier bin ich.“

Machiavelli war zwar bereit, in den Lauf der Dinge einzugreifen, aber man ließ ihn nicht. Im November 1512 hatte man ihn seiner Ämter enthoben, nachdem es zu einem Machtwechsel gekommen war und die Regierungsgeschäfte wieder in den Händen des Familienclans der Medici lagen. Machiavelli hielt es zunächst für möglich, auch mit den neuen Machthabern zusammenzuarbeiten, wurde jedoch schon bald auf sehr schmerzliche Weise darüber belehrt, daß sein Schicksal anderes mit ihm vorhatte: Im Februar 1513 verdächtigte man ihn, an einer Verschwörung gegen Giovanni de Medici beteiligt zu sein, und warf ihn kurzerhand ins Gefängnis, in dem er es, bei Wasser, Brot und Folter, schlechte zwei Monate auszuhalten hatte. Obwohl es ihm miserabel ging, beschrieb Machiavelli sein Dasein als Gefangener mit der Souveränität des großen Spötters:

„Um die Beine habe ich Ketten, und meine Schultern sind sechsfach mit Stricken gefesselt. Die Wände hier sind über und über mit Ungeziefer bedeckt, das so gut gedeiht, daß es nur mehr ein einziger Mottenschwarm ist. Weder in den Wäldern Sardiniens noch in denen der Pyrenäen hat es je ein solches Geschmeiß gegeben wie hier in meinem köstlichen Asyl, und es herrscht ein Lärm, als donnerten Jupiter und der ganze Olymp zur Erde: Hier rasselt einer mit seinen Ketten, dort wird mit Gepolter einer losgemacht, dabei rumpeln Pfosten und Nägel, und drüben brüllt einer, er hänge zu hoch vom Boden. Was mich aber am

meisten erzürnt, das ist das Gejammer, wenn ich im Morgengrauen endlich ein wenig einschlafen könnte und es dann heißt:
Hört zu, sie beten für euch."

Für den Philosophen und Schriftsteller Niccolò Machiavelli
waren die Jahre von 1512 bis 1520, in denen er sich zur politi-
schen Untätigkeit verdammt sah, äußerst ergiebig. In diesem
Zeitraum entstanden jene Werke, aus welchen sich sein späterer
Weltruhm nährte: „Der Fürst", die „Discorsi" (deutscher Titel:
„Vom Staat"), der „Dialog über die Sprache" und schließlich
Machiavellis größter Erfolg, die noch heute gespielte Komödie
„Mandragola", ein leicht frivol angehauchter Theaterspaß, der
die Zeitgenossen des ehemaligen Staatssekretärs in Entzückung
versetzte.

Machiavelli wurde zum Autor, weil man ihn nicht zurück in
die Politik lassen wollte; er schrieb mit leichter Hand und geplagt, wie er freimütig bekannte, von hartnäckiger Langeweile.
Eine Existenz als philosophierender Dichter hatte er nie ange-
strebt; ihr widmete er sich unter Protest und ohne den insistierenden Ehrgeiz, den er bei seiner politischen Tätigkeit an den Tag
gelegt hatte. Machiavelli, Schriftsteller wider Willen, versuchte,
sein Leben auf dem Lande als zweifelhaften Spaß zu begreifen,
als Idylle, der er selbst ein ironisch geläutertes Gesetz des Handelns aufzudrücken hatte. Er verordnete sich seine eigene Beschäftigungstherapie, ein Aktions- und Kunstprogramm für den
Ablauf potentiell öder Tage, die produktiv durchlebt werden
wollten. Seinem Freund Vettori berichtete er:

„Ich stehe mit der Sonne auf und begebe mich in ein Wäldchen, das ich ausholzen lasse. Dort verbringe ich zwei Stunden,
indem ich die Arbeiten des vorigen Tages nachsehe und mir die
Zeit mit den Holzbauern vertreibe, die immer ihre Späße mit den
Nachbarn oder untereinander haben... Von meinem Wäldchen
aus gehe ich zu einer Quelle und weiter zu einem meiner Vogel-
herde, ein Buch in der Tasche, Dante oder Petrarca oder eines
von den kleineren Dichtern, Tibull, Ovid oder so. Ich lese von
ihren Liebesleiden und Freuden, erinnere mich der eigenen und
ergötze mich eine Weile mit solchen Gedanken. Dann aber kehre
ich zur Straße zurück in ein Wirtshaus, rede mit denen, die

da vorbeikommen, frage neue Neuigkeiten aus ihrer Gegend, erfahre alles Mögliche und lerne, wie verschieden die Ansichten und Einbildungen der Menschen sind. Unterdessen wird es Essenszeit, wo ich dann mit meinem häuslichen Verein das verzehre, was mein armseliges Gütchen und mein geringes Erbteil erbringen. Hab ich gegessen, geh ich zurück ins Wirtshaus, wo der Wirt und gewöhnlich ein Metzger, ein Müller und zwei Ziegelbrenner anzutreffen sind. Mit denen spiele ich hingegeben Cricca oder Trictac, was zu unendlichen Streitereien und Beleidigungen führt, und wenn es auch meist nur um einen Quattrino geht, so hört man uns doch mindestens bis San Casciano brüllen. So tief gesunken hebe ich den Kopf aus dem Staub und schütte mein Herz aus über die Niedertracht meines Schicksals, dem ich mich zufrieden zeige mit der Art, wie es mich niedertritt. Denn ich will doch sehen, ob es sich dessen nicht schämt.«

Machiavellis Beschäftigungstherapie mochte wohlausgeklügelt erscheinen; in Wirklichkeit war sie wohl eher eine Überlebensstrategie, die sich am Machbaren orientierte. Alternativen zu den von Machiavelli beschriebenen Möglichkeiten des Zeitvertreibs gab es kaum; das ländliche Leben war hart und ärmlich, die Freuden, die es bot, mußten entsprechend deftig ausfallen. Machiavelli paßte sich den Gegebenheiten an; er wußte, daß ihm, bis auf weiteres, gar nichts anderes übrigblieb.

Dabei durfte er sich noch über den Umstand ärgern, daß ihn seine Verbannung keineswegs außer Sichtweite der großen Politik gebracht hatte: Machiavellis Zufluchtsort Sant' Andrea in Percussina, ein malerisch auf den Hügeln von Greve- und Pesatal thronendes Dörfchen, lag nur knappe fünfzehn Kilometer von Florenz entfernt; seine frühere Wirkungsstätte war also noch immer gut zu erreichen, und der Versuchung, an den Ort einstiger Taten zurückzukehren, konnte Machiavelli nicht immer widerstehen. Er hatte ja kein Stadtverbot erhalten, sondern nur seine politischen Ämter verloren; der Zutritt nach Florenz stand ihm jederzeit offen. So fuhr er denn, ein ums andere Mal, in die Metropole, der er, wie er fand, überaus treu und geschickt gedient hatte. Dort hörte er sich um, nahm Gespräche auf, in denen er vorsichtig zu sondieren versuchte, ob man nicht einen

Staatsmann wie ihn schon sehr bald wieder benötigte. Die Resultate solcher diskreten Kontaktierungen allerdings blieben dürftig; Machiavelli durfte Hoffnungen hegen, mehr jedoch nicht. Man machte ihm keinerlei Avancen, geschweige denn konkrete Zusagen, und so kehrte er in der Regel enttäuscht und deprimiert in sein Dorf zurück.

Was ihm blieb, waren beschauliche Abende, die er, schenkt man seinen Bekundungen Glauben, als festliche Lektüreveranstaltungen inszenierte, in denen der Philosoph und Schriftsteller Machiavelli wie selbstverständlich zum gleichberechtigten Gesprächspartner einer illustren Runde von großen Geistern wurde. An Freund Vettorini schrieb er: „Ist es Abend geworden, gehe ich nach Hause und kehre in mein Arbeitszimmer ein. An der Schwelle werfe ich das schmutzige, schmierige Alltagsgewand ab, ziehe mir eine königliche Hoftracht an und bewege mich nun, passend gekleidet, in den Hallen der Großen des Altertums: Ich werde von ihnen liebevoll aufgenommen, und hier nehme ich die Nahrung zu mir, die allein mir angemessen ist und für die ich geboren bin. Hier darf ich ohne Scheu mit ihnen reden, sie nach den Beweggründen ihres Handelns fragen, und menschenwürdig antworten sie mir. Vier Stunden lang werde ich dessen nicht müde, vergesse allen Kummer, fürchte die Armut nicht mehr und fürchte mich nicht vor dem Tod, so ganz fühle ich mich unter sie versetzt. Und weil Dante sagt, es gibt keine Wissenschaft ohne Bewahrung des Durchdachten, habe ich die Essenz von dem, was ich durch die Gespräche mit ihnen gelernt habe, niedergeschrieben..."

Der Gedankenaustausch mit den alten Meistern gab Machiavelli Gelegenheit, seine eigenen Überlegungen zu intensivieren und auf den Begriff zu bringen. Er orientierte sich dabei, ohne es ausdrücklich wahrhaben zu wollen, an einem noch gar nicht so lange zurückliegenden Ereignis, das ihm – nahezu beispielhaft – die Gefahren- und Erfolgsmomente dezidierten, um nicht zu sagen fanatisierten politischen Wirkens vor Augen geführt hatte.

Am 23. Mai 1498 war der Dominikanermönch Girolamo Savonarola auf der Piazza della Signoria in Florenz gehängt und anschließend auf dem Scheiterhaufen verbrannt worden. Machiavelli wohnte diesem Ereignis bei; er erlebte das Scheitern eines Machtmenschen, der seine Karriere als finsterer Sittenprediger begann und sich danach, dank beträchtlicher rhetorischer und intriganter Fähigkeiten, zum geistlichen Erneuerer der Republik aufgeschwungen hatte. Savonarolas Ende, ein Fanal von düsterer Leuchtkraft, ging auf wundersame Weise mit dem Beginn von Machiavellis eigentlicher politischer Karriere einher: Am gleichen Tag nämlich, als der Leichnam des Predigers Savonarola den Flammen übergeben wurde, überbrachte man dem 29jährigen, sehr im Verborgenen werkelnden Amtsschreiber Niccolò Machiavelli die Nachricht, daß er zum Sekretär der Zweiten Staatskanzlei von Florenz berufen werden sollte. Aus einem Hinterstübchen der Verwaltung wurde er damit ins Vorzimmer der Macht befördert; ein Vorgang, den Machiavelli als schicksalhaft, aber auch als gerecht empfand, denn eine Beförderung wie diese hatte er, der sich eines stabilen Selbstbewußtseins erfreute, schon seit längerem für überfällig gehalten.

Das denkwürdige Doppelereignis des 23. Mai mit seiner fast modellhaften Synthesis von Aufstieg und Fall im Zentrum hektisch bewegter Machtkonstellationen ist so etwas wie Machiavellis Schlüsselerlebnis geworden. Es machte ihm deutlich, daß politischer Erfolg weniger eine Angelegenheit geistiger Rigorosität war, sondern mit wohlerwogenem Kalkül zu tun hatte; ein begabter Politiker glich einem befähigten Schachspieler, der, Aktion und Reaktion einbeziehend, möglichst weit in die noch zu erfahrende Zukunft vorauszudenken versuchte.

Savonarola war mit seinen Planspielen, die auf die Mittel religiös-rhetorischer Einschüchterung setzten, gescheitert; er hatte nicht einkalkuliert, daß der Gewalt des Wortes eine zumindest gleichrangige Gewalt der Tat an die Seite zu stellen war, wenn man real existierende Herrschaftsstrukturen aushebeln wollte. Machiavelli, der sich der Faszination Savonarolas, wie andere auch, zunächst kaum entziehen konnte, wußte später zu berichten, daß er das letztlich sehr eigennützige Taktieren des Predigers schon früh zu durchschauen gelernt habe. In einem Bericht, den er dem florentinischen Gesandten in Rom, Riccardo Becchi, übermittelte, heißt es:

„Wie gewohnt ging" Savonarola „auf dies und jenes ein, ehe er sich eine Brücke zu seiner nächsten Predigt baute, indem er zur Einschüchterung seiner Widersacher behauptete, daß unsere Zwietracht einen Tyrannen heraufführen könnte, der unsere Häuser zerstören und die Felder verwüsten würde. Das aber sei kein Widerspruch zu seiner bisherigen Voraussage, daß Florenz aufblühen und zum Herrscher über Italien werde, denn nach kurzer Zeit werde der Tyrann vertrieben... Als später aber die Signoria günstig für ihn an den Papst schrieb und er sah, daß er von seinen Gegnern in Florenz nichts mehr zu fürchten hatte, wechselte er sein Mäntelchen. Ging es ihm bisher nur darum, durch Verteufelung seiner Widersacher und durch das Schreckbild von einem Tyrannen seine Partei zusammenzuhalten, so ist jetzt kein Wort mehr vom Tyrannen und den Lastern der Widersacher, sondern nur noch eine Hetze gegen den Papst. Ihn und seine Leute bedenkt er mit Ausdrücken, die Ihr Euch für den schlimmsten Verbrecher nicht einfallen ließet. Mit solchen Lügen will er denn also der Zeit gerecht werden."

Mit dem Scheitern Savonarolas und motiviert durch seinen eigenen Einstieg in die mehr oder weniger große Politik wurde Machiavellis Interesse auf die Frage gelenkt, wie er denn wohl sein müßte, der erfolgreiche Machthaber, der die ihm zusetzenden Krisen nicht aussitzt, sondern meistert; ein Fürst, unbehelligt von zerstörerischen Selbstzweifeln und sicher in den Gepflogenheiten der strikten Herrschaftsausübung. Ein solcher idealtypisch konzipierter Machthaber, wie ihn Machiavelli später in seinem Standardwerk „Der Fürst" zu beschreiben versuchte, erhielt natürlich auch Eigenschaften zugesprochen, die einigen jener Potentaten eignete, mit denen es der nunmehrige Staatssekretär der Republik Florenz in Ausübung seines Dienstes zu tun bekam.

Ein Mann, der Machiavelli besonders beeindruckte und der sicher auch Modell saß für die spätere Ausarbeitung seines „Principe", war Cesare Borgia, Sohn des Papstes Alexander VI., einer der umstrittensten Gestalten seiner Zeit. Borgia, trotz seiner Jugendlichkeit bereits legendenumwoben, hielt Italien in Atem: In den Jahen 1499 bis 1502 unterwarf er im Auftrag der römischen Kirche Umbrien, Siena und die Romagna. Er fungierte als Oberbefehlshaber der päpstlichen Streitkräfte, ließ sich zum Herzog von Valence und Urbino ernennen und suchte, nachdem er Bologna angegriffen hatte, auch den Streit mit der Republik Florenz, die seine Drohungen ernst nehmen mußte: „Cesare Borgia hält nichts von Florenz, wie er denn von keinem demokratisch regierten Staat etwas hält. Er blickt mit Verachtung auf diese Bankherren, diese wucherischen Emporkömmlinge, auf diese Woll- und Seidenhändler, die sich einbilden, Staatsmänner zu sein. Zwischen Cesare und Florenz steht etwas Unversöhnliches, schon allein deshalb, weil Florenz die Dinge stabil und unverändert zu erhalten bestrebt ist, Cesare aber ganz Italien aus seiner Form brechen und neu gestalten möchte, dann auch deshalb, weil diese Volksregierung seinen Aufstieg hemmt und sich anmaßt, ihm, dem Fürsten, Vorschriften machen zu wollen." (Marcel Brion)

Borgia, den die einen für einen Condottiere, einen verantwortungslosen Abenteurer ohne Moral- und Rechtsempfinden hielten, andere hingegen als Junggenie und vortrefflichen Staatsmann priesen, hatte sich als Maxime seines politischen Handelns die Einigung Italiens gesetzt. In diesem Ziel stimmte er mit Machiavelli überein, der zwar einer Stadtrepublik diente, jedoch nichts dagegen gehabt hätte, wenn die zahlreichen Kleinstaaten in einem mächtigen, wiedervereinten Italien aufgegangen wären. Machiavelli ahnte, daß ihn mehr mit Borgia verband, als es seiner offiziellen Mission, die ihn schließlich direkt in den Palast des Herzogs brachte, zuträglich sein konnte. Im Auftrage Florenz' sollte er mit Borgia verhandeln, seine Eroberungsgelüste besänftigen und ihm den Standpunkt der Stadtrepublik deutlich machen, ein eher zweifelhaftes Unterfangen, denn die Politik, die man in Florenz betrieb, war erwiesenermaßen auf purem Nützlichkeitsdenken aufgebaut und gänzlich frei von großen Visionen. Eine Ausnahme machte da nur Machiavelli, der zu grandiosen Entwürfen sehr wohl fähig war, als politischer Beamter jedoch weisungsgebunden blieb. Er hatte seine Dienstherren mit realistischen Berichten bei Laune zu halten und ansonsten seine Bewunderung, gerade einem Usurpator wie Borgia gegenüber, deutlich zu zügeln.

Das allerdings wollte ihm zunächst nicht so recht gelingen; schon nach den ersten Treffen mit dem Herzog, die im Sommer 1502 stattfanden, meldete er seinen Auftraggebern in Florenz:

„Dieser Herr ist wahrhaft wunderbar und prächtig, und im Kriege gibt es kein noch so großes Unternehmen, das ihm nicht klein dünkte. Nach Ruhm und Ländern strebend, ruht er nie und kennt keine Müdigkeit und Gefahr. Er kommt an einem Orte an, noch bevor man erfährt, daß er einen anderen verlassen hat. Er ist beliebt bei seinen Soldaten und hat die besten Männer Italiens versammelt. All dies macht ihn unbesiegbar und furchtbar, vor allem wenn sich beständiges Glück dazugesellt."

In Florenz las man solche Mitteilungen mit Stirnrunzeln. Andererseits waren die Gepflogenheiten diplomatischer Missionen nur zu bekannt; man hatte vorsichtig zu sein, vorsichtig nicht nur im persönlichen Gespräch, sondern auch beim Abfassen der Berichte, die potentielle Zensoren ebenso zufriedenstellen mußten wie die eigentlichen Adressaten, bei denen allerdings in der Regel ein geschultes Interpretationsvermögen vorausgesetzt werden durfte. Machiavelli zeigte sich wenig zurückhaltend, wenn es galt, das Lob des Herzogs zu singen; zu groß war die Faszination, die von der Persönlichkeit Borgias ausging, zu intensiv auch die Übereinstimmung, die sich aus den Gesprächen der beiden Männer ergab. Der Herzog hatte seinen Gast ebenfalls schätzen gelernt; Machiavelli wurde ihm zum willkommenen Begleiter, dem er unmittelbaren Anschauungsunterricht in der Kunst effizienter Politikführung gewährte.

Borgia führte dem florentinischen Gesandten vor, daß man mit taktischer Bravour auch offensichtliche Krisensituationen meistern und in ihr Gegenteil verkehren konnte: Als der Herzog von einigen namhaften Mitstreitern verlassen wurde, die sich als Condottieri und begleitet von eigenen Söldnerheeren selbständig zu machen suchten, reagierte er mit maliziöser Gelassenheit. Statt den Kampf zu suchen, bot er den verdutzten Verrätern eine Fortsetzung bewährter Zusammenarbeit an; als diese sich, vertrauensselig gestimmt, darauf einließen, nutzte er die nächstbeste Gelegenheit, sie in einen Hinterhalt zu locken und festzusetzen. Mit diesem kleinen Schaustück hatte der Herzog nicht nur demonstriert, daß man einen Borgia nicht ungestraft verriet, sondern auch deutlich gemacht, daß erfolgreiche Politik Geduld brauchte, um eine prekäre Lage nicht zu prekär werden zu lassen. Machiavelli, der das Geschehen aus unmittelbarer Nähe verfolgen durfte, war begeistert; endlich hatte er seinen Fürsten gefunden, einen klugen, empfindsamen und in hohem Maße rücksichtslosen Mann, der die von ihm selbst legitimierten Ziele konsequent und ohne falsche Sentimentalitäten verfolgte.

Über diesen Fürsten, der Cesare Borgia wie aus dem Gesicht geschnitten war, schrieb Machiavelli später:

„Ein Mensch, der immer nur das Gute möchte, wird zwangsläufig zugrunde gehen inmitten von so vielen Menschen, die nicht gut sind. Daher muß sich ein Herrscher, wenn er sich behaupten will, zu der Fähigkeit erziehen, nicht allein nach moralischen Gesetzen zu handeln sowie von diesen Gebrauch oder nicht Gebrauch zu machen, je nachdem es die Notwendigkeit erfordert... Cesare Borgia galt als grausam. Trotzdem hat diese Grausamkeit die Romagna geordnet und geeinigt und ihr wieder Frieden und Ergebenheit (gegenüber dem Herrscher) gebracht. Wenn man alles genau betrachtet, wird man finden, daß er viel barmherziger war als das Volk von Florenz, das, um dem Ruf der Grausamkeit zu entgehen, die Zerstörung von Pistoia zuließ. Ein Herrscher darf sich also um den Vorwurf der Grausamkeit nicht kümmern, wenn er dadurch seine Untertanen in Einigkeit und Ergebenheit halten kann... Ich wage sogar zu behaupten, daß es ihm zum Schaden gereicht, wenn er die Tugenden alle besitzt und immer übt. Tut er aber so, als ob er sie besäße, dann sind sie ihm gewiß nützlich: er muß eben gnädig, rechtschaffen, herablassend, aufrichtig, treu und gottesfürchtig scheinen; und darf es sein, sofern er sich genug beherrscht, das Gegenteil von alledem zu können und zu tun, wenn er es nicht mehr darf. Auch muß gesagt werden, daß sich ein Fürst... nicht immer so verhalten kann, wie man es von einem rechtschaffenen Mann gemeinhin erwartet, denn das Staatserfordernis nötigt ihn oft, sein Wort zu brechen und der Nächstenliebe, der Menschlichkeit und Religion zuwiderzuhandeln. Er muß daher hellhörig sein, sich nach den Umständen richten und mit dem Winde segeln, zwar, wenn irgend möglich, vom rechten Weg nicht abweichen, aber ohne Bedenken auch den bösen beschreiten, wenn es die Not erfordert."

Die Umstände allerdings, nach denen sich Machiavellis Idol Cesare Borgia zu richten hatte, wurden zusehends ungünstiger. Der Herzog erkrankte am römischen Fieber, das ihn fast dahinraffte; als er halbwegs genesen war, mußte er mit ansehen, wie nunmehr ein anderer Emporkömmling die Gesetze des Handelns diktierte. Julius II., soeben zum Papst gewählt, hatte die politische Bühne betreten; ein Mann, der es an Gerissenheit mit Borgia mühelos aufnehmen konnte und der zudem völlig humorlos war, was die Duldung möglicher Rivalen und Widersacher anging. Einmal noch, so besagt die Legende, begegnete Machiavelli seinem Herzog, der in einer Kutsche an ihm vorüberfuhr, „müde, mit ausgemergeltem Gesicht, nur mehr ein Schatten seiner selbst, den die Unsicherheit zerstört", wie es in einer zeitgenössischen Beschreibung heißt. Cesare Borgia, so schien es, war am Ende.

Machiavelli nahm dies gelassen zur Kenntnis. Er beobachtete den Aktionismus des neuen Papstes mit großem Interesse; dieser Mann brachte alle Voraussetzungen mit, um zu seinem neuen Fürsten zu werden. Der Herzog indes endete wenig standesgemäß, nachdem ihn der Papst – angeblich mit den Worten: „Soll er zum Teufel gehen, und je eher, desto besser!" – aus seinen Diensten entlassen hatte; er verdingte sich wieder als Söldner, wurde zwischenzeitlich in ein spanisches Gefängnis geworfen und starb schließlich während der Belagerung einer der vielen Städte, die man in jenen Tagen, aus welchen Gründen auch immer, belagerte.

Im Buch seiner politischen Analytik zog Machiavelli einen Schlußstrich unter das Kapitel Cesare Borgia; er tat dies ohne jede Wehmut. An seine Auftraggeber in Florenz meldete er noch: „Was künftig mit ihm geschieht, wird sich erweisen müssen; Ihr habt Euch jedoch nicht mehr um seine Pläne oder Hoffnungen zu sorgen."

Cesare Borgia war damit erledigt. Er hatte das Glück nicht

gepachtet, sondern letztlich wohl überstrapaziert; nun versuchten sich andere Machthaber auf der Drehbühne des Weltgeschehens. Wie lange sie dort agieren durften, hing nicht nur von der Gunst der Umstände ab, sondern, mehr noch, von ihrem Geschick, sich die Umstände gewogen zu halten. Das politische Glück nämlich, so glaubte Machiavelli zu wissen, läßt sich erzwingen; es steht dem zur Seite, der sich den Verhältnissen anpaßt, ohne sein Mäntelchen nach dem Winde zu hängen. In seinem „Fürsten" heißt es dazu:

„Fortuna zeigt ihre Macht dort, wo es an der Kraft des Widerstands fehlt, und sie richtet dorthin ihren Angriff, wo sie weiß, daß sie nicht durch Deiche und Dämme gehemmt wird... Davon hängt auch der Wechsel des Glücks ab. Wenn demnach einer mit Bedacht und Geduld verfährt und seine Methode der Zeit und den Verhältnissen entspricht, so kommt er vorwärts: doch wenn sich die Zeiten und die Verhältnisse ändern, so geht er zugrunde, weil er seine Methode nicht ändert. Es gibt kaum einen so klugen Menschen, der es verstünde, sich den Zeiten anzupassen; denn niemand kann gegen seine natürliche Anlage handeln, und ferner kann sich niemand entschließen, von einem Weg abzugehen, den er stets mit Erfolg begangen hat. Wenn daher die Zeit ein stürmisches Vorgehen erfordert, so vermag ein bedächtiger Mann nicht danach zu handeln, und er geht zugrunde. Würde er mit den Zeiten und Verhältnissen sein Wesen ändern, so würde sich das Glück nicht ändern."

Machiavelli verstand es, die Geschehnisse für sich sprechen zu lassen und aus seinen Erfahrungen zu lernen. Er deutete Savonarolas Ende, das mit seinem eigenen Aufstieg einherging, als ein Modell für die dauerhafte und lehrreiche Gefährdung politischer Einflußnahme. Die Karriereplanung, die er selbst betrieb, konnte daher in vergleichsweise ruhigen Bahnen verlaufen; sie baute auf den Wissensstand ihres Betreibers und versuchte, ungünstige Entwicklungen in den jeweiligen Planungsstand mit einzubeziehen. Trotzdem kam das Berufsverbot, das ihn in den Jahren zwischen 1512 und 1520 zum praktizierenden Schriftsteller und Philosophen werden ließ, für Machiavelli einigermaßen überraschend; er bemühte sich zwar um Gelassenheit, hoffte jedoch von Monat zu Monat inständiger, daß man sich seiner erinnerte und ihn zurückholte in den Geschäftsbetrieb der regierenden Klientel.

In diese Hoffnung bezog er seine Erfolge als Autor mit ein; Machiavelli gab sich der Annahme hin, daß seine Untersuchungen zu Staatskunst und Fürstenmacht an höchster Stelle gelesen wurden und dazu beitragen konnten, bestehende Zweifel seiner Person gegenüber auszuräumen. An Francesco Vettori schrieb er:

„Ich wünsche sehr, diese Herren Medici würden mir eine Aufgabe geben, und wäre es anfangs nur, um einen Felsen zu wälzen. Wenn ich sie dann nicht von mir überzeugen könnte, wäre es meine Sache. Nach der Lektüre meines Schriftchens wird man überzeugt sein, daß ich meine fünfzehn Jahre Studium der Staatskunst nicht verträumt noch vertrödelt habe, und einen Mann, der seine Erfahrungen bei anderen gemacht hat, sollte man doch überall gern zum Dienst heranziehen. An meiner Treue ist kein Zweifel erlaubt; da ich immer die Treue gehalten habe, kann ich jetzt nicht mehr lernen, sie zu brechen; wer die 43 Jahre, die ich alt bin, immer treu und redlich war, kann seine Natur wohl nicht mehr ändern."

Machiavelli kehrte schließlich noch einmal in die Politik zurück. Er gab sich, wie früher, treu und redlich, ohne jedoch große Erfolge verzeichnen zu können; die Umstände waren, wieder einmal, andere geworden. Machiavelli konnte dies nicht mehr sonderlich erschüttern, hatte er doch in der Zeit, in der er zum Schriftsteller werden mußte, längst aufgeschrieben, worum es ging – in diesem wirklichen Leben.

„*Das Licht einer wunderbaren Einsicht*"

René Descartes

In der Nacht vom 10. auf den 11. November 1619 wurde der Philosoph René Descartes von drei aufeinanderfolgenden Träumen heimgesucht, die ihm, wie er später verkündete, „das Licht einer wunderbaren Einsicht" aufgehen ließen und „die Schätze aller Wissenschaften" bescherten. Descartes diente damals als Offizier im Heer des Prinzen Moritz von Oranien, das den Sommer über in Dänemark, Danzig und Böhmen gewesen war, anschließend, mit Anbruch des Herbstes, durch Ungarn und Österreich zog und schließlich sein Winterquartier in Neuburg an der Donau aufschlug. Der erste Schnee des Jahres fiel, taute jedoch schnell wieder, denn es sollte ein ungewöhnlich warmer Winter werden, der die Menschen verstörte. Descartes hoffte, daß er nun endlich die Zeit fände, zur Ruhe zu kommen und seine Gedanken zu ordnen. Was er wollte, war Klarheit über seinen künftigen Lebensweg; er suchte nach einem Schlüssel für seine Existenz, einer Wahrheit, die ihn nicht nur vorübergehend beschäftigte, sondern über eine längere Wegstrecke begleitete.

Descartes galt bis zu diesem Zeitpunkt als ein merkwürdiges Allzwecktalent: Er hatte sich als brillanter Fechter, als Abenteurer und Frauenfreund hervorgetan, aber auch als präziser Denker und, nicht zuletzt, als mathematisches Genie, das komplizierte Probleme geradezu unglaublich schnell erfaßte und ihrer Lösung zuführte.

Die gediegene Winterschlaf-Atmosphäre, die Descartes in Neuburg umgab, wollte er nutzen: Während seine Kameraden sich mit Karten- und Würfelspiel amüsierten, arbeitete er an Aufzeichnungen, die den bisherigen Stand seiner Erkenntnisse resümierten. Was dann in jener Novembernacht passierte, die Descartes seine richtungweisenden Träume bescherte, haben einige Biographen des Philosophen (darunter als vorläufig letzter der französische Autor Dimitri Davidenko mit seinem 1988 erschienenen Buch „Descartes les scandaleux", deutscher Titel: „Ich denke, also bin ich") zu rekonstruieren versucht. Davidenko berichtet:

„An diesem Abend fühlt er sich schlecht, als ob er ersticken mußte. Das Atmen fällt ihm schwer. Auch ist ihm ungewöhnlich heiß... Lauwarme Luft umgibt ihn, es ist der Föhn. Aus den Schweizer Alpen kommend, fegt dieser starke Wind manchmal Tage, manchmal Wochen durch das Donautal, ohne nachzulassen. Man sagt, der Föhn mache die Leute verrückt... Die Leute scheinen wirklich irre geworden zu sein: Alle Häuser sind hell erleuchtet, in Gruppen gehen sie von Weinstube zu Schenke, hin und her. Sie schreien, singen, tanzen, nehmen im Chor die Melodien auf, die beschwipste Musiker anstimmen. Die Laternen werfen verzerrte Schatten an die Fassaden... René Descartes langt in einem Zustand heftigster Erregung zu Hause an. Er gestikuliert und spricht laut mit sich. Satzfetzen entfahren ihm, zuweilen einzelne Wörter, er wirft sie in den Wind, um sich von einer unerträglichen geistigen Anspannung zu befreien. Er schließt sich in seinem ‚Ofen' ein, einem Zimmer, das von einem monumentalen Feuergerät aus glasiertem Ton geheizt wird, und legt sich, wie immer, zu Bett, um besser nachdenken zu können. Endlich, spät in der Nacht, schläft er ein, aber er schläft schlecht, hat Alpträume."

Der erste Traum, der Descartes heimsucht, war wohl tatsächlich nicht allzu angenehm: Adrien Baillet, ein Chronist, der 1691 die erste Descartes-Biographie veröffentlichte, berichtet, daß der träumende Philosoph in einen mächtigen Sturm geriet, der ihn vor sich hertrieb, bis er, schmerzhaft und heftig, an das Tor einer Kirchenmauer prallte, die, wie sich alsbald herausstellte, zum Kolleg von La Flèche gehörte, einem Etablissement, in dem Descartes eine vergleichsweise unglückliche Erziehung genossen hatte. Weiter heißt es bei Baillet:

„Er trat ein, um dort eine Zuflucht und eine Abhilfe für sein Unwohlsein zu finden. Er versuchte, die Kapelle des Kollegs zu erreichen, und sein erster Gedanke war, dort sein Gebet zu verrichten; aber er hatte bemerkt, daß er an einem Bekannten vorübergegangen war, ohne ihn zu grüßen, und wollte auf der Stelle umkehren, um seinen Hut zu ziehen, wurde aber von dem Sturm, der gegen die Kapelle wehte, heftig zurückgeschleudert. Gleichzeitig sah er mitten auf dem Hofe des Kollegs eine andere Person, die ihn höflich und verbindlich beim Namen nannte und ihm sagte, falls er zu Monsieur N. gehen wolle, habe er ihm etwas zu übergeben, nämlich eine Melone.“

Der Sturm, den Descartes erlebt, schüttelt merkwürdigerweise nur ihn durch und durch; den anderen Traumgestalten vermag er nichts anzuhaben, denn sie stehen und starren, als befänden sie sich in vollkommener Windstille. Descartes' erster Traum, der ihm nur wenig behagen konnte, klingt in einer kurzen Schlafphase aus, die dann in seinen zweiten Traum hinüberführt. Er beginnt mit einem Donnerschlag, der den Philosoph wachwerden läßt; kerzengerade sitzt er im Bett und hat Angst, was für den Abenteurer Descartes gänzlich untypisch ist. Er schaut sich um, und was er sieht, macht ihn erstaunen: Sein Zimmer ist in glänzendes Licht getaucht, ein Licht wie von einem geheimen Feuer, das die Gegenstände neu konturiert und in ungeahnter Klarheit aufscheinen läßt. Dieser Anblick wirkt auf den Philosophen ungemein beruhigend, und er schläft wieder ein.

Sein dritter Traum, der ihn kurz darauf heimsucht, bringt ihn mit Büchern in Kontakt: Er findet auf seinem Schreibtisch, neben einem Diktionär liegend, ein Buch mit dem Titel „Corpus Poetarum“, das er noch aus seiner Zeit in La Flèche kennt. Er schlägt es auf und findet den Vers „Quod vitae sectabor iter?“, was soviel heißt wie: „Welcher Weg ist im Leben einzuschlagen?“. Daraufhin gesellt sich ein Mann zu ihm, der das Gedicht „Est et non“ rühmt, das Descartes bekannt vorkommt, weil es dem „Ja und Nein“ des Pythagoras entspricht, mit dem er sich beschäftigt hat. Er glaubt, gerade dieses Gedicht soeben gelesen zu haben, und zwar in der vor ihm liegenden Anthologie „Corpus Poetarum“. Er blättert und sucht, aber das Gedicht läßt sich nicht mehr finden; statt dessen ist etwas anderes an seine Stelle getreten, eine höhere Gewißheit, der er von nun an Folge zu leisten hat. Davidenko schreibt:

„Alles tritt zurück, der Mann und die Bücher. – René Descartes wacht auf. Er ist ruhig und klar, die Anspannung hat sich gelöst. Sein erster Traum ist seine leidvolle Kindheit, seine Lungenkrankheit, seine körperliche Schwäche, seine als hart empfundene und schmerzlich erlebte Andersartigkeit im Kolleg von La Flèche. Der Mann, den er begrüßen wollte, verkörperte er seine Jesuitenlehrer? Seinen Vater? Und die Melone, die ihm von einem Unbekannten geschenkt wurde? Das war [sein Lehrer] Pater Charlet, mit seinem Geschenk, der schmackhaftesten aller Früchte: Es ist die Freiheit des Studiums, die Einsamkeit und schließlich die Erkenntnis, die ihn hier in Deutschland überkommt, denn die Melone ist ‚aus der Fremde mitgebracht worden'. – Der zweite Traum ist sein gegenwärtiges Leben, der Krieg, der Schlachtendonner. Er wird ihn mit seiner Intelligenz und seinem Mut überleben. – Der dritte Traum prophezeit ihm seine Zukunft, eine ungewisse Zukunft, und den Weg der Wahrheit, den er ohne die Hilfe der Bücher finden wird ... Alles ist gesagt. Mit dieser Erinnerung an seine Vergangenheit, mit der Beschreibung der Gegenwart und dem Bild der Zukunft hat ihn der Geist der Wahrheit über den Weg aufgeklärt, den er nehmen muß."

Die Wahrheit, die Descartes vor sich zu sehen glaubte, war einfach, sein Weg zu ihr, der durch das Brachland liegengelassener Erkenntnislandschaften führte, vergleichsweise gewunden und kompliziert. Seinen Träumen, die sich zu einer Vision der ihm übertragenen Wahrheit zusammengefunden hatten, durfte er trauen; nun lag es an ihm, seiner Einsicht ein dauerhaftes Fundament zu verleihen. Das mutete zunächst einfach an: Descartes hatte im Winterquartier seines Heeres nicht viel zu tun; er konnte sich also ganz auf seine Kopfarbeit konzentrieren. Als jedoch die unmittelbare Faszination seines Traumes nachließ, der schon im ersten Tageslicht zu verblassen begann und der Reanimation durch die Erinnerung bedurfte, stellten sich erste Schwierigkeiten ein; es war, wie er konstatieren mußte, wesentlich leichter, eine Wahrheit zu schauen als sie festzuhalten. So gestalteten sich seine Bemühungen, in einer großangelegten Niederschrift über den neubestimmten Stand seines Wissens zu berichten, einigermaßen zäh; die zeitliche Distanz, die sich zwischen ihm und seiner Traumvision aufbaute, bescherte seiner Wahrheit gewisse Reibungsverluste, die nicht auszugleichen waren. Trotzdem blieb Descartes bei dem Enthusiasmus, den er in sich geweckt sah; die Zukunft würde erweisen, so hoffte er zumindest, daß seine Wahrheit einem Flächenbrand glich, der, einmal entfacht, ungehinderte Verbreitung finden mußte. Am 8. Dezember 1619 notierte er:

„So wird der Mensch allmählich immer mehr Funken immer stärker vor seinem geistigen Auge leuchten sehen. Sie werden wachsen, bis sie ein so starkes Licht ergeben, daß er alle Dinge, derer er bedarf, im Laufe der Zeit erkennen wird... So wie die Vorstellungskraft sich Figuren nimmt, um die Körper zu begreifen, so bedient sich die Intelligenz, wenn sie gewisse geistige Dinge darstellen will, fühlbarer Körper wie des Winds und Lichts. Auf diese Weise können wir auf höherer Ebene philosophieren und mit der Erkenntnis unseren Geist in die höchsten Höhen führen."

Dieser emphatisch vorgetragenen Hoffnung vermochte Descartes erst siebzehn Jahre später das dazugehörige Werk, seine „Abhandlung über die Methode", an die Seite zu stellen, was nicht nur an den bereits erwähnten Schwierigkeiten lag, seiner Wahrheit Ausdruck zu verleihen, sondern auch mit der Umtriebigkeit des Philosophen zu tun hatte, einer produktiven Neugier, der es immer gelegen kam, Abschweifungen zu suchen oder sich an schwierigsten Aufgaben zu versuchen. Besonders mathematische Probleme übten eine enorme Anziehungskraft auf Descartes aus; von ihnen ließ er sich nur zu gern ablenken, und er entwickelte einen nicht unerheblichen Ehrgeiz, um seinem Ruf als mathematisches Genie, der ihm aus Schulzeiten schon vorauseilte, gerecht zu werden. Als er im April 1620, wenige Tage nach seinem 24. Geburtstag, in Ulm den bekannten Mathematiker Johannes Faulhaber traf, der ihn mit einem mathematischen Problem konfrontierte, vor dem angeblich die besten deutschen Rechenköpfe kapituliert hatten, fühlte er sich herausgefordert; nach kaum mehr als zwei Stunden präsentierte er eine Lösung des Problems, die, wie er sehr wohl wußte, mit jener Wahrheit zu tun hatte, der er im Traum ansichtig geworden war. Den verdutzten Faulhaber klärte Descartes anschließend darüber auf, daß der eigentliche Grund komplizierter Strukturen immer im Einfachen liege; daran müsse man sich schon im Denkansatz orientieren, wenn es gelte, eine schwierige Aufgabe in Angriff zu nehmen. Und er fügte hinzu:

„Die Wahrheit ist ebenso leicht in einem schwierigen Gegenstand zu erkennen wie in einem leichten. Denn in jedem Fall findet man die Wahrheit mit einem ähnlichen Akt heraus. Der Unterschied liegt in dem Weg, der länger ist, wenn er zu einer komplexen Wahrheit führt. Einzige Vorbedingung ist, daß man vom Leichten zum Schwierigen voranschreitet. Wenn ich verstehen will, warum eine einzige Ursache gleichzeitig gegensätzliche Wirkungen hervorrufen kann, gehe ich nicht hin und höre zu, wie die Ärzte über ihre ‚Heilmittel‘ reden, die ‚gewisse Launen vertreiben‘ und ‚andere zurückhalten‘. Ich höre mir nicht irgendwelche Ausführungen über den Mond an, ‚der mit seinem Licht erwärmt‘ und gleichzeitig ‚durch eine nicht erkennbare Eigenschaft‘ Kälte verbreitet. Ich sehe mir lieber eine Waage an, an der ein einziges gleiches Gewicht die eine Waagschale senkt, während sie die andere anhebt, – sowie ähnliche Beispiele... Aber die meisten Menschen mißachten die einfachen Dinge, als seien sie ihrer und ihres Wissens nicht wert. Weil sie sie nicht verstehen, bewundern sie dafür um so mehr die schrecklich komplizierten Gedankengänge, welche die Philosophen von so weit hergeholt haben... Doch basieren diese Gedankengänge auf Grundlagen, die niemals von irgend jemand bewiesen wurden. Es sind wirklich arme Irre, die eine größere Neigung zur Finsternis haben als zum Licht.“

Das waren deutliche Worte. Descartes, der die schönen Künste liebte, von denen er selbst aber meinte, daß ihr inspirativer Geist ihm wesensfremd sei, setzte in der Philosophie auf den Genius rationaler Begründung. Eine solche Präferenz bedeutete nicht, daß ein Philosoph nun etwa gänzlich ohne Phantasie und Intuition auskommen mußte und sich statt dessen nur an biederen Begriffsbestimmungen delektierte. Descartes selbst war ja durch seinen Erkenntnistraum vorgeführt worden, wie wichtig

Eingebungen sein konnten, die einen neuen Stand der Wahrheit aufbauten; allerdings durfte man nicht erwarten, nun etwa tagtäglich mit weiteren glanzvollen Visionen belohnt zu werden. Aus der Einsicht, die ihm wie ein unerwartetes Geschenk zuteil geworden war, mußte er etwas machen, und dazu bedurfte es intensiver Gedankenarbeit. Descartes hielt sich dafür bereit, ohne deswegen seine bisherigen Lebenspläne aufzugeben.

Die nächsten Jahre brachte er als Freiwilliger in verschiedenen Heeren zu; am 8. November 1620 nahm er auf der Seite des Herzogs von Bayern an der Schlacht am Weißen Berg teil, die dem böhmischen König Friedrich, dessen Tochter Prinzessin Elisabeth übrigens zwanzig Jahre später zur Freundin des Philosophen werden sollte, eine empfindliche Niederlage einbrachte. Descartes beteiligte sich an den Kämpfen seiner Zeit als pflichtbewußter, am jeweiligen Kriegsgeschehen jedoch nur mäßig interessierter Offizier; die wenigen Gelegenheiten zur gedankenstrengen Muße, die sich ergaben, versuchte er zu nutzen, auch im Vorgriff auf die von allen herbeigesehnten besseren Tage. Noch immer war er kaum zu bremsen, wenn es galt, schwierige Probleme zu lösen.

Dabei ließ er sich nur ungern stören, selbst von reizvollen Damen nicht, denen er ansonsten, im normalen Geschäftsbetrieb, nur zu gern seine Aufwartung machte. Descartes' Biograph Baillet berichtet von einer Episode, die den Philosophen als strikten Wahrheitsfreund vorführt, der es sich sogar erlauben kann, einer Madame du Rosay gegenüber, die zu den umworbenen Frauen ihrer Zeit zählte, zugeknöpft zu bleiben:

„Diese Dame hat später freimütig zugegeben, daß die Philosophie einen größeren Zauber auf Monsieur Descartes ausgeübt habe als sie selbst; obgleich sie ihm keineswegs häßlich vorkam, habe er ihr gesagt, daß er durchaus keine Schönheiten finde, die denen der Wahrheit zu vergleichen wären. Wie die Dame eines Tages dem Pater P. gesagt hat, befand sich unser Philosoph, als er noch jung war, in einer Gesellschaft lustiger Personen und erörterte ausführlich die Bindungen, die man mit dem Frauenzimmer eingeht. Nachdem er der Gesellschaft sein Staunen ausgedrückt hatte, daß man so viele Betrogene erblickt, versicherte er, er sei bislang noch unberührt, und seine eigene Erfahrung, um nicht zu sagen, die Feinheiten seines Geschmacks veranlaßten ihn, eine schöne Frau, ein gutes Buch und einen vollkommenen Prediger zu den Dingen zu zählen, die man auf dieser Welt am schwersten trifft."

Descartes' Liaison mit der Wahrheit, die ihm zu einer lebenslangen, fast eheähnlich zu nennenden Beziehung geriet, schlug sich schließlich in einem Buch nieder, das seine ursprüngliche Einsicht nicht nur beschrieb, sondern auch als Methodologie, als allgemeinverständlich gefaßte Anleitung zur wissenschaftlichen Auffassung der Welt vorlegte. Was, aus heutiger Sicht zumal, in diesem Buch, der „Abhandlung über die Methode, seine Vernunft gut zu leiten und die Wahrheit in den Wissenschaften zu suchen", wie ein leicht hingeworfenes Regelwerk anmuten mag, das im Grunde nur treffliche Selbstverständlichkeiten formuliert, verdankte sich in Wirklichkeit langwieriger und präziser Arbeit. Descartes nämlich betrat Neuland; in dieser Form war den Wissenschaften noch kein Instrumentarium an die Hand gegeben worden, um Welt- und Sacherkenntnis auf breiter Grundlage zu betreiben.

Der Philosoph war sich dessen bewußt; was er sich erdacht und erschrieben hatte, durfte als die Geistestat eines reflektierenden Einzelgängers gelten. In der Einführung seines Werkes hieß es:

„Weil ich bereits mit meiner Schulzeit gelernt hatte, keine Einbildung sei so sonderbar und so wenig glaubhaft, daß sie irgendein Philosoph nicht vertreten hätte, konnte ich niemanden wählen, dessen Meinungen ich anscheinend denen der anderen vorziehen mußte, und war gleichsam gezwungen, für meine Leitung selber aufzukommen... Ich entschloß mich aber wie ein Mensch, der allein im Finstern wandelt, so langsam zu gehen und bei allen Dingen soviel Umsicht zu gebrauchen, daß ich zumindest, und wenn ich auch nur ziemlich langsam weiterkam, mich vor dem Fallen in acht zu nehmen. Ich wollte sogar durchaus nicht damit beginnen, irgendeine von meinen Meinungen gänzlich zu verwerfen, die sich zuvor in meinen Glauben hatten einschleichen können, ohne daß die Vernunft sie einführte: bevor ich genügend Zeit auf die Fertigstellung des Planes für mein Unternehmen verwendete und nach der wahren Methode gesucht hatte, mit deren Hilfe ich zur Erkenntnis aller für meinen Geist erfaßbaren Dinge zu gelangen vermochte."

Descartes' Geduld, die über Jahre, Jahrzehnte hinweg strapaziert werden mußte, ehe sein Unternehmen gelingen konnte, zahlte sich aus: Die Methode, die er entwickelte, konnte als Schlüssel zur Problemlösung in den verschiedensten Wissensbereichen verstanden werden; mit der scheinbaren Schlichtheit der Vorschriften, die sie verließ, wurden zugleich Möglichkeiten einer multifunktionellen Anwendbarkeit aufgezeigt, aus der sich weitreichende Konsequenzen ergaben. Im einzelnen bestand Descartes' Methode aus vier zusammenhängenden Regeln, die er wie folgt formulierte:

„Die erste war, niemals irgend etwas für wahr anzunehmen, von dem ich nicht evident erkenne, daß es wahr ist; das heißt, sorgfältig die Überstürzung und Voreingenommenheit zu vermeiden und nicht mehreres in meine Urteile einzubegreifen, als was sich meinem Geiste derart klar und deutlich vorstellt, daß ich durchaus keinen Anlaß habe, es in Zweifel zu ziehen... Die zweite [war], jede Schwierigkeit, die ich untersuche, in so viele Unterteilungen aufzulösen, wie es möglich und zu ihrer besseren Lösung erforderlich ist. Die dritte, meine Gedanken zu ordnen, indem ich mit den einfachsten und am leichtesten zu erkennenden Objekten beginne, um allmählich und gleichsam stufenweise zur Erkenntnis der zusammengesetzteren aufzusteigen, und selbst zwischen denen Ordnung vorauszusetzen, bei denen an sich die einen nicht auf die anderen folgen. Die letzte aber, überall so vollständige Aufzählungen und so allgemeine Überblicke zu schaffen, daß ich sicher sein möchte, ich hätte nichts übergangen."

Nicht nur die Wissenschaften, im besonderen die der Natur, sollte Descartes' Methode revolutionieren, sondern auch die Philosophie, der er zunächst eher zögerlich begegnet war. Immer wieder hatte er sich kleinere Bosheiten erlaubt, Sticheleien gegen die Philosophen, denen es angeblich noch immer gelungen war, aus jedem Unfug eine bis ins Groteske aufgeplusterte Philosophie zu machen. Nun sah sich Descartes selbst herausgefordert: Die Methode hatte er entwickelt; jetzt mußte sie sich auch an und in der Philosophie bewähren. Eine Grundlagenbestimmung war gefragt, eine veränderte Arbeitsbeschreibung der Philosophie, die das Terrain ihrer Wirksamkeit absteckte und den daraus resultierenden Möglichkeiten des Wissens zu einem neuen Selbstverständnis verhalf. Dabei ging es um den mutmaßlichen Wahrheitsgehalt der überkommenen Daseinsordnung, welche auf Gewißheiten setzte, die sich aus dem traditionsbeladenen Spannungsfeld von Gott, Ich und Welt ergaben, in dem auch jener hartnäckige Zweifel nistete, der vor keiner Bastion haltmachte und bislang nur durch die wiederholten Machtworte des Glaubens beschwichtigt worden war. Descartes machte sich diesen Zweifel methodisch gefügig; er beorderte ihn in den Distrikt bisheriger Gewißheiten, ließ ihm dort freien Lauf und registrierte anschließend, nicht ganz wertneutral, wie sich versteht, das Ausmaß der Beschädigungen. Dabei machte er sogar Anstalten, das noch immer Unausgesprochene, das eigentlich Undenkbare zu denken. In Descartes' Abhandlung „Prinzipien der Philosophie" heißt es dazu:

„Ich will annehmen, daß nicht ein überaus guter Gott als Quelle der Wahrheit, sondern irgendein überaus mächtiger und verschlagener böser Genius seinen ganzen Fleiß darauf verwendet, mich zu täuschen; ich will glauben, daß Himmel, Luft, Erde, Farbe, Gestalten, Klänge und alles Äußere nichts anderes sind als ein Gaukelspiel von Träumen, womit er meiner Gutgläubigkeit Fallen stellt; ich will mich selber betrachten, als hätte ich keine Hände, keine Augen, kein Fleisch, kein Blut und kein Sinnesorgan, sondern wähnte bloß, all dieses zu haben; ich will mich hartnäckig auf diese Meditation versteifen; und sollte es denn also keineswegs in meiner Macht stehen, etwas Wahres zu erkennen, so steht es doch gewiß darin, daß ich dem Falschen nach Möglichkeit meine Zustimmung versage, und ich will mich starrköpfig hüten, daß dieser Betrüger, er sei so mächtig und verschlagen, wie er wolle, mich irgendwie beeinflussen kann."

Mochte auch, wie der Zweifel genüßlich vermeldete, unendlich viel Lug und Trug in den Möglichkeiten der Erkenntnis liegen, so mußte es doch ein Fundament geben, auf dem das subjektive Wissen sich in Sicherheit wähnen durfte. Ein solches Fundament sah Descartes schließlich durch das Denken selbst gegeben, das alles in sich zusammenbrachte: die gehässigen Mitteilungen des Zweifels ebenso wie ein Wissen-von-sich und die vorläufigen Gewißheiten, aus denen man mühsam seine Schlüsse zog. Das Denken erwies sich als Grund seiner selbst; es konnte ganze Gedankenwelten auflösen und den Zweifel perpetuieren; sich selbst wegdenken jedoch konnte es nicht.

„Täusche mich, wer immer kann, er wird doch nie bewirken, daß ich nichts bin, solange ich denke, daß ich etwas bin; oder daß es eines Tages wahr ist, ich sei niemals gewesen, wenn es in diesem Augenblick wahr ist, daß ich bin ... Das Denken ist, nur dies kann man mir nicht entwinden: ‚ich bin, ich existiere‘ ist gewiß ... Ich denke, also bin ich ... Wie lange aber? Nun, solange ich denke ... Was bin ich also? ein denkendes Ding; was ist das? nun, ein zweifelndes, erkennendes, bejahendes, verneinendes, wollendes, nicht wollendes, auch einbildendes und empfindendes Ding."

In der Gewißheit des Denkens also, so mußte es Descartes vorkommen, durfte man sich einrichten. Sie verbürgte die eigene Existenz, machte sie dingfest in Gedanken, ohne das Dasein damit zweifelsfrei beweisen zu können. Das Wüten des Zweifels, könnte man vermuten, hat Descartes ab einem gewissen Zeitpunkt in milde Verzweiflung getrieben, so daß er sich gezwungen sah, seinen defätistischen Reflexionen Einhalt zu gebieten; er blieb daher auf dem letzten Stand, der das Denken selbst war, und er befriedete es, indem er es zu einem vom Zweifel fast vollständig geräumten Unterstand argumentativer Sicherheit ausbaute. Eingehaust in ein nunmehr verbürgtes Wissen, brachte der Philosoph dann in der Folge noch zwei weitere, als nichthintergehbar vorgestellte Wahrheiten auf, nämlich Gott und die Seele des Menschen. Dabei erschien es als absolute Notwendigkeit, daß Gott in seine altehrwürdige Funktion als ranghöchstes und allervollkommenstes Wesen zurückversetzt wurde; die Seele wiederum, die von Gott lebte, bewahrte sein Bild auf und spiegelte es in ebenso schönen wie ideenhaften Variationen. Am

Ende hatte Descartes' Zweifel doch keinen größeren Schaden anrichten können; die Wissensmöglichkeiten des Menschen blieben erhalten und waren letztlich sogar vertrauenerweckender als befürchtet:

„Das uns von Gott geschenkte Erkenntnisvermögen, das wir als natürliches Licht bezeichnen, nimmt niemals einen Gegenstand wahr, der nicht wahr ist, soweit es ihn wahrnimmt, das heißt, soweit es ihn klar und deutlich erkennt. Wir haben nämlich Anlaß, Gott für einen Betrüger zu halten, wenn er uns ein solches Erkenntnisvermögen gegeben hat, daß wir im Falschen das Wahre sehen, sooft wir uns seiner wohl bedienen. Diese Betrachtung muß uns aber von dem übertriebenen Zweifel befreien, in dem wir waren, bevor wir wußten, ob unser Schöpfer Gefallen daran gefunden hat, uns so zu machen, daß wir uns bei allen Dingen täuschen, die uns sehr klar erscheinen. Desgleichen muß sie uns gegen alle oben aufgeführten Argumente dienen, die wir für unseren Zweifel fanden; sogar die Wahrheiten der Mathematik können uns nicht mehr verdächtig sein, weil sie überaus evident sind; – nehmen wir aber etwas mit unseren Sinnen wahr, sei es im Wachen oder sei es im Traum, so können wir uns des Wahren leicht versichern, sofern wir das Klare und Deutliche an unserem Begriffe jenes Dinges von dem Dunklen und Undeutlichen scheiden."

Eine Folge von Träumen war es, die René Descartes auf den Weg der Wahrheit brachte. Die Nacht, in der dies geschah, hat er nicht vergessen; sie diente ihm als Reminiszenz für das Ungeahnte in der Niederkunft eines bemächtigenden Zuspruchs. Die Verwirklichung der Botschaft, die seine Träume ihm gaben, ihre Umsetzung aus bilderstarker Erinnerung in das Kalkül der noch zu ordnenden Wissenschaften, mußte Descartes selbst besorgen. Er tat dies, indem er, seiner Intuition folgend, das Wissen zu einer rationalen Strukturreform nötigte, die zwar radikal anmutete, aber letztlich so behutsam vorging, daß ihre Folgerungen einsehbar blieben und in die Arbeit künftiger Erkenntnisleistungen umgemünzt werden konnten. Obwohl Descartes stolz sein durfte auf das Erreichte, fiel sein Fazit letztlich bescheiden aus:

„Was mich betrifft, so habe ich mir nie eingebildet, daß mein

Geist in irgend etwas vollkommener wäre als die Geister vom gewöhnlichen Schlage; ich habe sogar oft gewünscht, den Gedanken so bei der Hand, die Einbildung so fein und deutlich, das Gedächtnis so umfassend und gegenwärtig zu haben wie manche andere ... Ich glaube darin viel Glück gehabt zu haben, daß ich schon seit meiner Jugend mich auf solchen Wegen angetroffen, die mich zu Betrachtungen und Grundsätzen führten, aus denen ich mir eine Methode gebildet, und durch diese Methode meine ich das Mittel gewonnen zu haben, um meine Erkenntnis stufenweise zu vermehren und sie allmählich zu dem höchsten Ziel zu erheben.«

„*Ein weitläufiges Geschäft*"

Immanuel Kant

Wer in der Philosophie auf Eingebungen wartet, braucht viel Geduld, denn Eingebungen sind im philosophischen Alltagsbetrieb eigentlich nicht so recht vorgesehen; man setzt eher auf die „saure Arbeit des Begriffs", die ihr unermüdlicher Propagandist, der Philosoph Hegel, weitaus höher schätzte als den Zuspruch, der sich aus den Quellen zweifelhafter Genialität speist. Geschehen kann es auch, daß Eingebungen, wenn sie sich denn einzustellen belieben, nahezu unbemerkt bleiben, weil sie zu unscheinbar sind, um sofort auffällig zu werden; sie wirken im Verborgenen, halten Gedanken besetzt, die sie in eine bestimmte Richtung lenken, und schaffen sich eine Ensemble weiterführender Überlegungen, das oft erst sehr spät mit konkreten Ergebnissen aufwarten kann.

Dem Philosophen Immanuel Kant ist solches widerfahren; er mußte sich lange Jahre mit Reflexionen abmühen, die seine ursprünglichen Einsichten hartnäckig verdunkelten und schließlich so kompliziert erscheinen ließen, daß sie sich der Darstellung immer wieder entzogen. Kant, 1724 in Königsberg geboren, brachte bis zum Jahre 1770 eine respektable, wenn auch nicht übertrieben zügig verlaufende akademische Karriere hinter sich, die mit der späten Ernennung zum ordentlichen Professor der Logik und Metaphysik ihren vorläufigen Höhepunkt fand. In diesem Zeitraum hatte Kant nicht wenig publiziert, keine epochemachenden Werke zwar, aber doch einige gediegene bis kühne Schriften, die mit dazu beitrugen, daß der Ruf des Königsberger Philosophen bis in entlegenere deutsche Lande hinein ein guter war. Vom Jahre 1770 an schienen Kants schriftstellerische Aktivitäten jedoch deutlich nachzulassen; er veröffentlichte nur noch wenig, und auch in seiner persönlichen Korrespondenz, die er bis dato nur selten vernachlässigt hatte, wurde er zögerlicher.

Der Grund dafür war ein Projekt, das Kant buchstäblich über den Kopf zu wachsen drohte; er arbeitete an einem philosophischen Standardwerk, das, so seine keineswegs geringe Hoffnung, den weltanschaulichen und erkenntnistheoretischen Grundlagenstreit seiner Zeit ein für allemal gegenstandslos machen sollte. Am 21. Februar 1772 schrieb er an seinen Berliner Vertrauten Marcus Herz:

„Wenn Sie über das gänzliche Ausbleiben meiner Antworten unwillig werden, so tun Sie mir hierin zwar nicht unrecht; wenn Sie aber hieraus unangenehme Folgerungen ziehen, so wünschte ich mich desfalls auf Ihre eigene Kenntnis meiner Denkungsart berufen zu können. Statt aller Entschuldigung will ich Ihnen eine kleine Erzählung von der Art der Beschäftigung meiner Gedanken geben, welche in müßigen Stunden bei mir den Aufschub des Briefeschreibens veranlassen. Nach Ihrer Abreise von Königsberg sah ich in den Zwischenzeiten der Geschäfte und der Erholungen, die ich so nötig habe, den Plan der Betrachtungen, über die wir disputiert hatten, noch einmal an, um ihn an die gesamte Philosophie und übrige Erkenntnis zu passen und dessen Ausdehnung und Schranken zu begreifen... Nun machte ich mir den Plan zu einem Werke, welches etwa den Titel haben könnte: ‚Die Grenzen der Sinnlichkeit und der Vernunft‘. Ich dachte mir darin zwei Teile, einen theoretischen und einen praktischen... Indem ich den theoretischen Teil in seinem ganzen Umfange und mit den wechselseitigen Beziehungen aller Teile durchdachte, so bemerkte ich: daß mir noch etwas Wesentliches mangele, welches ich bei meinen langen metaphysischen Untersuchungen, sowie andere, aus der Acht gelassen hatte und welches in der Tat den Schlüssel zu dem ganzen Geheimnisse der bis dahin sich selbst noch verborgenen Metaphysik ausmacht."

Den Schlüssel zum Geheimnis der Metaphysik glaubte Kant entdeckt zu haben: Er lag für ihn in einem bislang noch nicht erkannten Zusammenwirken von Vernunft, Verstand und Sinnlichkeit, das nunmehr genauer beschrieben werden mußte. Gelang dies, so war damit ein wesentlicher Beitrag zur Lösung einer traditionsreichen, wenngleich immer unergiebiger werdenden Streitfrage geliefert, die sich aus dem Erkenntnisproblem ergab, das zwischen den sogenannten Dogmatisten auf der einen und Skeptizisten auf der anderen Seite diskutiert wurde. Die Dogmatisten, strenge Rationalisten allesamt, glaubten, aus der Verstandestätigkeit des Menschen eine dezidierte Begriffssystematik ableiten zu können, die als Methodenfundament der Philosophie diente; die Skeptizisten hingegen setzten auf die vergleichsweise schlichte, doch letztlich überzeugende Kraft lebenslanger Erfahrung, die sie dafür verantwortlich machten, daß überhaupt so etwas wie ein Wissens- und Erkenntnisbestand entstehen konnte. Darüber hinaus aber war das Erkenntnisproblem selbst gänzlich ungelöst: Was passierte, wenn ein Gegenstand zum Objekt subjektiver Erkenntnis wurde? Fand dabei nur eine äußere Reizung statt, die zu einer Übermittlung von Sinnesdaten führte? Oder geriet der Gegenstand in den Bannkreis subjektiver Ermächtigung, die dafür sorgte, daß der Gegenstand zum Begriff wurde, der damit über sein bloßes Dasein hinaus bestimmbare Eigenständigkeit gewann? Gab es möglicherweise Kategorien, die jede Erkenntnisleistung prägten, so etwa Raum und Zeit, und wie hatte man sich ihre Wirksamkeit im Auffassungsvermögen des Menschen vorzustellen? Und was ließ sich schließlich über die Realität selber sagen, unabhängig von der Tatsache, daß sie als Objekt subjektiven Wissens diente?

Kant hatte sich mit diesen Fragen schon des längeren befaßt; die Antwort, auf die er verfiel, bot sich an, ohne problemlos verfügbar zu sein, was bedeutete, daß sie ihm zuwachsen mußte in der Arbeit ihres Bedenkens. Eine solche Arbeit war auf Langfristigkeit angelegt, die allerdings nicht nur Mühen auf dem Weg zum großen Ziel versprach, sondern auch mit stillen Glücksperspektiven aufwarten konnte, die sich aus der berechtigten Hoffnung ergaben, daß bereits die tägliche Konzentration auf das Wesentliche mit bescheidenen Fortschritten belohnt werden könnte. An Marcus Herz schrieb er:

„In einer Gemütsbeschäftigung von so zärtlicher Art ist nichts hinderlicher, als sich mit Nachdenken, das außer diesem Felde liegt, stark zu beschäftigen. Das Gemüt muß in den ruhigen oder auch glücklichen Augenblicken jederzeit und ununterbrochen zu irgendeiner zufälligen Bemerkung, die sich darbieten möchte, offen, obzwar nicht immer angestrengt sein. Die Aufmunterungen und Zerstreuungen müssen die Kräfte desselben in der Geschmeidigkeit und Beweglichkeit erhalten, wodurch man instand gesetzt wird, den Gegenstand immer auf andern Seiten zu erblicken und seinen Gesichtskreis von einer mikroskopischen Beobachtung zu einer allgemeinen Aussicht zu erweitern."

Im Herbst 1769 war Kants Eingebung durch ein Lektüre-Erlebnis angeregt worden, das er dem kurz zuvor erschienenen Buch „Briefe an eine deutsche Prinzessin" des bekannten Schweizer Mathematikers Leonhard Euler verdankte. Euler hatte Überlegungen angestellt, die sich mit dem noch immer geheimnisträchtigen Zusammenspiel von Leib und Seele befaßten; dabei war er zu dem Ergebnis gelangt, daß beide in einer Beziehung stünden, die zwar denkbar sei, aber nicht anschaulich gemacht werden könne. Umgekehrt ließe sich allerdings auch eine Beziehung vorstellen, die auf reiner Anschaulichkeit beruhte und dem Denken entzogen blieb. Kant machte sich diesen Gedanken zunutze; ihm wurde klar, daß man Gegensätze sehr wohl zusammendenken konnte, besonders dann, wenn Gewichtungen vorzunehmen waren, die auf eine Entscheidung der Reflexion hinausliefen. Er arbeitete sich zu der Erkenntnis vor, daß alle Widersprüche, die in der Vernunft auftauchten, notwendiger Bestandteil des Denkens waren, den man nicht hinwegdisputieren konnte. Die Vernunft selbst lebte von und mit ihren Antionomien, die als Grenzen fungierten für das Wissens-Mögliche. Die Annahme solcher grundlegenden Widersprüchlichkeit bedeutete zugleich den Versuch, sich ihrer dialektisch zu versichern und sie methodologisch auf den Begriff zu bringen. In einem Rückblick auf seine philosophische Entwicklung, den Kant 1784 zu Zwecken der Selbstverständigung aufs Papier brachte, heißt es:

„Ich habe von dieser Wissenschaft nicht jederzeit so geurteilt. Ich habe anfänglich davon gelernt, was sich mir am meisten anpries. In einigen Stücken glaubte ich etwas Eigenes zu dem gemeinschaftlichen Schatze zutragen zu können; in anderen fand ich etwas zu verbessern, doch jederzeit in der Absicht, dogmatische Einsichten dadurch zu erweitern... Es dauerte lange, daß ich auf solche Weise die ganze dogmatische Theorie dialektisch fand", das heißt, „daß sie sich in Dialektik, einen Widerstreit der Vernunft mit sich selbst auflöste."

Nachdem deutlich geworden war, daß eine Erkenntnistheorie, die allgemeingültig sein wollte, auf der antinomischen Struktur der Vernunft aufbauen mußte, ging es für Kant darum, den Begriffsapparat zu bestimmen, der Erkenntnisleistungen möglich machte. Er hatte zu überprüfen, ob die Dialektik der Vernunft nicht auch in ursächlichem Zusammenhang mit der Tätigkeit des Verstandes und dem Rezeptionsvermögen der sinnlichen Wahrnehmung stand; darüber hinaus galt es, die Anteile der Subjektivität am Zustandekommen objektiver Erkenntnis zu überprüfen. Diese Arbeiten, ein kritisches Geschäft, das sich seine Probleme selber besorgte, nahmen weitaus mehr Zeit in Anspruch, als Kant es sich vorgestellt hatte; hinzu kam, daß er zwar fleißig, aber auch gesundheitlich anfällig war. Eine „schwächliche Konstitution" und umfangreiche Lehramtsbelastungen, so sein wiederholter Hinweis, versagten es ihm, ein größeres als das bereits eingeplante Arbeitspensum abzuliefern. Trotzdem wurde man allmählich unruhig, denn es war bekannt, daß der Philosoph an einem gerüchteumwobenen großen Werk schrieb, „welches", wie einer seiner Schüler vorschnell bekanntgegeben hatte, „die menschliche Denkungsart von Grund auf revolutionieren" sollte. Das Werk aber erschien nicht; Jahr für Jahr verging, und da Kant immer noch lebte, schlug sich die Erwartungshaltung, die man mit seiner Schrift verband, in zusätzlichen Mutmaßungen nieder.

Der Philosoph reagierte auf entsprechende Nachfragen hinhaltend; immerhin, so konnte man seinen in der Regel knapp gehaltenen Mitteilungen entnehmen, befand er sich im Stadium intensiver Gedankenarbeit und hatte bei weitem noch nicht resigniert. An Marcus Herz schrieb er:

„Sie suchen im Meßkatalog fleißig, aber vergeblich nach einem gewissen Namen unter dem Buchstaben K. Es würde mir nach der vielen Bemühung, die ich mir gegeben habe, nichts leichter gewesen sein, als ihn darin mit nicht unbeträchtlichen Arbeiten, die ich beinahe fertig liegen habe, paradieren zu lassen. Allein da ich einmal in meiner Absicht eine so lange von der Hälfte der philosophischen Welt umsonst bearbeitete Wissenschaft umzuschaffen so weit gekommen bin, daß ich mich in dem Besitze eines Lehrbegriffs sehe, der das bisherige Rätsel völlig aufschließt und das Verfahren der sich selbst isolierenden Vernunft unter sichere und in der Anwendung leichte Regeln bringt, so bleibe ich, nunmehr halsstarrig bei meinem Vorsatz, mich keinen Autorkitzel verleiten zu lassen, in einem leichteren und beliebteren Felde Ruhm zu suchen, ehe ich meinen dornigen und harten Boden eben und zur allgemeinen Bearbeitung frei gemacht habe."

Das „bisherige Rätsel" aber, von dem Kant sprach und das er glaubte, gelöst zu haben, hatte etwas Vertracktes an sich; es reagierte hinhaltend, ja sogar nachtragend, indem es sich mit neuen Geheimnissen umgab, die an die Stelle der alten traten. Kant, der sich gelegentlich metaphysisch veralbert vorkommen mußte, war des öfteren versucht, klein beizugeben; andererseits besaß er Ehrgeiz genug, seinen großen Erkenntnisplan weiterzuverfolgen und die Schwierigkeiten, denen er begegnete, als normale Arbeitshindernisse auf dem Weg zur Festschreibung der Wahrheit zu begreifen. Er wußte zudem, daß seine Probleme auch hausgemacht waren: Zum einen nämlich lief ihm, der schon länger nicht mehr der Jüngste war, tatsächlich die Zeit davon; zum anderen erwies sich seine eigentliche Aufgabe, ein kompliziertes Gedankenszenario aus dem Kopf heraus aufs Papier zu bringen und dort bei der Niederschrift nicht noch komplizierter werden zu lassen, als ein zutiefst tückisches Unterfangen, in dem man sich, Tag für Tag, aufs neue verrennen konnte. Kant blieb nichts anderes übrig, als den neugierigsten unter seinen Kollegen und Freunden, die sich bei ihm immer wieder nach dem Fortgang seines Werkes erkundigten, kleinere Etappenbereiche zukommen zu lassen, deren Formulierungen manches von den Schwierigkeiten anklingen ließen, in denen der Philosoph noch immer steckte:

„Ich empfange von allen Seiten Vorwürfe wegen der Untätigkeit, darin ich seit länger Zeit zu sein scheine, und bin doch wirklich niemals systematischer und anhaltender beschäftigt gewesen, als seit denen Jahren, da Sie mich nicht gesehen haben. Die Materien, durch deren Ausfertigung ich wohl hoffen könnte, einen vorübergehenden Beifall zu erlangen, häufen sich unter meinen Händen, wie es zu geschehen pflegt, wenn man einiger fruchtbarer Prinzipien habhaft geworden. Aber sie werden insgesamt durch einen Hauptgegenstand wie durch einen Damm zurückgehalten, an welchem ich hoffe, ein dauerhaftes Verdienst zu erwerben, in dessen Besitz ich auch wirklich schon zu sein glaube und wozu nunmehro nicht sowohl nötig ist, es auszudenken, sondern nur auszufertigen. Nach Verrichtung dieser Arbeit, welche ich jetzt antrete, nachdem ich die letzten Hindernisse nun den vergangenen Sommer überstiegen habe, mache ich mir ein freies Feld, dessen Bearbeitung für mich nur Belustigung sein wird. Es gehöret, wenn ich sagen soll, Hartnäkkigkeit dazu, einen Plan, wie dieser ist, unverrückt zu befolgen."

Trotz besagter Hartnäckigkeit, die Kant sehr wohl an den Tag legte, war er vom Zustand der „Belustigung", den er in seinem Brief erwähnt hatte, noch weit entfernt. Gesundheitliche Beschwerden behinderten seine Arbeit; er klagte über Magenschmerzen und merkwürdige Blähungen, die ihn immer wieder heimsuchten und denen sein Hausarzt mit allerlei Mittelchen zu Leibe rückte, ohne übertrieben erfolgreich zu sein. Kant trug sich deswegen mit dem Gedanken einer Selbstmedikation; er hatte sich eine medizinische Schrift besorgt, in der er, wie er glaubte, präzise Hinweise auf seine Krankheitsursachen finden würde.

Was den Fortgang des großen Werkes anging, so ließ die Vollendung weiter auf sich warten, auch wenn er Hinweise geben konnte, daß er wieder ein Stück vorwärtsgekommen war. An Marcus Herz schrieb er am 20. August 1777:

„Meine Untersuchungen... haben systematische Gestalt gewonnen und mich allmählich zur Idee des Ganzen geführt, welche allererst das Urteil über den Wert und den wechselseitigen Einfluß der Teile möglich macht. Allen Ausfertigungen dieser Arbeiten liegt indessen das, was ich die *Kritik der reinen Vernunft* nenne, als ein Stein im Wege, mit dessen Wegschaffung ich jetzt allein beschäftigt bin und diesen Winter damit völlig fertig zu werden hoffe. Was mich aufhält, ist nichts weiter als die Bemühung, allem darin Vorkommenden völlige Deutlichkeit zu geben, weil ich finde, daß, was man sich selbst geläufig gemacht hat und zur größten Klarheit gebracht zu haben glaubt, doch selbst von Kennern mißverstanden werde, wenn es von ihrer gewohnten Denkungsart gänzlich abgeht."

Schließlich konnte Kant so etwas wie ein zehnjähriges Arbeitsjubiläum feiern, ohne sein Buch, von dem man nun immerhin wußte, daß es „Kritik der reinen Vernunft" heißen sollte, fertiggestellt zu haben. Ihm war entsprechend trübsinnig zumute; der Dichter Johann Georg Hamann, der ihn im Frühjahr 1779, wenige Tage vor seinem 55. Geburtstag besuchte, notierte anschließend, der Philosoph sei bei „besorgniserregender Stimmung" und „voller Lebens- und Todesgedanken" gewesen. Dennoch zeigte sich Kant entschlossen, sein Werk zu Ende zu bringen – ohne Rücksicht auf Verständlichkeit und die Ansprüche wissenschaftlicher Vollständigkeit. Der Kraftakt, den er sich verordnete, glich einer inspirierten Zwangsmaßnahme, die allerdings erfolgreich verlief: Am 14. Mai 1781, gerade noch rechtzeitig zu Beginn der Leipziger Ostermesse, kam die „Kritik der reinen Vernunft" auf den Markt, ein Buch, von dem sein Autor später sagte, er habe es als „das Produkt des Nachdenkens von einem Zeitraum von wenigstens zwölf Jahren" letztlich „innerhalb etwa 4 bis 5 Monaten, gleichsam im Fluge" niedergeschrieben.

Nach vollendeter Tat war der Philosoph erschöpft und in Maßen zufrieden; was die Aufnahme seines Werkes anging, machte er sich allerdings keine Illusionen. Wichtig für ihn war, daß er sein Ziel doch noch erreicht hatte. An einen Kollegen, den Philosophieprofessor Christian Garve, schrieb er im August 1783:

„Auch gestehe ich frei, daß ich auf eine geschwinde günstige Aufnahme meiner Schrift gleich zu anfang nicht gerechnet habe; denn zu diesem Zwecke war der Vortrag der Materien, die ich mehr als 12 Jahre hintereinander sorgfältig durchgedacht hatte, nicht der allgemeinen Faßlichkeit genugsam angemessen ausgearbeitet worden, als wozu noch wohl einige Jahre erforderlich gewesen wären, da ich hingegen ihn in etwa 4 bis 5 Monaten zustande brachte, aus Furcht, ein so weitläufiges Geschäft würde mir, bei längerer Zögerung, endlich selber zur Last werden und meine zunehmenden Jahre (da ich jetzt schon im 60sten bin) möchten es mir, der ich jetzt noch das ganze System im Kopfe habe, zuletzt vielleicht unmöglich machen. Auch bin ich mit dieser meiner Entscheidung, selbst so wie das Werk daliegt, noch jetzt gar wohl zufrieden, dermaßen daß ich, um wer weiß welchen Preis, es nicht ungeschrieben wissen möchte, aber auch um keinen Preis die lange Reihe von Bemühungen, die dazugehört haben, noch einmal übernehmen möchte. Die erste Betäubung, die eine Menge ganz ungewohnter und einer noch ungewöhnlicheren, obzwar dazu notwendig gehörigen neuen Sprache, hervorbringen mußte, wird sich verlieren."

Kant war zwar nüchtern genug, um zunächst keine besonderen Erfolge für sein Buch zu erwarten; trotzdem mußte er enttäuscht sein, als sich herausstellte, daß die „Kritik der reinen Vernunft" im ersten Anlauf fast völlig durch den Rost öffentlicher Anteilnahme fiel. Einige wenige Rezensionen erschienen, aus denen herauszulesen war, daß man das Werk, um das es ging, kaum oder gar nicht verstanden hatte; also war, konnte man folgern, die endspurthafte Eile, mit welcher der Autor seine Schrift letztendlich abgefertigt hatte, seinem Unternehmen doch nicht bekommen. Es haperte, so wurde allgemein geklagt, an der Verständlichkeit; aber ließen sich komplizierte Sachverhalte, durfte Kant zurückfragen, überhaupt leichtverständlich darstellen? Er versuchte seinem Lesepublikum entgegenzukommen, indem er zwei Jahre später mit einem Einführungsband vorstellig wurde, der die wesentlichen Gedankengänge seines Hauptwerks zusammenfaßte. Dieses Büchlein, wie Kant es nannte, eine immerhin 222 Seiten starke Abhandlung mit dem wenig ansprechenden Titel „Prolegomena zu einer jeden zukünftigen Metaphysik, die als Wissenschaft wird auftreten können", erfüllte die Hoffnung, die sein Verfasser mit ihm verband, nur bedingt. Zwar wurde die Bereitschaft des Philosophen begrüßt, sich näher zu erklären; die Prolegomena aber, nachgereichte Vorbemerkungen zu einem Opus magnum, hielt man für ähnlich unverständlich wie die „Kritik der reinen Vernunft". Am 26. August 1783 schrieb

Kant einem seiner getreuen Verehrer, dem Philosophieprofessor Johann Schultz, der versucht hatte, sich für das Werk des Kollegen einzusetzen:

„Es macht mir ungemein viel Vergnügen, einen so scharfsinnigen Mann... an meine Versuche mit Hand anlegen zu sehen, vornehmlich aber die Allgemeinheit der Übersicht, mit der Sie allenthalben das Wichtigste und Zweckmäßigste auszuheben und die Richtigkeit, mit welcher Sie meinen Sinn zu treffen gewußt. Dieses letztere tröstet mich vorzüglich für die Kränkung, fast von niemand verstanden worden zu sein, und nimmt die Besorgnis weg, daß ich die Gabe, mich verständlich zu machen, in so geringem Grade, vielleicht in einer so schweren Materie gar nicht besitze; und alle Arbeit vergeblich aufgewandt haben möchte."

Schließlich aber wurde Kant doch noch verstanden, ein Vorgang, der nicht ohne stille Komik ablief. Es war, als hätte der Philosoph nur lange genug warten müssen, um eine wundersame Wandlung der wissenschaftlichen Meinung erleben zu dürfen; nicht mehr vom schwerfälligen Kant und seinen dunklen Gedankengängen war die Rede, sondern von einem wahren Meister, einem Kopernikus der Philosophie, der seiner Wissenschaft, die schon im Ruf stand, keine Wissenschaft mehr zu sein, zu neuem und ungeahntem Glanz verholfen habe. Was Kant sich über zwölf lange Jahre hinweg mühsam erarbeitet hatte, stand nun in feinstem Licht da: ein Vernunftprogramm, genial konzipiert und von solcher Eindringlichkeit, daß sich die geforderte Überzeugungskraft fast wie von selber einstellen wollte. Kant hatte das uralte Erkenntnisproblem des Menschen gelöst.

Zumindest mußten seine Anhänger das so sehen; die Lösung, die seine Philosophie anbot, lief auf eine raffinierte Ausgewogenheit hinaus, denn sie erklärte das Subjekt zum Schöpfer seines eigenen Wissens- und Wahrnehmungsbereichs, ohne die Eigenständigkeit einer von objektiven Gegebenheiten ausgehenden Erfahrung zu verleugnen. Der Mensch, so Kant, nimmt die Welt wahr, wie sie ihm erscheint; die Gesetzmäßigkeit ihrer Erscheinung aber, ihre Erkenntnisstruktur, wird von ihm selbst geprägt. Was über diese Struktur hinausreicht, was also Realität ist, die nicht im Wissen erscheint, entzieht sich seiner Kenntnis. Die Antinomien der Vernunft setzen sich demnach im Verstand fort; an ihnen muß der Mensch seine Erkenntnismöglichkeiten orientieren. Das Denken selbst bleibt widersprüchlich, was zugleich seine eigenartige Leistungsfähigkeit ausmacht; es arbeitet sich ab an der Diskrepanz zu seinem Gegenstand, der ein Dasein hat jenseits des Wissens.

„Wir haben also sagen wollen: daß alle unsere Anschauung nichts als die Vorstellung von Erscheinung sei; daß die Dinge, die wir anschauen, nicht das an sich selbst sind, wofür wir sie anschauen, noch ihre Verhältnisse so an sich selbst beschaffen sind, als sie uns erscheinen, und daß, wenn wir unser Subjekt oder auch nur die subjektive Beschaffenheit überhaupt aufheben, alle die Beschaffenheit, alle Verhältnisse der Objekte in Raum und Zeit, ja selbst Raum und Zeit verschwinden würden und als Erscheinungen nicht an sich selbst, sondern nur in uns existieren können. Was es für eine Bewandtnis mit den Gegenständen an sich und abgesondert von aller dieser Rezeptivität unserer Sinnlichkeit haben möge, bleibt uns gänzlich unbekannt. Wir kennen nichts als unsere Art, sie wahrzunehmen, die uns eigentümlich ist, die auch nicht notwendig jedem Wesen, obzwar jedem Menschen, zukommen muß.“

Am Ende hatte Kant der Vernunft die Flügel gestutzt und die Ansprüche der Philosophie auf ein Normalmaß zurückgebracht, welches, bei all seiner erkenntniskritischen Bescheidenheit, erfolgreich genug war, um auch als Maßstab moderner Wahrheitsfindung dienen zu können. Das reduzierte Anspruchsdenken der Philosophie, von Kant in die Wege geleitet und von seinen Nachfolgern, wie etwa Hegel, als unnütze Geistesdiät geschmäht, bestimmt heute zum großen Teil des Selbstverständnis der diensthabenden Philosophen. Ein solcher Reduktionsmus mag wohltuend erscheinen angesichts früherer Großmannssucht und der Kompliziertheit gegenwärtiger Probleme; vielleicht aber leistet die Philosophie damit auch zuwenig an Zumutungen, an verstiegenen oder gar kühnen Theorien und, nicht zuletzt, auch an übergreifenden Visionen, die über schiere Vernünftigkeit hinausreichen. Kant selbst glaubte, der Philosophie, im besonderen der von ihm rigoros beschnittenen Metaphysik, einen Liebesdienst erwiesen zu haben:

„Die Metaphysik, in welche ich das Schicksal habe, verliebt zu sein, ob ich mich gleich von ihr nur selten einiger Gunstbezeugungen rühmen kann, leistet zweierlei Vorteile. Der erste ist, den Aufgaben ein Genüge zu tun, die das forschende Gemüt aufwirft, wenn es verborgeneren Eigenschaften der Dinge durch Vernunft nachspähet... Der andere Vorteil ist der Natur des menschlichen Verstandes mehr angemessen und besteht darin: einzusehen, ob die Aufgabe aus demjenigen, was man wissen kann, auch bestimmt sei und welches Verhältnis die Frage zu den Erfahrungsbegriffen habe, darauf sich alle unsere Urteile jederzeit stützen müssen. In so ferne ist die Metaphysik eine Wissenschaft von den Grenzen der menschlichen Vernunft."

Wer sich, von Kant mit einem genauen Lageplan versehen, innerhalb dieser Vernunftgrenzen einzurichten versteht, weiß in der Regel, woran er ist. Es ist ein Land von gediegener Prächtigkeit, in dem er sich befindet, – ein Land, in dem man weiß, was man wissen kann, und sich Gedanken darüber macht, was man tun soll. Und – man darf hoffen in diesem Land, in dem zwar das Bewährte in Sichtweite bleibt, aber noch immer auch Abenteuer möglich sind – Reisen vom Bekannten ins Unbekannte, bei denen begründete Vorsicht zu walten hat.

„Es ist das Land der Wahrheit, umgeben von einem weiten und stürmischen Ozeane, dem eigentlichen Sitze des Scheins, wo manche Nebelbank und manches bald wegschmelzende Eis neue Länder lügt, und indem es den auf Entdeckungen herumschwärmenden Seefahrer unaufhörlich mit leeren Hoffnungen täuscht, ihn in Abenteuer verflechtet, von denen er niemals ablassen und sie doch auch niemals zu Ende bringen kann. Ehe wir uns aber auf dieses Meer wagen, um es nach allen Breiten zu durchsuchen und gewiß zu werden, ob etwas in ihnen zu hoffen sei, so wird es nützlich sein, zuvor noch einen Blick auf die Karte des Landes zu werfen, das wir eben verlassen wollen, und zu fragen, ob wir mit dem, was es in sich enthält, nicht allenfalls zufrieden sein könnten oder auch aus Not zufrieden sein müssen, wenn es sonst überall keinen Boden gibt, auf dem wir uns anbauen könnten."

„Am warmen Winterofen"

Johann Gottlieb Fichte

Wer zur Philosophie kommt, sollte man meinen, wird schon des längeren im Nachdenken herumgetrieben. Er hat sich eigene Gedanken gemacht, dies und jenes Problem bedacht, und von seinem Informationsstand her ist er soweit, daß nun die alten Meister, Philosophen also, die als anerkannte Geistesgrößen gelten, befragt werden wollen. So oder ähnlich mag man sich, ins Allgemeine gewendet, Begegnungen vorstellen, an deren Ende das Korps der Philosophie um einen weiteren Mitstreiter verstärkt worden ist. Daß es aber auch Philosophen gibt, die ihre Tätigkeit aus ökonomischen Gründen aufnehmen, wird man für seltsam halten, denn die Philosophie steht ja nicht unbedingt im Rufe, eine besonders einträgliche Beschäftigung abzugeben.

Der Philosoph Johann Gottlieb Fichte indes kam im Jahre 1790 zur Philosophie, weil es ihm ausgesprochen schlecht ging: Er war, vornehm ausgedrückt, nahezu zahlungsunfähig, und die Hoffnungen, durch diskret zu Werke gehende Gönner aus seiner Misere entlassen werden zu können, erwiesen sich, ein ums andere Mal, als hinfällig. Fichte betätigte sich damals, mehr schlecht als recht, als Hauslehrer in Leipzig; seine ohnehin bescheidenen Mittel waren aufgebraucht, und er sah sich bereits gezwungen, seine Kleider zu versetzen. In dieser höchst ungemütlichen Situation suchte ihn ein Student auf, der ihn um Privatunterricht in der Kantischen Philosophie bat. Fichte sagte zu; das Diktat seiner prekären Finanzen ließ ihm gar keine andere Wahl. Dabei hatte er von dem Königsberger Philosophen, der mittlerweile als der größte seiner Zunft galt, noch keine Zeile gelesen. Fichte stürzte sich förmlich in die Lektüre der Kantischen Schriften, die ihm, wie er alsbald bekunden mußte, wie eine Offenbarung erschienen. Im September 1790 schrieb er an seinen Freund und ehemaligen Kommilitonen Friedrich August Weißhuhn:

„Ich lebe in einer neuen Welt, seitdem ich die Kritik der praktischen Vernunft gelesen habe. Sätze, von denen ich glaubte, sie seien unumstößlich, sind mir umgestoßen; Dinge, von denen ich glaubte, sie könnten mir nie bewiesen werden, z. B. der Begriff einer absoluten Freiheit, der Pflicht usw., sind mir bewiesen, und ich fühle mich darum nur um so froher. Es ist unbegreiflich, welche Achtung für die Menschheit, welche Kraft uns dieses System gibt! Doch was sage ich das Ihnen, der Sie es längst werden empfunden haben wie ich! Welch ein Segen für ein Zeitalter, in welchem die Moral von ihren Grundfesten aus zerstört und der Begriff Pflicht in allen Wörterbüchern durchstrichen war."

Fichtes Begeisterung für die Kantische Philosophie hielt an, auch wenn sie nicht entscheidend dazu beitrug, seine Geldsorgen zu mindern. Noch immer wußte er nicht, wie er die nächsten Tage bestreiten sollte, aber er sah nun sein Los mit ganz anderen Augen. War er nicht – zum ersten Mal in seinem Leben – frei, ein freier Mann, der seine Abhängigkeiten durchschaute und deswegen auch ändern konnte, was zu ändern war – wenn es seine Zeit ihm erlaubte? Fichte fühlte sich glücklich, ein für ihn ungewohnter Zustand, der über seine gewohnte Ärmlichkeit weit hinausreichte. An seinen Bruder Gotthelf schrieb er am 5. März 1791:

„Aus Verdruß warf ich mich in die Kantische Philosophie, die eben so herzerhebend als kopfbrechend ist. Ich fand darin eine Beschäftigung, die Herz und Kopf füllte; mein ungestümer Ausbreitungs-Geist schwieg: das waren die glücklichsten Tage, die ich verlebt habe. Von einem Tag zum andern verlegen um Brot, war ich dennoch damals vielleicht einer der glücklichsten Menschen auf dem weiten Rund der Erde."

Im Hochschwang seiner Gefühle war Fichte geneigt, nun auch für sein irdisches Glück zu sorgen. Er sah den Zeitpunkt gekommen, zu heiraten. Eine Verlobte hatte er schon: Johanna Rahn, einzige Tochter eines Züricher Kaufmanns und Beamten, der Fichte im Jahre 1788 nähergetreten war. Damals hatte er sich, wiederum der Not gehorchend, als Hauslehrer in die Schweiz verdingt, wo es ihm gar nicht gefiel. Immerhin gefiel ihm Johanna, die allerdings neun Jahre älter war als er, und liebenswert fand er auch ihren Vater Hartmann Rahn, der ihn wie einen Sohn aufnahm. Fichtes Entschluß, zu heiraten und nach Zürich zurückzukehren, wurde Anfang März 1791 in einem Brief an die Verlobte angekündigt, die mit allem einverstanden war und ihren Bräutigam geduldig erwartete. Der aber bekam es auf einmal mit der Angst zu tun; unter fadenscheinigen Vorwänden kündigte er die Verlobung auf und verschwand aus Leipzig. Er sei sich seiner Gefühle nicht mehr sicher gewesen, sagte er später, und in einem Brief an seinen Bruder Gotthelf stellte er sich als Charmeur wider Willen dar, den man, gänzlich überraschend, auf einmal mit einer Liebe konfrontierte, die er weder gewollt noch gerufen hatte.

„Unter den Häusern, mit denen ich in Zürich sehr genau bekannt war, war das eines Mannes von ohngefähr 70 Jahren, der mit dem bestem Herzen viel Kenntnisse und eine ungeheure Welt- und Menschenkenntnis vereinigte. Dieser Mann wurde durch einen vertrauten Umgang mit mir in die schönen Zeiten seiner Jugend zurückversetzt. Er liebte mich als ein Vater; und verehrte mich höher, als es meine Verdienste oder seine Jahre eigentlich erlaubten. Dieser Mann hatte eine einzige Tochter, die unter seinen Augen aufgewachsen war; die noch nichts gefühlt hatte als innige Verehrung dieses Vaters, und die von Jugend auf gewohnt war, alles mit den Augen des Vaters anzusehen. War es ein Wunder, daß, ganz ohne meine Zutun, der Liebling des Vaters auch der der Tochter wurde? Welche Mannsperson ist nicht scharfsinnig genug, Empfindungen von der Art bald zu entdecken, die noch dazu mir eben nicht verhohlen wurden? Mein Herz war leer … Ich ließ mich lieben, ohne es eben zu sehr zu begehren.“

Fichte reiste nach Warschau, wo man ihm eine Hauslehrerstelle angeboten hatte, die er allerdings nicht antrat, weil das Vorstellungsgespräch bei seinen neuen Arbeitgebern ausgesprochen enttäuschend verlief; man fand einander unsympathisch und beschloß, das vorgesehene Dienstverhältnis gar nicht erst aufzunehmen. Auf der Rückreise von Warschau machte Fichte

Anfang Juli 1791 in Königsberg Station. Er entschloß sich, dem verehrten Kant seine Aufwartung zu machen, der auf Fichtes Besuch allerdings eher reserviert reagierte. Der Königsberger Philosoph, den man mittlerweile für eine Art Goethe der Philosophie hielt, war nicht mehr der Jüngste; er hatte sein Lebenswerk nahezu beendet und wurde zum Dank dafür von allerlei Altersmalaisen geplagt. Unnütze Besuche, auch wenn sie vom Geist bedingungsloser Verehrung geprägt schienen, empfand er als Belästigung. Kant kam seinem Besucher einigermaßen schläfrig vor, was Fichte jedoch nicht daran hinderte, weiteren Kontakt zu dem Mann seiner Verehrung zu suchen. Er schickte ihm seine Erstlingsschrift „Versuch einer Kritik aller Offenbarung", die er, eigenen Angaben zufolge, innerhalb von fünf Tagen „aufs Papier warf". Kant nahm dieses Werk überraschend positiv auf; er lud Fichte für den 26. August zum Mittagessen ein, was durchaus als besondere Gunstbezeugung gelten durfte. Das Gespräch bei Tisch verlief in angenehmer Atmosphäre, und Fichte konnte eigentlich zufrieden sein. Einen Tag später jedoch hatten ihn die gewohnten Schwierigkeiten eingeholt; er mußte feststellen, daß er, wieder einmal, pleite war. In einem Anflug kühner Verzweiflung setzte er einen Brief auf, in dem er unter Hinweis auf seine weiteren Pläne Kant um ein Darlehen ersuchte.

„Höchstzuverehrender Herr Professor! – Ich fühle... das Bedürfnis, alles das, was zu frühes Lob gütiger, aber zu wenig weiser Lehrer, eine fast vor dem Übertritte ins eigentliche Jünglingsalter durchlaufene akademische Laufbahn und seitdem die beständige Abhängigkeit von den Umständen mich versäumen ließen, nachzuholen, ehe die Jahre der Jugend vollends verfliegen, mit Aufgebung aller ehrgeizigen Ansprüche, die mich eben zurückgesetzt haben, mich zu allem zu bilden, wozu ich tüchtig werden kann, und das übrige den Umständen zu überlassen, täglich stärker. Diesen Zweck kann ich nirgends sicherer erreichen als in meinem Vaterlande... Hierzu aber sind mir die Mittel abgeschnitten. Ich habe noch 2 Dukaten, und diese sind nicht mein, denn ich habe sie für Miete und dergl. zu bezahlen. Es scheint also kein Mittel übrig zu sein, mich zu retten, wenn sich nicht jemand findet, der mir Unbekannten, bis auf die Zeit, da ich sicher rechnen kann wieder zu bezahlen, d. i. Ostern künftigen Jahres, gegen Verpfändung meiner Ehre und im festen Vertrauen auf dieselbe die Kosten der Rückreise vorstrecke. Ich kenne niemanden, dem man dieses Pfand, ohne Furcht ins Gesicht gelacht zu bekommen, anbieten dürfte als Sie, tugendhafter Mann."

Der tugendhafte Mann indes war zu tugendhaft, um auf Fichtes Ansinnen einzugehen. Statt dessen erklärte er sich bereit, etwas für Fichtes Erstlingsschrift zu tun, die er für publikationswürdig hielt. Durch Kants Vermittlung wurde die „Kritik aller Offenbarung" dem Königsberger Verleger Hartung übergeben, der, nach einigem Murren, sogar einwilligte, Fichtes Honorar bei Ablieferung des Manuskripts fällig werden zu lassen. Damit waren die ärgsten Schwierigkeiten erst einmal beseitigt; das Schicksal schien es wieder etwas besser zu meinen mit Fichte, der sich nun sogar, von Kant geadelt, als philosophischer Schriftsteller begreifen durfte.

Durch Vermittlung des Kant-Verehrers und Hofpredigers Johannes Schultz erhielt Fichte zudem eine neue Hauslehrerstelle zugesprochen, die ihn für ein Jahr nach Krokow bei Danzig führte. Die Motive des Hofpredigers bei dieser Vermittlung waren allerdings nicht ganz uneigennütziger Natur, da er sich handfesten Gerüchten ausgesetzt sah, daß seine junge Frau dem Herrn Fichte unentwegt schöne Augen mache. So wurde der angehende Philosoph in die Provinz gelobt, wo es ihm zunächst ausnehmend gut gefiel. Zur Ostermesse 1792 erschien sein Erstlingswerk, das man in interessierten Kreisen für die langerwartete Abhandlung Kants zur Religionsphilosophie hielt. Der Verleger Hartung hatte dabei mit einem Trick nachgeholfen: Durch ein angebliches Versehen seiner Druckerei war es versäumt worden, Fichtes Namen auf dem Titelblatt zu nennen, was sich als eine der gängigen Maßnahmen zur Umgehung der noch immer strengen Zensur deuten ließ. Im übrigen schien es gar nicht so schwer zu sein, auch die eingefleischten Kantianer zu täuschen, denn Fichtes Schrift war, wie sich alsbald herausstellte, in der Diktion des Meisters verfaßt, so daß größere Zweifel gar nicht erst aufkommen konnten. Sogar der begeisterungsfähigste unter

Kants Anhängern, der einflußreiche Jenaer Philosophieprofessor Karl Leonhard Reinhold, zögerte nicht, dem Werk das Signum der Echtheit zu verleihen.

„Ich weiß nun, daß Offenbarung möglich ist... Dieses Wunder ist diese Woche durch ein Buch in mir bewirkt worden: Versuch einer Kritik aller Offenbarung... Die Idee, der Plan und der größte Teil der wirklichen Ausführung ist sicher von ihm, dem *großen Einzigen*... Weitschweifigkeiten, Wiederholungen und andere Nachlässigkeiten hindern mich, es ihm ganz zuzuschreiben, obwohl sie es nicht sollten; denn wahrscheinlich hat der große Mann, der nicht lange mehr zu leben hofft und noch vieles auszuführen wünscht, sehr geeilt."

Auch an anderer Stelle war man schnell bereit, das neue Werk als Original auszuloben, das ganz eindeutig, wie es hieß, die Handschrift des großen Kant trage. Im Intelligenzblatt der in Jena erscheinenden „Allgemeinen Literatur-Zeitung", die als seriöses Intellektuellen-Periodikum galt, wurden die Leser am 30. Juni 1792 mit der folgenden Mitteilung erfreut:

„Man hat es für Pflicht gehalten, das Publikum von der Existenz eines in aller Rücksicht höchst wichtigen Werkes zu benachrichtigen, welches diese Ostermesse unter dem Titel erschienen ist: ‚Versuch einer Kritik aller Offenbarung', Königsberg bei Hartung. Jeder, der nur die kleinsten derjenigen Schriften gelesen, durch welche der Philosoph von Königsberg sich unsterbliche Verdienste um die Menschheit erworben hat, wird sogleich den erhabenen Verfasser jenes Werkes erkennen."

Was zuviel war, war zuviel, und so sah sich der Philosoph von Köngisberg, der erhabene Verfasser jenes Werks, dessen Verfasser er gar nicht war, veranlaßt zu reagieren, was er auf gewohnt honorige Weise tat. Er schickte der „Allgemeinen Literatur-Zeitung" eine Richtigstellung, die der interessierten Öffentlichkeit am 22. Juli zur Kenntnis gebracht wurde:

„Der Verfasser des ‚Versuchs einer Kritik aller Offenbarung' ist der im vorigen Jahre auf kurze Zeit nach Königsberg herübergekommene, aus der Lausitz gebürtige, jetzt als Hauslehrer bei dem Herrn Grafen von Krokow, in Krokow in Westpreußen, stehende Kandidat der Theologie Herr Fichte; wie man aus dem in Köngisberg herausgekommenen diesjährigen Ostermeßkatalog des Herrn Hartung, seines Verlegers, sich durch seine Augen überzeugen kann. Überdem habe ich weder schriftlich noch mündlich auch nur den mindesten Anteil an dieser Arbeit des geschickten Mannes... und halte es daher für Pflicht, die Ehre derselben dem, welchem sie gebührt, hiermit ungeschmälert zu lassen. Immanuel Kant."

Mit dieser Erklärung wurde Fichte unversehens zum bekannten Schriftsteller, ein ans Wundersame grenzender Vorgang, der über die zuvor abgeleisteten Durststrecken hinwegtröstete. Die plötzliche Anerkennung, der sich Fichte ausgesetzt sah, festigte ihn zudem in seinem ohnehin schon recht kräftig entwickelten Selbstbewußtsein; der glaubte nun zu wissen, daß er Großes zu leisten imstande war, besonders auf dem weiten Feld der Philosophie, für das er sich im Verlauf seiner zuvor absolvierten Studien eigentlich gar nicht so recht ausgewiesen hatte. Fichte jedoch verstand es, seinen philosophischen Nachholbedarf zu stillen; er las viel und vor allem schnell, und er arbeitete an neuen Projekten, bei denen die Resultate seiner Lektürebemühungen unmittelbare Wiederverwendung fanden. In dieser für ihn recht erfolgreichen Zeit erinnerte sich Fichte auch seiner einstigen Verlobten: Im Dezember 1792 schrieb er an Johanna Rahn und bat um Verzeihung für seinen unrühmlichen Abgang, der allerdings, durch eine kuriose Kehrtwendung der Geschehnisse, doch noch zu einem vorläufig rühmlichen Ende geführt hatte. Johanna, eine geduldige Person und unbegabt in der Kunst, nachtragend zu sein, nahm ihren Fichte wieder in allen Ehren auf; er reiste nach Zürich, und man feierte Versöhnung. Nach einer etwas verlängerten Wartezeit kam es schließlich doch noch zur Hochzeit, die am 22. Oktober 1793 stattfand.

Den anschließenden Winter, der für ihn sehr bedeutsam werden sollte, verbrachte Fichte in Zürich. Er lebte, unbelastet von Amtspflichten und den Zwängen eines Brotberufs, seiner Philosophie, von der er zumindest ahnte, daß sie sich vom System des Königsberger Meisters entfernen würde. Erste Zweifel hatten ihn heimgesucht, die sich als hartnäckig erwiesen; was ihm fehlte, war eine Begründung der Philosophie, die über das von

Kant bestimmte Fundament hinausreichte. Die Widersprüchlichkeit der Vernunft, von außen in erkenntniskritischer Absicht konstatiert, konnte nicht das letzte Wort sein, auf das sich die philosophische Selbstbesinnung zurückzog; es mußte noch einen anderen, tieferliegenden Grund geben, der die Vernunft- und Wissensleistungen erst ermöglichte.

Im November 1793 wurde Fichte mit einer Eingebung belohnt, die ihm wie der Schlüssel zu seinem Problem erschien; diese Erleuchtung kam unverhofft und zeitigte beträchtliche Wirkung. In den Erinnerungen von Eduard Fichte, eines Enkels des Philosophen, heißt es dazu:

„Hier sei ... einer Mitteilung erwähnt, welche er später in Freundeskreisen machte, daß er damals, über das höchste Prinzip der Philosophie lange und anhaltend meditierend, wie mit einer plötzlich ihn ergreifenden Evidenz, während er am warmen Winterofen stand, von dem Gedanken ergriffen worden sei, nur das Ich, der Begriff der reinen Subjekt-Objektivität, könne das höchste Prinzip sein."

Zu den erwähnten Freundeskreisen gehörte auch der Philosoph und Naturwissenschaftler Henrik Steffens, der sich an ein Gespräch mit Fichte erinnerte, in dem dieser eine inhaltlich etwas ausführlichere Schilderung seines Erweckungserlebnisses gegeben habe:

„Da überraschte ihn plötzlich der Gedanke, daß die Tat, mit welcher das Selbstbewußtsein sich selber ergreift und festhält, doch offenbar ein Erkennen sei. Das Ich erkennt sich als erzeugt durch sich selber; das denkende und das gedachte Ich, Erkennen und Gegenstand des Erkennens, sind eins, und von diesem Punkte der Einheit, nicht von einer zerstreuenden Betrachtung, die Zeit und Raum und Kategorien sich geben läßt, geht alles Erkennen aus. Wenn Du nun, fragte er sich, diesen ersten Akt des Selbsterkennens, der in allem Denken und Tun der Menschen vorausgesetzt wird, der in den zersplitterten Meinungen und Handlungen verborgen liegt, rein für sich herauslöst und in seiner reinen Konsequenz verfolgtest, müßte nicht in ihm, als lebendig tätig und erzeugend, dieselbe Gewißheit sich entdecken und darstellen lassen, die wir in der Mathematik besitzen? Dieser

Gedanke ergriff ihn mit einer solchen Klarheit, Macht und Zuversicht, daß er den Versuch, das Ich als Prinzip der Philosophie aufzustellen, wie bezwungen von dem in ihm mächtig gewordenen Geiste, nicht aufgeben konnte. So entstand der Entwurf einer Wissenschafts-Lehre und diese selbst."

Das Grundprinzip der Philosophie, das Fichte entdeckt zu haben glaubte, lag im Ich selbst, dem Kant zwar die durchgehende Fähigkeit zur Selbstbestimmung im Rahmen nachgewiesener Grenzen zugestanden hatte, das darüber hinaus aber mit einem gestutzen Erkenntnisanspruch operieren sollte. Die Realität selbst blieb dem Zugriff des Wissens entzogen; es mußte sich mit der Welt der Erscheinungen begnügen, in der es, nach Maßgabe der ihm zugewiesenen Funktionalität, für eine Ordnung sorgen konnte, die in Abhängigkeit stand von den Auffassungsmöglichkeiten des Subjekts. Fichte genügte dies nicht; er war der Meinung, daß Kant der Philosophie eine unnötige Beschränkung auferlegt hatte, die sich zudem als hinderlich erwies, wenn es galt, ihre wahre Wissenschaftlichkeit zu erweisen. Der Nachweis einer solchen Wissenschaftlichkeit konnte nur im Wissen selbst geschehen, das sich damit als Grundprinzip seiner eigenen, auf allgemeine Gültigkeit abgestellten Wirksamkeit erkannte. Der Weg, den Kant gegangen war, wies in die richtige Richtung; er mußte nur zu Ende gegangen werden, und Fichte war bereits unterwegs. An seinen Freund Heinrich Stephani schrieb er im Dezember 1793:

„Unter freiem Himmel wohnen geht nicht! Es half also nichts; es mußte wieder angebaut werden. Das tue ich nun, seit ungefähr 6 Wochen, treulich. Freuen Sie sich mit mir der Ernte: ich habe ein neues Fundament entdeckt, aus welchem die gesamte Philosophie sich sehr leicht entwickeln läßt. – Kant hat überhaupt die richtige Philosophie; aber nur in ihren Resultaten, nicht nach ihren Gründen. Dieser einzige Denker wird mir immer wunderbarer; ich glaube, er hat einen Genius, der ihm die Wahrheit offenbart, ohne ihm die Gründe derselben zu zeigen! Kurz, wir werden, wie ich glaube, in ein paar Jahren eine Philosophie haben, die es der Geometrie an Evidenz gleichtut."

Fichtes Ehrgeiz, einen ersten Grundsatz der Philosophie festzulegen, aus dem alle weiteren Bestimmungen in allgemeingültiger Notwendigkeit abzuleiten waren, führte ihn wie selbstverständlich in die Tiefe des Ichs, von der er annehmen mußte, daß sie bislang noch gar nicht recht ausgelotet worden war. Der Abstieg in die Dunkelkammern der Subjektivität glich dem Bemühen um einen Neuanfang in verführerisch unbekanntem Gelände; dabei war die Annahme vonnöten, daß sich hinter dem empirischen Wissen des Ichs noch ein anderes Wissen verbarg, eine unendlich reichhaltige Reflexität, deren Tätigkeit erst die Strukturen dessen erschuf, was einmal gewußt werden konnte. Das geheimnisträchtige Wirken dieser Tätigkeit, von Fichte als ‚Setzen' bezeichnet, blieb dem normalen Erkenntniszugriff verwehrt und erschloß sich nur der „intellektuellen Anschauung", einer präzise ahnenden Wesensschau des Wissens auf dem Grund seiner selbst. Eine solche Vergegenwärtigung wurde von Fichte als unmittelbar evident begriffen; etwaige Vermutungen, daß es sich bei der intellektuellen Anschauung um ein nur begrenzt nachvollziehbares Minderheitenvergnügen handeln könnte, hielt er für gegenstandslos. „Sie ist das ummittelbare Bewußtsein, daß ich handle, und was ich handle: sie ist das, wodurch ich etwas weiß, weil ich es tue ... Ich kann keinen Schritt tun, weder Hand noch Fuß bewegen, ohne die intellektuelle Anschauung meines Selbstbewußtseins in diesen Handlungen; nur durch diese Anschauung weiß ich, daß ich es tue, nur durch diese unterscheide ich mein Handeln und in demselben mich, von dem vorgefundnen Objekte des Handelns. Jeder, der sich eine Tätigkeit zuschreibt, beruft sich auf diese Anschauung. In ihr ist die Quelle des Lebens, und ohne sie ist der Tod."

Fichtes Versuch, Philosophie als Fundamentalwissenschaft mit gesetzgeberischen Kompetenzen zu begreifen, führte zu der von ihm so genannten Wissenschaftslehre, die, ungeachtet ihrer überaus kompliziert anmutenden Einzeldeduktionen, einsichtig nur für denjenigen war, der sich bereit erklärte, die vorangestellte Grundannahme zu teilen. Diese sah vor, daß ein Wissen, auch ein Wissen-von-sich, nur vom Ich ausgehen kann, welches sich in Freiheit erkennt und zum Handeln entschließt. Mit dem Ich, darauf mußte Fichte des öfteren hinweisen, war allerdings nicht das unscheinbare Ich unserer Alltagsgeschäfte gemeint, sondern eine Art überindividuelle Ichheit, ein als persönlich vorgestelltes Organon der großen Weltvernunft, das den Problemlagen des einzelnen nur marginale Aufmerksamkeit schenken durfte.

„In der Wissenschaftslehre ist das Verhältnis gerade umgekehrt; da ist die Vernunft das einige an sich, und die Individualität nur akzidentell; die Vernunft Zweck; und die Persönlichkeit Mittel; die letztere nur eine besondere Weise, die Vernunft auszudrücken, die sich immer mehr in der allgemeinen Form derselben verlieren muß. Nur die Vernunft ist ihr ewig; die Individualität aber muß unaufhörlich absterben."

Mit der kompromißlosen Festlegung auf das Ich, seiner erkenntnisschöpfenden Treue dem eigenen Wissen gegenüber, sah sich Fichtes Philosophie auch vor die Schwierigkeit gestellt, Wirklichkeit herleiten zu müssen, Realität also, die für den normalen Wissensbürger die schiere Selbstverständlichkeit darstellte. Fichte löste dieses Problem, indem er seinem Ich per Dekret ein Nicht-Ich zur Seite stellte, das aus der Beschränkung der ursprünglichen Freiheit erwachsen sollte, jener an sich doch end- und zeitlosen Tätigkeit, die auf einmal mit der Widerständigkeit des Wirklichen aneinandergeriet.

„Es wird sich finden, daß jene Beschränktheit des Handelns zu einem Nicht-Ich führt, zwar nicht auf ein an sich vorhandenes, sondern auf etwas, das durch die Intelligenz notwendig gesetzt werden muß, um jene Beschränktheit zu erklären... Der Urgrund alles Wirklichen ist demnach die Wechselwirkung oder Vereinigung des Ich und Nicht-Ich. Das Nicht-Ich ist sonach nichts Wirkliches, wenn es sich nicht auf ein Handeln des Ich bezieht, denn nur durch diese Bedingung und Mittel wird es Objekt des Bewußtseins; dadurch wird nun das Ding an sich auf immer aufgehoben... Das Ich ist das erste, das Nicht-Ich das zweite, darum kann man das Ich abgesondert denken, aber nicht das Nicht-Ich."

Fichte brachte das Kunststück fertig, mit scheinbar einfachen Begriffen eine komplizierte Gedankenmaterie aufzutürmen, deren Argumentationszusammenhang zu einer Angelegenheit für

Eingeweihte wurde. Überdies gab die von ihm gewählte Terminologie zu Mißverständnissen Anlaß und rief versierte Spötter auf den Plan, allen voran Goethe, der nach der Lektüre von Fichtes Abhandlung „Über den Begriff der Wissenschaftslehre" den Philosophen Jacobi um diskrete Nachhilfe ersuchte: „Möchtest Du liebes Nichtich gelegentlich meinem Ich etwas von deinen Gedanken darüber mitteilen? Lebe wohl und grüße alle die guten und artigen Nichtichs um dich her."

Goethe, kein Freund abstrakter Reflexionsartistik, behandelte Fichte auch dann noch mit ironischer Distanz, als dieser 1794 in seinen unmittelbaren Einflußbereich geriet und zum Professor an der Universität Jena avancierte. In den folgenden Jahren stand Fichte auf der Höhe eines schnell gewonnenen Ruhmes; man sprach über seine Wissenschaftslehre, ohne sie mehrheitlich auch nur ansatzweise verstanden zu haben, und man erging sich in Plaudereien über das persönliche Auftreten dieses Mannes, von dem es hieß, daß sein Selbstwertgefühl ebenso groß sei wie seine Empfindlichkeit, während über seine Manieren eher ungute Berichte in Umlauf waren. Für einige Zeit amtierte Fichte im Rang eines führenden Modephilosophen; dann ging es langsam bergab. Er legte sich mit Kollegen, vor allem aber mit den studentischen Verbindungen an, deren „zügelloses Treiben" er auf das heftigste kritisierte; zum Dank dafür warf man ihm nachts die Fensterscheiben ein. Als Fichte sich daraufhin beim Staatsminister Goethe beschwerte, ließ der ihn wissen:

„Sie haben also das absolute Ich in großer Verlegenheit gesehen, und freilich ist es von den Nicht-Ichs, die man doch gesetzt hat, sehr unhöflich, durch die Scheiben zu fliegen. Es geht ihm aber wie dem Schöpfer und Erhalter aller Dinge, der, wie uns die Theologen sagen, auch mit seinen Kreaturen nicht fertigwerden kann."

Fichtes Philosophie allerdings ist nicht so verschroben, wie es ihre Verächter vermuten lassen möchten; sie bietet, auch heute noch, die Möglichkeit zu unbedingter Selbstbesinnung, zur Vergegenwärtigung eigener Bewußtseinsleistung vor dem Hintergrund zunehmender Fremdbestimmung. Philosophie, wie Fichte sie betrieb, blieb auf beispielhafte Weise an ihr Subjekt, das reflektierende Ich, gebunden; nicht verwundern kann es daher auch, daß die bekannteste Sentenz Fichtes, bis zum heutigen Tag, ein Ausspruch ist, der diesen Zusammenhang deutlich werden läßt:

„Was für eine Philosophie man wähle, hängt sonach davon ab, was man für ein Mensch ist: denn ein philosophisches System ist nicht ein toter Hausrat, den man ablegen oder annehmen könnte, wie es uns beliebte, sondern es ist beseelt durch die Seele des Menschen, der es hat."

„Die Erhebung des Endlichen"

Georg Wilhelm Friedrich Hegel

In der Philosophie gibt es, wie auch wohl im sogenannten wirklichen Leben, den Typus des Spätberufenen. Er läßt sich mit allem, was er tut, Zeit; seine Langsamkeit scheint System zu haben. Was ein solcher Mensch zustande bringt, ist, wie man meinen möchte, bestenfalls solide, selten jedoch genial. Für die Genialität ist ein anderer Typus zuständig, der des jungen Genies, eines Überfliegers im Geiste, dem ganz einfach zufällt, was anderen, den weniger Bemittelten, letztlich nur schwerfällt. Trotzdem sollte man den Spätberufenen, der von seinen Kritikern wohl eher für einen Handwerker denn für einen Künstler gehalten wird, nicht unterschätzen; was er sich durch zähe Arbeit erwirbt, kann sehr wohl großartig sein und letztendlich als reife Leistung durchgehen, die für eine etwas andere Form der Genialität spricht.

Das Musterbeispiel eines solchen Spätberufenen war Georg Wilhelm Friedrich Hegel, der zum preußischen Staatsphilosophen aufstieg, obwohl seine Karriereprognosen eher ungünstig hätten genannt werden müssen. Als Student im renommierten Tübinger Stift fiel Hegel allenfalls durch konstante Trinkfestigkeit und einen Hang zu altklugen Späßchen auf, die bei seinen Freunden gut, bei seinen Lehrern jedoch weniger gut ankamen. Für die Genialität sorgten andere, der angehende Dichter Hölderlin etwa und, allen voran, der Philosoph Schelling, den man allgemein für ein kaum älter werdendes Wunderkind von nahezu unbegrenzten Talenten hielt. Während einige seiner Studienkollegen bereits auf den Höhen der zeitgenössischen Philosophie wandelten, übte sich Hegel noch in freundlich-kompetenter Zurückhaltung; bei Diskussionen hörte er lieber zu, als selber das Wort zu ergreifen, und er bewunderte die Belesenheit der jeweiligen Meinungsführer.

Zu diesen gehörte auch ein Mensch namens Leutwein, der es bis zum Magister brachte und später in Erinnerungen seiner Verwunderung darüber Ausdruck verlieh, daß nicht er, sondern der minderbegabte Hegel zum berühmten Philosophen werden konnte. Über seinen ehemaligen Kommilitonen schrieb Leutwein:

„Ich weiß zwar nicht, ob und wiefern Hegels letztes Jahr, das ihn mir entzog, ihn verändert habe. Ich zweifle aber daran. Jedenfalls war während der vier Jahre unseres näheren Umgangs die Metaphysik Hegels Sache nicht sonderlich. Sein Held war Rousseau ... Er glaubte, durch diese Lektüre gewisser allgemeiner Vorurteile und stillschweigender Voraussetzungen, oder wie Hegel es ausdrückte, Fesseln ledig zu werden. Eine besondere Freude hatte er am Buch Hiob wegen dessen ungeregelter Natursprache. Überhaupt schien er mir zuweilen etwas exzentrisch. Auf seine nachmaligen Ansichten geriet er erst im Auslande, denn in Tübingen war ihm nicht einmal Vater Kant recht bekannt."

Nachdem Hegel ein zweijähriges Studium hinter sich gebracht hatte, wurde er 1790 zum Magister der Philosophie ernannt; drei Jahre später legte er sein theologisches Konsistorialexamen ab, das ihn dazu berechtigte, ein geistliches Amt anzustreben, wovon er jedoch Abstand nahm. Das Abschlußzeugnis, das man Hegel ausstellte, entsprach zwar im großen und ganzen der listigen Unauffälligkeit, mit der er in Tübingen gewirkt hatte, war jedoch besser, als es sein späterer Biograph Rudolf Haym wahrhaben wollte, der dazu notierte: „Seine Lehrer gaben ihm das Zeugnis mit auf den Weg, daß er ein Mensch mit guten Anlagen, aber mäßigem Fleiß und Wissen, ein schlechter Redner und ein Idiot in der Philosophie sei."

Im Herbst 1793 trat Hegel eine Hauslehrerstelle in Bern an. Sein Arbeitgeber war ein angesehener Bürger der Stadt, Karl Friedrich Steiger, Mitglied der regierenden Körperschaft, des sogenannten Großen Rats, dem nur Besitzbürger und wohlhabende Aristokraten das Vergnügen hatten anzugehören. Die Atmosphäre im Hause Steiger war entsprechend leidenschaftslos, um nicht zu sagen kühl; der Hauslehrer Hegel, der mit seinem schlichten Auftreten ohnehin nicht viel von sich her machte, wurde von oben herab behandelt, was dieser allerdings gar nicht anders erwartete und somit als korrekt empfand. Das Erfreulichste, was die Steigers zu bieten hatten, war ihr Landgut Tschugg, höchst ansehnlich im Jura zwischen Neuenburger und Bieler See gelegen, das zudem mit einer vorzüglich ausgestatteten Bibliothek aufwarten konnte, die Hegel, dem die Unterrichtung der beiden Steiger-Kinder genügend Zeit ließ, immerhin mitbenutzen durfte. Dort unterzog er sich, eigentlich zum ersten Mal in seinem Leben, intensiven Lektüre-Studien, die ihm dazu verhalfen, eigene Gedanken auf den Weg zu bringen. Aus der Ferne verfolgte Hegel, wie sein Tübinger Freund, der fünf Jahre jüngere Schelling, dabei war, eine Karriere als Philosoph zu machen; er nahm dies bewundernd zur Kenntnis und reagierte mit emphatischer, fast schmeichlerisch zu nennender Zustimmung. Am 30. August 1795 schrieb er von Tschugg aus an Schelling:

„Über die Folgen, die das Mißverstehen Deiner Grundsätze für Dich haben könnte, bist Du erhaben. Du hast schweigend Dein Werk in die unendliche Zeit geworfen: hie und da angegrinst zu werden, das, weiß ich, verachtest Du ... Dein System wird das Schicksal aller Systeme derjenigen Männer haben, deren Geist dem Glauben und den Vorurteilen ihrer Zeit vorausgeeilt ist ... Es fällt mir hiebei ein Urteil ein, das vorigen Sommer ein Repetent von Dir fällte; er sagte mir, Du seiest nur zu aufgeklärt für dieses Jahrhundert, im nächsten werden Deine Grundsätze an ihrem Platze sein ... Bemerkungen über Deine Schrift kannst Du von mir nicht erwarten. Ich bin hier nur ein Lehrling ... Was ich Dir ... schreiben könnte, wäre, Dir meine Freude über den freiern Geist der höhern Kritik, der darin webt, zu bezeugen, der, wie ich nicht anders von Dir erwartete, unbestochen von der Ehrwürdigkeit der Namen, das Ganze vor Augen hat und nicht Worte für heilig hält, – und Dir über Deinen Scharfsinn und Gelehrsamkeit Komplimente zu machen ... Von meinen Arbeiten ist nicht der Mühe wert zu reden; vielleicht schicke ich Dir in einiger Zeit den Plan von etwas zu, das ich auszuarbeiten gedenke ... Lebe wohl, antworte mir bald! Du kannst nicht glauben, wie wohl es mir tut, in meiner Einsamkeit von Dir und meinen andern Freunden von Zeit zu Zeit etwas zu hören."

Die Einsamkeit des Lehrlings auf dem Wege zur Philosophie: Hegel hatte seine Gründe, ein solches Bild für sich in Anspruch zu nehmen. Zum einen war er, was sich gar nicht leugnen ließ, tatsächlich isoliert, abgeschnitten von den Diskussionszentren, die er kannte, und daher angewiesen auf einen möglichst regen brieflichen Gedankenaustausch; zum anderen durfte er sich, gemessen an den Fortschritten seiner ehemaligen Kommilitonen, über die man ständig schöne Gerüchte in Umlauf hielt, getrost wie ein Anfänger im Geiste vorkommen, dessen tastende Versuche zwar löblich sein mochten, aber zum jetzigen Zeitpunkt nicht der Rede wert waren. Hegel, der noch keine Zukunft für sich sah, verklärte die Vergangenheit; gerne appellierte er an die glorreiche Tübinger Zeit, an die Hoffnungen und Träume, die sie aufgeworfen hatte, und er hauste sich in seine Erinnerungen ein, als gälte es, sie in Schutz zu nehmen vor den Anfechtungen einer gleichbleibend freudlosen Gegenwart. Fast sehnsüchtig erwartete er die Briefe, die ihm angekündigt wurden, und den Reminiszenzen, die sie in ihm anklingen ließen, bewahrte er, über den Tag hinaus, ein geradezu schwelgerisches Andenken. An Hölderlin, der ihm unter seinen Freunden wohl am nächsten stand, schickte er im August 1796 einen Hymnus mit dem Titel „Eleusis"; in ihm wird die Einsamkeit von ihrer positiven Seite gezeigt und als Erwartungsstand beschrieben, der ruhige Gewißheiten erahnen läßt, aber auch ein aus den Erinnerungen abgezogenes Wiedersehensglück:

„Um mich, in mir wohnt Ruhe, – der geschäftigten Menschen / nie müde Sorge schläft, sie geben Freiheit / und Muße mir – Dank dir, du meine / Befreierin o Nacht! – mit weißem Nebelflor / umzieht der Mond die ungewissen Grenzen / der fernen Hügel; freundlich blinkt / der helle Streif des Sees herüber – / des Tags langweil'gen Lärmen fernt Erinnerung, / als lägen Jahre zwischen ihm und jetzt; / dein Bild, Geliebter, tritt vor mich / und der entfloh'nen Tage Lust; doch bald weicht sie / des Wiedersehens süßern Hoffnungen – / Schon malt sich mir der langersehnten, feurigen / Umarmung Szene, dann der Fragen, des geheimern /

des wechselseitigen Ausspähens Szene, / was hier an Haltung, Ausdruck, Sinnesart am Freund / sich seit der Zeit geändert, – der Gewißheit Wonne, / des alten Bundes Treue fester, reifer noch zu finden, / des Bundes, den kein Eid besiegelte, / der freien Wahrheit nur zu leben."

Ein Leben für die Wahrheit, der er noch sehr zögerlich nachging: das war so etwas wie Hegels geheimer Wunschtraum, an dem er in seinem Schweizer Exil arbeitete. Den Freunden gegenüber ließ er durchblicken, daß ihm eine Rückkehr nur zu genehm gewesen wäre, obwohl er sich hütete, in übertriebenes Klagen auszubrechen. Schließlich ging es ihm nicht schlecht; man bezahlte ihn ordentlich, behandelte ihn herablassend, aber korrekt, und gewährte ihm Muße genug, um eigene Pläne in die Tat umsetzen zu können. Im Sommer 1796 beispielsweise hatte er Zeit für eine längere Wanderung durch die Berner Ostalpen, die er zusammen „mit drei sächsischen Hofmeistern" absolvierte. Diese Unternehmung allerdings, die Freund Hölderlin, der gern von der Macht des Naturschönen schwärmte, aus der Ferne bereits vorschnell begrüßt hatte, verlief ganz und gar nicht nach Hegels Erwartungen. Dem Zauber der Bergwelt konnte er nichts abgewinnen; er fand sie nur öde und trist. Hegel besaß, wie sich auch später noch einige Male zeigen sollte, kein Gespür für große Landschaften und die Erhabenheit der Natur. In seinem Reisetagebuch notierte er nach dem wiederholten Anblick schneebedeckter Berge: „Weder das Auge noch die Einbildungskraft findet auf diesen formlosen Massen irgendeinen Punkt, auf dem jenes mit Wohlgefallen ruhen, oder wo diese Beschäftigung oder ein Spiel finden könnte. Der Mineralog allein findet Stoff, über die Revolution dieser Gebirge unzureichende Mutmaßungen zu wagen. Die Vernunft findet in dem Gedanken der Dauer diese Berge oder in der Art von Erhabenheit, die man ihnen zuschreibt, nichts, das ihr imponiert, das ihr Staunen und Bewunderung abnötigte. Der Anblick dieser ewig toten Massen gab mir nichts als die einförmige und in die Länge langweilige Vorstellung: es ist so.«

Im Frühherbst 1796 erhielt Hegel einen Brief Hölderlins, in dem ihm, überraschend genug, verführerische Zukunftsperspektiven eröffnet wurden: Der Freund konnte ihm eine Hauslehrerstelle bei der Familie Gogel in Frankfurt in Aussicht stellen, zu besten Konditionen, wie er schrieb, und nicht weit entfernt von seiner eigenen neuen Wirkungsstätte im Hause Gontard, wo Hölderlin seit Anfang des Jahres als Erzieher tätig war:

„Vorgestern kommt Herr Gogel ganz unvermutet zu uns und sagt mir, wenn Du noch frei seist und Lust zu diesem Verhältnis hättest, würd' es ihm lieb sein. Du würdest zwei gute Jungen zunächst zu bilden haben, von neun bis zehn Jahren, würdest durchgängig ungeniert in seinem Haus leben können, würdest, was nicht unwichtig ist, ein eigenes Zimmer bewohnen, wo Du Deine Buben nebenan hättest, würdest mit den ökonomischen Bedingungen sehr zufrieden sein; von ihm und seiner Familie soll ich übrigens nicht viel Gutes schreiben, weil gespannte Erwartung immer schlecht befriedigt würde, wolltest Du aber kommen, so stehe sein Haus Dir alle Tage offen. – Nun den Kommentar! Weniger als 400 fl. bekömmst Du schwerlich. Das Reisegeld würde dir bezahlt werden, wie mir, und Du kannst wohl auf 10 Karolin rechnen. Alle Messe wirst Du ein sehr beträchtlich Geschenk bekommen. Und alles wirst Du frei haben, etwa Friseur, Barbier und was sonst Kleinigkeiten sind, ausgenommen. Du wirst sehr guten Rheinwein oder französischen Wein über Tisch trinken. Du wirst in einem Haus wohnen, das eines der schönsten in Frankfurt ist."

Das waren verlockende Aussichten, zweifelsohne, und Hegel zögerte nicht, das von Hölderlin übermittelte Angebot anzunehmen. Ein sofortiger Dienstantritt in Frankfurt ließ sich allerdings nicht bewerkstelligen, da der Herr von Steiger die Freigabe verweigerte und darauf bestand, daß Hegel die mit ihm getroffene Vereinbarung zumindest bis zum Jahresende erfüllte. Die letzten Wochen in der Schweiz waren von Vorfreude bestimmt, die Hölderlin mit einem weiteren Brief noch zu schüren wußte:

„Wir wollen brüderlich Müh' und Freude teilen, alter Herzensfreund! ... So bin ich Dir noch etwas brauchbar. Ich sehe, daß Deine Lage Dich auch ein wenig um den wohlbekannten immerheitern Sinn gebracht hat. Siehe nur zu! Du wirst bis nächsten Frühling wieder der Alte sein... Du wirst Freunde finden, wie man sie nicht überall findet... Ich sage Dir, Lieber, Du brauchst nichts als Dein und mein Haus, um recht glückliche Tage zu haben. Der Tag des Wiedersehens wird uns ziemlich verjüngen."

Hegels Erwartungen wurden nicht enttäuscht. Die Übersiedlung nach Frankfurt bedeutete für ihn einen Schritt zurück in die Welt, von der er sich im schmucken Schweizer Domizil fast ausgeschlossen wähnte. Die Kontakte zur Realität waren auf Buch- und Briefgröße geschrumpft; nun stand er bereit, die Wirklichkeit selbst wieder anzunehmen, der er mit nahezu unbändigem Interesse gegenübertrat. Der Schritt zurück in die Welt erwies sich zugleich als eine Hinwendung zur Zukunft, der er mit einer Philosophie beizukommen hoffte, die im Entstehen begriffen war. Hegels Philosophieren leistete sich Weltläufigkeit; es galt die Tendenzen des Lebens aufzunehmen und zu begreifen, ein Prozeß, der vor aller Begriffsarbeit die bewußte Teilnahme am Leben selbst erforderte. Frankfurt bot dazu nicht wenige Möglichkeiten; im Vergleich zur eher freudlosen Beschaulichkeit, die er in der Schweiz genossen hatte, mußte ihm die Stadt wie eine Metropole erscheinen, in der man einiges nachholen konnte, auch die etwas gehobeneren Zerstreuungen, die Hegel jedoch schon länger nicht mehr genügten. An seine Jugendfreundin Nanette Endel schrieb er am 13. November 1797:

„Ich weiß nicht, wie es mir geht, immer in allgemeine Reflexionen hineinzugeraten; aber Sie verzeihen einem Menschen, der einmal Magister war und sich mit diesem Titel nebst Zubehör herumschleppt wie mit einem Satansengel, der ihn mit Fäusten schlägt. Sie werden sich unserer Manier und Art noch von Stuttgart erinnern; ich habe allen Grund zu vermuten, daß ein längerer Umgang mit Ihnen mich mehr befreit und mich mehr in die Fähigkeit eines frohen Spiels versetzt hätte."

Was Hegels Überlegungen in Frankfurt bestimmte, war der Geist des Widerspruchs. An ihm orientierte er sich, an ihm versuchte er Bestimmungen festzumachen, die dazu geeignet sein konnten, ein Fundament des Denkens abzugeben, das die grundlegenden Gegensätze von Subjekt und Objekt, von Erkenntnis und Realität in sich aufhob, ohne sie damit einzuebnen. Eine solche Annahme produktiver Gegensätzlichkeit, methodologisch nutzbar gemacht und an der schier endlosen Vielfalt subjektiv bestimmter Objekte erprobt, ließ sich als Dialektik begreifen, als Erkenntnisinstrument, das Reallogik und Wissen-von-sich in einem war. Dialektik, so vermutete Hegel, bezog ihre Gewißheit aus den Bestimmungen ihrer eigenen Bewegung, die schließlich zu einem System des Wissens führte, dessen verschiedene Erkenntnis- und Realitätsstufen miteinander verbunden waren.

Um ein solches System fixieren zu können, mußte man selbst systematisch denken, was Hegel schließlich zu einem ersten großangelegten Versuch führte, den Stand seiner Überlegungen auf den Begriff zu bringen: Im September 1800 vollendete er einen Aufsatz, der immerhin 47 Bogen umfaßte, von denen allerdings nur jene zwei erhalten geblieben sind, die man in der Hegel-Forschung später als Frankfurter Systemfragment bezeichnete. In diesem bruchstückhaften Text wurde am Beispiel des Gegensatzes von Protestantismus und Katholizismus ein neuer christlicher Religionsbegriff entwickelt, der wesentlich aus der Vermittlung durch die Philosophie hervorging und auf einer reinen, substantiell jedoch unversöhnten Geistigkeit beruhte. An einer neuen Religiosität sollte die Philosophie, ungeachtet ihrer zuvor geleisteten Begriffsarbeit, ihr Genügen finden, ein Gedanke, den Hegel in den Folgejahren umkehrte, indem er die Philosophie über die Religion setzte, deren Erkenntnismöglichkeit auf den Bannkreis des Glaubens beschränkt blieb. Das Frankfurter Systemfragment endete mit Erörterungen, die bereits das Credo der ausgearbeiteten Hegelschen Geschichtsphilosophie anklingen ließen:

„Die Natur ist geheiligt, aber nicht durch einen eignen Geist; sie ist versöhnt, aber sie bleibt für sich ein Unheiliges, wie zuvor. Die Weihe kommt ihr von einem Äußeren. Die ganz geistige Sphäre ist nicht aus eigenem Grund und Boden emporgestiegen. Der unendliche Schmerz ist in der Heiligung permanent und die

Versöhnung selbst ein Seufzer nach dem Himmel... Die Erhebung des Endlichen zum Unendlichen charakterisiert sich... als Erhebung endlichen Lebens zu unendlichem... Jeder Einzelne ist ein blindes Glied in der Kette der absoluten Notwendigkeit, an der sich die Welt fortbildet. Jeder Einzelne kann sich zur Herrschaft über eine größere Länge dieser Kette allein erheben, wenn er erkennt, wohin die große Notwendigkeit will, und aus dieser Erkenntnis die Zauberworte aussprechen lernt, die ihre Gestalt hervorrufen. Diese Erkenntnis, die ganze Energie des Leidens und des Gegensatzes, der ein paar tausend Jahre die Welt und alle Formen ihrer Ausbildung beherrscht hat, zugleich in sich zu schließen und sich über ihn zu erheben, diese Erkenntnis vermag nur die Philosophie zu geben.“

Hegel dehnte den Erkenntnisanspruch der Philosophie auf einen Bereich aus, den Kant für das Wissensmögliche ausgegrenzt hatte; dabei berief er sich nicht auf die Einsichtigkeit der intellektuellen Anschauung, mit der etwa Fichte die gewagte Deduktion seiner Wissenschaftslehre begründete, sondern er setzte auf dialektische Selbstbewegung des Begriffs, die sich aus der Annahme legitimierte, daß, so Hegel, „das Wahre... ebensosehr als Substanz wie als Subjekt“ zu begreifen sei. Damit wurde auch der altehrwürdige Gegensatz zwischen dem Begriff und seinem Gegenstand, zwischen Erkenntnis und Realität für aufgehoben erklärt und zu einem integrierenden Bestandteil der dialektischen Methode gemacht, die es ermöglicht, daß ein Subjekt sich zugleich als Subjekt und Objekt weiß. Hegel verlegte den Zwiespalt von Geist und Wirklichkeit in das Innere des Begriffs, wo er gewußt wird und deswegen als solcher zu einem anderen werden muß. So entstand die Identität des Nichtidentischen, die postulativ sein mochte, aber auch so produktiv war, daß sie sich zu einem Gesamtsystem des Wissens entfalten konnte, in dem die Reflexion alles an seinen Platz brachte, auch den Gedanken an eine Veränderung, die mehr bedeutete als die Veränderung eines Gedankens:

„Wenn eine Veränderung geschehen soll, so muß etwas verändert werden. Eine so kahle Wahrheit ist darum nötig gesagt zu werden, weil die Angst, die muß, von dem Mute, der will, dadurch sich unterscheidet, daß die Menschen, die von jener getrieben werden, zwar die Notwendigkeit einer Veränderung wohl fühlen und zugeben, aber, wenn ein Anfang gemacht werden soll, doch die Schwachheit zeigen, alles behalten zu wollen, in dessen Besitze sie sich befinden, wie ein Verschwender, der in der Notwendigkeit ist, seine Ausgaben zu beschränken, aber jeden Artikel seiner bisherigen Bedürfnisse, von dessen Beschneidung man ihm spricht, unentbehrlich findet, nichts aufgeben will, bis ihm endlich sein Unentbehrliches wie das Entbehrliche genommen wird." Hegel wußte sich auf dem Weg zu einer systematischen Philosophie des Geistes. Er arbeitete viel, wenn auch nicht unbedingt schnell; sein Hauslehrer-Dasein, das er zunehmend als Belastung empfand, ließ ihm die Zeit, die er brauchte.

Am 15. Januar 1799 erhielt er einen Brief seiner Schwester Christiane, in dem ihm mitgeteilt wurde: „Vergangene Nacht, kaum vor 12 Uhr, starb der Vater ganz sanft und ruhig. Ich vermag Dir nicht weiter zu schreiben. Gott stehe mir bei!"

Hegel fuhr in seine Heimatstadt Stuttgart; das Vermögen des Vaters, eines schwäbisch-sparsamen Expeditionsrates, der seine Frau Maria Magdalena um fünfzehn Jahre überlebt hatte und zu seinen drei Kindern bis zuletzt in inniger Beziehung stand, wurde unter den Geschwistern aufgeteilt. Auf Hegel entfiel ein Anteil von knapp 3155 Gulden, kein großes Vermögen, aber doch ein erkleckliches Sümmchen, das er durch eigene Ersparnisse noch aufstocken konnte, so daß er sich bei seiner Rückkehr nach Frankfurt Ende März 1799 als halbwegs wohlhabenden Mann betrachten konnte. Der Tod des Vaters, ein an sich trauriges Ereignis, und die damit verbundene Erbschaft setzten ihn in den Stand, seinem Leben eine selbstbestimmte Wendung zu geben; die Pläne dafür waren in Frankfurt gereift und sicher geworden. Hegel konnte nun daran denken, sich verstärkt um eine wissenschaftliche Karriere zu bemühen, für die ihm, wie er glaubte, wesentliche Voraussetzungen zugewachsen waren. Im November 1800 wandte er sich an Schelling, der mittlerweile als Professor in Jena lehrte und zu einer gewissen Berühmtheit gelangt war:

„Da ich mich endlich imstande sehe, meine bisherigen Verhältnisse zu verlassen, so bin ich entschlossen, eine Zeitlang in einer unabhängigen Lage zuzubringen und sie angefangenen Arbeiten und Studien zu widmen. Ehe ich mich dem literarischen Saus von Jena anzuvertrauen wage, will ich mich vorher durch einen Aufenthalt an einem dritten Ort stärken... Deinem öffentlichen großen Gange habe ich mit Bewunderung und Freude zugesehen; Du erläßt es mir, entweder demütig darüber zu sprechen oder mich auch Dir zeigen zu wollen; ich bediene mich des Mittelworts, daß ich hoffe, daß wir uns als Freunde wiederfinden werden. In meiner wissenschaftlichen Bildung, die von untergeordneten Bedürfnissen der Menschen anfing, mußte ich zur Wissenschaft vorgetrieben werden, und das Ideal des Jünglingsalters mußte sich zur Reflexionsform, in ein System zugleich verwandeln; ich frage mich jetzt, während ich noch damit beschäftigt bin, welche Rückkehr zum Eingreifen in das Leben der Menschen zu finden ist... Ich schaue darum auch, in Rücksicht auf mich, so voll Zutrauen auf Dich, daß Du mein uneigennütziges Bestreben, wenn seine Sphäre auch niedriger wäre, erkenntest und einen Wert in ihm finden könntest."

Mochte dieses Sendschreiben an Schelling noch vom Tonfall freundschaftlicher Unterwürfigkeit geprägt sein, so zeigten sich in ihm doch schon vorsichtige Ansätze eines neuen Selbstbewußtseins, das Hegel in der Folgezeit beharrlich und nahezu unbeirrt auszubauen wußte. Dabei orientierte er sich an seinen eigenen Möglichkeiten, die er, ungeachtet gelegentlicher Höhenflüge, ebenso realistisch einschätzte wie die gesellschaftlichen Rahmenbedingungen, in denen er sich einzurichten hatte. Er hoffte auf sein Glück, dem er einen gewissen Hang zur Wohlausgewogenheit unterstellte; da er es an Fleiß und bedächtigem Geschick nicht fehlen ließ, mußte man, wie er vermutete, auch an höherer Stelle auf ihn aufmerksam werden.

Dies geschah im Jahre 1804, wobei Hegel, der in Jena als miserabel bezahlter Privatdozent amtierte, sich nicht scheute, seinem Glück ein wenig nachzuhelfen: Er hatte erfahren, daß eine außerordentliche Professorenstelle zu besetzen sei, für die er sich selbst, als ein schon lange seinen Dienst schiebender

Dozent, mit höflichster Verklausulierung zur ersten Wahl erklärte. Um dies auch an entscheidungsberechtigter Stelle deutlich zu machen, schrieb er am 24. Februar 1804 an den zuständigen Staatsminister Goethe:

„Indem ich höre, daß einige meiner Kollegen der gnädigsten Ernennung zum Professor der Philosophie entgegensehen und hierdurch daran erinnert werde, daß ich der älteste der hiesigen Privatdozenten der Philosophie bin, so wage ich, der Beurteilung Euer Exellenz es vorzulegen, ob ich nicht durch eine solche, von den höchsten Autoritäten erteilte Ausgleichung in der Möglichkeit, nach meinen Kräften auf der Universität zu wirken, beschränkt zu werden befürchten muß ... Ich weiß zu sehr, daß diese Umstände der Ergänzung durch die gnädigen Gesinnungen Euer Exzellenz bedürfen ..., zugleich aber auch, wie sehr dadurch, daß die Durchlauchtigsten Erhalter wenigstens diese gnädige Rücksicht auf mich nähmen, mich nicht anderen nachzusetzen, meine Bestrebungen angefeuert würden."

Hegel mußte sich noch ein Jahr gedulden, ehe ihn die erwünschte Ernennung zum außerordentlichen Professor der Philosophie – mit einem jährlichen Salär von 100 Talern, wie Goethe leutselig mitteilte – endgültig ereilte. Nach zähem Beginn seiner akademischen Karriere ging alles weitere dann fast wie von selbst: Hegel avancierte zum meistdiskutierten Philosophen in deutschen Landen, und seine Philosophie, die Form und Inhalt, Begriff und Gegenstand, Logik und Metaphysik in sich zu vereinigen beanspruchte, trat als die Tollkühnheit des Denkens im Gewand äußerer Biederkeit auf.

Was sie, die Philosophie, nunmehr zu wissen glaubte, mutet bis auf den heutigen Tag ungeheuerlich an: Sie „ist sonach als das System der reinen Vernunft, als das Reich des reinen Gedankens zu fassen. Dieses Reich ist die Wahrheit, wie sie ohne Hülle an und für sich selbst ist. Man kann sich deswegen ausdrücken, daß dieser Inhalt die Darstellung Gottes ist, wie er in seinem ewigen Wesen vor der Erschaffung der Natur und des endlichen Geistes ist."

Hegel hat seiner Frankfurter Zeit ein ehrendes Andenken bewahrt. Im Rückblick erschien sie ihm wie eine bewegende

Krankengeschichte, an deren Ende der Patient mit einer denkwürdigen Genesung belohnt wurde. An den Theologen und Philosophen Karl Josef Windischmann schrieb Hegel im Mai 1810:

„Halten Sie sich für überzeugt, daß an Ihrem Gemütszustande, den Sie mir schildern, jene Arbeit teil hat, dieses Hinabsteigen in dunkle Regionen, wo sich nichts fest, bestimmt und sicher zeigt, allenthalben Lichtglänze blitzen, aber neben Abgründen..., wo jeder Beginn eines Pfades wieder abbricht und ins Unbestimmbare ausläuft, sich verliert und uns selbst aus unserer Bestimmung und Richtung reißt. – Ich kenne aus eigner Erfahrung diese Stimmung des Gemüts oder vielmehr der Vernunft, wenn sie sich einmal mit Interesse und ihren Ahndungen in ein Chaos der Erscheinungen hineingemacht hat und wenn sie, des Ziels innerlich gewiß, noch nicht hindurch, noch nicht zur Klarheit und Detaillierung des Ganzen gekommen ist. Ich habe an dieser Hypochondrie ein paar Jahre bis zur Entkräftigung gelitten; jeder Mensch hat wohl überhaupt einen solchen Wendungspunkt im Leben, den nächtlichen Punkt der Kontraktion seines Wesens, durch dessen Enge er hindurchgezwängt und zur Sicherheit seiner selbst befestigt und vergewissert wird."

„Ich bin, wer ich bin"

Arthur Schopenhauer

Der Philosoph Arthur Schopenhauer, der sich zeit seines Lebens gern an die von ihm selbst ausgegebene Devise „Bescheidenheit bei mittelmäßigen Fähigkeiten ist bloße Ehrlichkeit; bei großen Talenten ist sie Heuchelei!" hielt, dachte nicht nur Großes von seiner eigenen Philosophie, sondern er war sich auch im klaren darüber, wie sie, im Dienst einer höheren Evidenz und versehen mit seltener Folgerichtigkeit, entstanden war. Die Grundzüge von Schopenhauers Weltsicht bildeten sich schon früh heraus.

Im Jahre 1832 notierte der damals vierundvierzigjährige Philosoph in dem von ihm so genannten „Cholerabuch", das er angeblich „auf der Flucht vor der Cholera" begonnen hatte, der schon sein Kollege Hegel, zu Schopenhauers stillem, aber diebischem Vergnügen, zum Opfer gefallen war:

„In meinem 17ten Jahre, ohne alle gelehrte Schulbildung, wurde ich vom Jammer des Lebens so ergriffen wie Buddha in seiner Jugend, als er Krankheit, Alter, Schmerz und Tod erblickte. Die Wahrheit, welche laut und deutlich aus der Welt sprach, überwand bald die auch mir eingeprägten jüdischen Dogmen, und mein Resultat war, daß diese Welt kein Werk eines allgütigen Wesens sein könnte, wohl aber das eines Teufels, der Geschöpfe ins Dasein gerufen, um am Anblick ihrer Qual sich zu weiden: – darauf deuteten die Data, – und der Glaube, daß es so sei, gewann die Oberhand. – Allerdings spricht aus dem menschlichen Dasein die Bestimmung des Leidens; es ist tief ins Leiden eingesenkt, entgeht ihm nicht; sein Fortgang und Ausgang ist durchweg tragisch; eine gewisse Absichtlichkeit hierin ist nicht zu verkennen... Nun ist ja aber das Leiden der ‚Deuteros plus', der ‚zweite Weg', das Surrogat der Tugend und Heiligkeit; durch selbiges geläutert, gelangen wir zuletzt zur Verneinung des Willens zum Leben, zur Rückkehr vom Irrweg, zur Erlösung; daher eben hat jene geheime Macht, die unser Schicksal leitet, im Volksglauben mythisch als Vorsehung personifiziert, es allerdings darauf abgesehen, uns Leiden auf Leiden zu bereiten, weshalb meinem ganz einseitigen, aber so weit er sah: richtigen Blick in der Jugend, die Welt sich als ein Werk des Teufels darstellt."

Die Ereignisse, die in Schopenhauers siebzehntem Lebensjahr auf ihn wirkten, waren Erlebnisse eines fahrenden jungen Mannes. Heinrich Floris Schopenhauer, der Vater des angehenden Philosophen, ein redlicher, aus Danzig stammender Handelsmann, hatte seinen Sohn zu einer fast zweijährigen Europareise überredet. Zum Dank dafür mußte Arthur versprechen, nach seiner Rückkehr mit einer kaufmännischen Lehre zu beginnen und damit den Herzenswunsch seines Vaters zu erfüllen. Arthur willigte ein; die Reise lockte ihn, und der Vater, dessen Integrität er bewunderte, war für ihn eine zu große Respektsperson, als daß er es auf Dauer gewagt hätte, sich seinen Plänen entscheidend zu widersetzen, obwohl die Hauptinteressen des jungen Schopenhauer damals schon mehr den Wissenschaften und der geheimen Melancholie der schönen Künste galten. Anfang Mai 1803 brach die Familie Schopenhauer auf; mit von der Partie war noch Arthurs Mutter Johanna Schopenhauer, die später zu einer erfolgreichen Schriftstellerin werden sollte. Die Reise, die im August 1804 endete, führte durch Holland, England, Frankreich, die Schweiz und Österreich. Arthur Schopenhauer hat seine Eindrücke von dieser Reise in eigenen Aufzeichnungen festgehalten, die später, sehr viel später, als er längst berühmt geworden und von der philosophischen Bühne schon wieder abgetreten war, unter dem Titel „Reisetagebücher" veröffentlicht wurden.

Die Reisenotizen des jungen Schopenhauer verraten noch wenig von der Genialität und Stilsicherheit des späteren Philosophen. Berichtet wird von den bekannten Sehenswürdigkeiten, von fremdländischen Speise- und Kleidungsgewohnheiten oder gewissen Absonderlichkeiten, die dem jungen Mann, der sich ansonsten eher vornehm-gelangweilt gibt, aufgefallen waren.

Nur selten läßt er die Zurückhaltung des wohlerzogenen Sohnes aus gutbürgerlichem Hause fallen und gerät in Begeisterung – wie etwa bei einer Bergbesteigung im Berner Oberland oder beim Anblick des Montblanc-Massivs im Tal von Chamonix. Tief beeindruckt, ja betroffen gemacht hat Schopenhauer nur eine Begebenheit, die für ihn zum Schlüsselerlebnis wurde und die Grundzüge seiner pessimistischen Weltanschauung vor-prägte: Mitte April 1804 hatte die Familie Schopenhauer von Marseille aus einen Ausflug nach Toulon unternommen und dort die Gelegenheit genutzt, den Hafen zu besichtigen; dabei sah Arthur zum ersten Mal in seinem Leben Galeeren-Sklaven – ein Anblick, der ihn erschütterte. In seinen „Reisetagebüchern" schrieb er darüber:

„Alle schweren Arbeiten im Arsenal werden durch die Galee-ren-Sklaven verrichtet, deren Anblick für Fremde sehr auffällig ist. Sie werden in drei Klassen geteilt: die Erste machen diejeni-gen, die nur für leichte Verbrechen und kurze Zeit da sind, Deserteurs, Soldaten, die gegen die Subordination gefehlt haben usw.... Die zweyte Klasse besteht aus größeren Verbrechern: sie arbeiten zwey und zwey, mit schweren Ketten an den Füßen zusammengefesselt. Die dritte Klasse, die der schwersten Ver-brecher, ist an die Bänke der Galeere geschmiedet, die sie gar nicht verläßt: diese beschäftigen sich mit solchen Arbeiten, die sie im Sitzen verrichten können. Das Loos dieser Unglücklichen halte ich für bey weitem schrecklicher wie Todes-Strafen. Die Galeeren, die ich von außen gesehn habe, scheinen der schmut-zigste, ekelhafteste Aufenthalt, der sich dencken läßt... Das Lager der Forcats (der Sträflinge, d. Vf.) ist die Bank, an die sie gekettet sind. Ihre Nahrung bloß Wasser und Brod: ich begreife nicht, wie sie, ohne eine kräftigere Nahrung und von Kummer verzehrt, bey der starken Arbeit, nicht eher unterliegen; denn während ihrer Sklaverey werden sie ganz wie Lastthiere behan-delt: Es ist schrecklich, wenn man es bedenckt, daß das Leben dieser Galeeren-Sklaven, was viel sagen will, ganz freudenlos ist – und bey denen, deren Leiden auch nach fünfundzwanzig Jah-ren kein Ziel gesetzt ist, auch ganz hoffnungslos; läßt sich eine schrecklichere Empfindung dencken, wie die eines solchen Un-

glücklichen, während er an die Bank der finsteren Galeere geschmiedet wird, von der ihn nichts wie der Tod mehr trennen
kann! – Manchem wird sein Leiden wohl noch durch die unzer-
trennliche Gesellschaft dessen erschwert, der mit ihm an eine
Kette geschmiedet ist. Und wenn dann nun endlich der Zeitpunkt herangekommen ist, den er... täglich mit verzweifelnden
Seufzern herbeywünschte: das Ende der Sklaverey, was soll er
werden? – Er kommt in eine Welt zurück, für die er seit...
Jahren todt war; die Aussichten, die er vielleicht hatte, als er
zehn Jahre jünger war, sind verschwunden: Keiner will den zu
sich nehmen, der von der Galeere kommt... Jahre Strafe haben
ihn von dem Verbrechen des Augenblicks nicht reingewaschen.
Er muß zum zweyten Mal ein Verbrecher werden und endet am
Hoch-Gericht."

Nachdem man den Hafen von Toulon, die Galeeren und ihre
unglücklichen Insassen bestaunt hatte, kehrte die Familie Schopenhauer nach Marseille zurück. Arthurs Reisetagebuch berichtet wieder von angenehmeren Dingen; er plaudert über eine
Gemäldeausstellung, erörtert die Vorzüge mediterranen Klimas
und räsoniert über die „Durchlässigkeit" des „südlichen Lich-
tes".

Die Erinnerung an die Galeeren-Sklaven aber wirkte in dem
angehenden Philosophen nach; er behielt sie als abrufbares Bild,
das sich in der noch ungeordneten Welt seiner Gedanken bereit-
hielt, um noch einmal von sich reden zu machen. Zunächst
jedoch erfüllte er sein Versprechen: Er trat die Kaufmannslehre
an, die sich, wie befürchtet, als Tortur erwies und seinen ohnehin
schon ausgeprägten Hang zu düsteren Visionen und globaler
Nörgelei noch verstärkte. Der plötzliche Tod des Vaters am
20. April 1805 tat ein übriges: Arthur, hin- und hergerissen zwischen heftiger Trauer und einer sich eher verschämt anbietenden
Hoffnung, aus der verhaßten Lehre doch noch aussteigen zu
können, wurde immer unzufriedener. Er gab sich als Querulant
von hohen Graden, was im besonderen seine Mutter zu spüren
bekam, der er vorwarf, schon immer ein leichtes und lockeres
Leben auf Kosten seines Vaters geführt zu haben. Johanna Schopenhauer, eine selbstbewußte Frau, der die Künste der Ironie

nicht ganz fremd waren, ließ sich von ihrem Sohn nichts gefallen; sie löste das Schopenhauersche Kontor auf und zog mit der 1797 geborenen Tochter Adele nach Weimar. Arthur blieb zunächst allein in Hamburg zurück. Er legte seine Unzufriedenheit nun in die Briefe, die er nach Weimar sandte; schließlich hatte seine Mutter – die mittlerweile als Schriftstellerin von sich reden machte und einen bekannten Salon führte, in dem auch Goethe sich gerne sehen ließ – ein Einsehen mit den unermüdlichen Klagen ihres Sohnes: Sie stellte ihm die Entscheidung frei, die Kaufmannslehre zu beenden und statt dessen, nach Abschluß seiner Schulausbildung, mit einem Studium zu beginnen.

Schopenhauer ließ sich das nicht zweimal sagen. Im Juni 1807 wurde er Schüler am Gymnasium in Gotha, und bereits zwei Jahre später immatrikulierte er sich an der Universität Göttingen. Am 22. Februar 1809, an seinem 21. Geburtstag, zahlte ihm seine Mutter den väterlichen Erbanteil in Höhe von 20000 Reichstalern aus; hinzu kamen noch, wie es hieß, „Revenuen aus der Verwaltung eines Anteils an den Schopenhauerschen Ländereien" bei Danzig. Das ergab, über den Daumen gepeilt, einen Jahreszins von etwas mehr als 1000 Talern. Zum Vergleich: Goethe als ranghöchster Staatsbeamter Weimars hatte 1775 für ein Jahressalär von 1200 Talern seine Dienste am Hofe des Herzogs Karl August angetreten. Schopenhauer hatte also allen Grund, zufrieden zu sein. Er war es auch – vorübergehend. Dem beglückenden Umstand, finanziell unabhängig zu sein, bewahrte der Philosoph ein lebenslanges, freundliches Andenken. Er lobte den Vater, der ihm dieses ermöglicht hatte; für die Mutter allerdings fand er noch immer nur wenig schmeichelhafte Worte. Wenn der Student Arthur Schopenhauer nach Weimar kam und der Schriftstellerin Johanna Schopenhauer einen Besuch abstattete, gab es regelmäßig Streit. Johanna, als bekannte Autorin von vielen bewundert, war inzwischen noch selbstbewußter geworden: Sie wies den Sohn an, sich in ihrem Hause aller Gehässigkeiten zu enthalten. Arthur, dem auch der neue Freund seiner Mutter mißfiel, stänkerte ungerührt weiter. Als er schließlich seine Absicht kundtat, nach Weimar überzusiedeln, machte sie ihm in einem Brief, der ein bezeichnendes Licht auf Schopenhauers mutmaßliche Charaktereigenschaften wirft, ein für allemal klar, welche Bedingungen sie an ein Zusammenleben von Mutter und Sohn in Weimar zu knüpfen gedachte:

„Nun zu Deinem Verhältnisse hier gegen mich... Daß ich Dich recht lieb habe, daran zweifelst Du nicht; ich habe es Dir bewiesen, solange ich lebe. Es ist zu meinem Glücke notwendig zu wissen, daß Du glücklich bist, aber nicht, ein Zeuge davon zu sein. Ich habe Dir immer gesagt, es wäre sehr schwer, mit Dir zu leben; und je näher ich Dich betrachte, desto mehr scheint mir diese Schwierigkeit, für mich wenigstens, zuzunehmen... Dein Mißmut ist mir drückend und verstimmt meinen heiteren Humor, ohne daß es Dir etwas hilft. Sieh, lieber Arthur, Du bist nur auf Tage bei mir zu Besuch gewesen, und jedesmal gab es heftige Szenen um nichts und wieder nichts und wieder nichts, und... ich atmete erst frei, wenn Du weg warst, weil Deine Gegenwart, Deine Klagen über unvermeidliche Dinge, Deine finsteren Gesichter, Deine bizarren Urteile, die wie Orakelsprüche von Dir ausgesprochen werden, ohne daß man etwas dagegen einwenden dürfte, mich drückten... Ich lebe jetzt sehr ruhig; seit Jahr und Tag habe ich keinen unangenehmen Augenblick gehabt, den ich nicht Dir zu danken hätte. Ich bin still für mich, niemand widerspricht mir, ich widerspreche niemandem, kein lautes Wort hört man in meinem Haushalt; alles geht seinen einförmigen Gang, ich gehe den meinen..., und das Leben gleitet dahin, ich weiß nicht wie. Dies ist mein eigentliches Dasein, und so muß es bleiben, wenn Dir die Ruhe und das Glück meiner noch übrigen Jahre lieb ist... Dazu gehört, daß wir wenig miteinander sind... Höre also, auf welchem Fuß ich mit Dir sein will. Du bist in Deinem Logis zu Hause; in meinem bist Du ein Gast, wie ich es etwa nach meiner Verheiratung im Hause meiner Eltern war, ein willkommener, lieber Gast, der immer freundlich empfangen wird, sich aber in keine häusliche Einrichtung mischt. Um diese bekümmerst Du Dich gar nicht... ich dulde keine Einrede, weil es mich verdrießlich macht und nichts hilft... an meinen Gesellschaftstagen kannst Du abends bei mir essen, wenn Du Dich dabei des leidigen Disputierens... wie auch alles Lamentierens über die dumme Welt und das menschliche Elend enthalten willst, weil mir das immer eine schlechte Nacht und üble Träume macht – und ich gern gut schlafe."

Schopenhauer bemühte sich eine Zeitlang, den Wünschen seiner Mutter nachzukommen, aber es wollte ihm nicht recht gelingen. Sein Naturell, das Johanna Schopenhauer treffend beschrieben hatte, brach sich immer wieder Bahn. In ihrem Salon, einem gehobenen Ort subtil-sorglosen Plauderns, wirkte er wie ein gelehrter Grobian, der seine Lebensaufgabe darin sah, für schlechte Laune zu sorgen. Schopenhauers Weltsicht stand fest; das Licht, das ihm im Hafen von Toulon aufgegangen war, warf seinen trüben Schein voraus und wies ihm die Richtung. Als er mit dem Philosophiestudium begann, war es nur noch eine Frage der Zeit, bis er die seinen Anschauungen gemäßen Gedanken gefunden haben würde. Im Oktober 1813 promovierte er an der Universität Jena mit der Dissertation „Über die vierfache Wurzel des Satzes vom zureichenden Grunde" zum Doktor der Philosophie. Johanna Schopenhauer, auf der Höhe ihres Ruhms stehend, kommentierte die Arbeit ihres Sohnes mit der spöttischen Frage: „Das ist wohl etwas für Apotheker?", worauf er entgegnete: „Man wird sie noch lesen, wenn von Deinen Schriften kaum mehr ein Exemplar in der Rumpelkammer stecken wird!" Johanna Schopenhauer erwiderte: „Von der Deinigen wird die ganze Auflage noch zu haben sein."

Mit dieser Prognose sollte die Mutter, zumindest was sein Hauptwerk „Die Welt als Wille und Vorstellung" anging, zunächst recht behalten. Im Mai 1814 ließ sich Schopenhauer in Dresden nieder. Die Stadt gefiel ihm; er lebte auf und wurde, für seine Verhältnisse, direkt gesellig. Er verkehrte in Literaten- und Künstlerkreisen und wußte dort mit respektlosen Scherzen auf sich aufmerksam zu machen. Zu seiner guten Laune trug auch der Umstand bei, daß er spürte, wie seine Philosophie sich konkretisierte und zu einem veritablen Gedankengebäude aufwuchs. Das Bild von Toulon, das seinen Eindruck hinterlassen hatte, machte wieder von sich reden und ließ sich nun – endgültig – beim Wort nehmen. In einer seiner autobiographischen Skizzen notierte Schopenhauer dazu rückblickend:

„Von 1814 bis 1818 habe ich in Dresden privatisiert, die Bibliothek und Kunstsammlungen zu vielseitigen Studien benutzend und in der schönen Umgebung meinen Gedanken nachhängend... Während dieses vierjährigen Aufenthalts in Dresden ist es gewesen, daß in meinem Kopfe, gewissermaßen ohne mein Zutun, mein philosophisches System, strahlenweise wie ein Kristall zu einem Zentrum konvergierend, zusammenschoß, so wie ich es sofort im ersten Band meines Hauptwerks niedergelegt habe. Mich haben nicht die Bücher, sondern die Welt hat mich befruchtet."

Schon ein Jahr zuvor, in Berlin, wo er sich über die Philosophen Schleiermacher und Fichte geärgert hatte, waren Schopenhauer Gedanken zu Kopf gestiegen, die ihm wie die Vorspiegelung seiner künftigen Philosophie erschienen, der er, in geeigneterer Umgebung, zur Ausarbeitung verhelfen wollte. Triumphierend und förmlich mit fliegenden Fingern hielt er daraufhin den folgenden Eintrag in seinem Manuskriptbuch fest:

„Unter meinen Händen und vielmehr in meinem Geiste erwächst ein Werk, eine Philosophie, die Ethik und Metaphysik in Einem seyn soll, da man sie bisher trennte so fälschlich als den Menschen in Seele und Körper. Das Werk wächst, concrescirt allmählich und langsam wie das Kind im Mutterleibe; ich weiß nicht, was zuerst und was zuletzt entstanden ist... Ich werde ein Glied, ein Gefäß, einen Theil nach dem andern gewahr, d.h. ich schreibe auf, unbekümmert, wie es zum Ganzen passen wird: denn ich weiß, es ist alles aus einem Grund entsprungen. So entsteht ein organisches Ganzes, und nur ein solches kann leben... Ich, der ich hier sitze und den meine Freunde kennen, begreife das Entstehn des Werkes nicht, wie die Mutter nicht das des Kindes in ihrem Leibe begreift. Ich seh' es an und spreche wie die Mutter: ‚Ich bin mit Frucht gesegnet'. Zufall, Beherrscher dieser Sinnenwelt! laß mich leben und Ruhe haben noch wenige Jahre! denn ich liebe mein Werk wie die Mutter ihr Kind; wann es reif und geboren seyn wird, dann übe dein Recht an mir... Gehe ich aber früher unter in dieser eisernen Zeit, o so mögen diese unreifen Anfänge, diese meine Studien, der Welt gegeben werden wie sie sind und als was sie sind."

Was in den beiden Berliner Jahren, trotz Schopenhauers ungebremster Begeisterung, noch philosophisches Stückwerk blieb, geriet in seiner Dresdner Zeit wie von selbst aufs Papier und fügte sich zum System. Schopenhauer kam es vor, als müßte er nur seiner inneren Stimme lauschen, die ihm Kunde gab vom Geheimnis der Welt. Er wurde zum Protokollant einer Philosophie, deren Zeit gekommen war. Das äußere Gebaren des jungen Mannes, der sich nicht nur gedankenverloren gab, sondern auch enthusiasmiert zeigte, war dabei von kuriosen Zügen nicht ganz frei. Schopenhauers späterer Schüler und Adlatus Frauenstädt berichtete:

„Als Schopenhauer zu Dresden mit seinem Hauptwerk schwanger ging, zeigte er, wie er mir selbst erzählt, in seinem ganzen Wesen und seinen Gebärden etwas so Auffallendes, daß man ihn beinahe für toll gehalten. Einst, im Treibhause zu Dresden umhergehend und ganz in Betrachtungen über die Physiognomie der Pflanzen vertieft, habe er sich gefragt, woher diese so verschiedenen Formen und Färbungen der Pflanzen? Was will mir hier dieses Gewächs in seiner so eigentümlichen Gestalt sagen? Welches ist das innere subjektive Wesen, der Wille, der hier, in diesen Blättern und Blüten, zur Erscheinung kommt? – Er habe vielleicht laut mit sich gesprochen und sei dadurch sowie durch seine Gestikulationen dem Aufseher des Treibhauses aufgefallen. Dieser sei neugierig gewesen, wer denn dieser sonderbare Herr sei, und habe ihn beim Weggehen ausgefragt. Hierauf Schopenhauer: ,Ja, wenn Sie mir das sagen könnten, wer ich bin, dann wäre ich Ihnen viel Dank schuldig.‘ Darauf habe ihn jener angesehen, als ob er einen Verrückten vor sich habe. ,Das aber ist Humor‘, fügte Schopenhauer bei dieser Gelegenheit hinzu.“

Schließlich war es soweit: Im März 1818 hatte Schopenhauer das Manuskript seines Buchs abgeschlossen, das Anfang 1819 bei Brockhaus in Leipzig erschien und zu einem eindrucksvollen Mißerfolg wurde. Die Drucklegung seines Werkes hatte der Philosoph gar nicht abgewartet. Im September 1818 war er zu einer ersten Italienreise aufgebrochen, die ihn nach Venedig, Rom, Neapel und Mailand führte. Schopenhauer war von dem

Wert seines Buches felsenfest überzeugt. Auch als sich abzeichnete, daß es von den Meinungsführern der philosophischen Welt fast gänzlich ignoriert wurde, ließ er sich nicht beirren. Zweifel überkamen ihn selten; er rechnete fest mit der Dummheit der Menschen und vertraute darauf, daß die Wahrheit sich letztlich doch durchsetzen würde. An der Grundeinschätzung seines Werkes, die er schon am 28. März 1818 in einem überaus selbstbewußten Brief an seinen zukünftigen Verleger Brockhaus kundgetan hatte, hielt Schopenhauer ein Leben lang fest:

„Mein Werk... ist ein neues philosophisches System; aber neu im ganzen Sinne des Wortes: nicht neue Darstellung des schon Vorhandenen, sondern eine im höchsten Grade zusammenhängende Gedankenreihe, die bisher noch nie in irgendeines Menschen Kopf gekommen. Das Buch, in welchem ich das schwere Geschäft, sie anderen verständlich mitzuteilen, ausgeführt habe, wird, meiner festen Überzeugung nach, eines von denen sein, welche nachher die Quelle und der Anlaß von hundert anderen Büchern werden... Vor einem Jahr fing ich an, das Ganze im zusammenhängenden Vortrag für andere faßlich zu machen... Dieser Vortrag selbst ist gleich fern von dem hochtönenden, leeren und sinnlosen Wortschwall der neuen philosophischen Schule...; er ist im höchsten Grade deutlich, faßlich, dabei energisch, und ich darf wohl sagen, nicht ohne Schönheit: nur wer echte Gedanken hat, hat echten Stil. Der Wert, den ich auf meine Arbeit lege, ist sehr groß: denn ich betrachte sie als die ganze Frucht meines Daseins. Der Eindruck nämlich, welchen auf einen individuellen Geist die Welt macht, und der Gedanke, durch welchen der Geist, nach erhaltener Bildung, auf jenen Eindruck reagiert, ist allemal nach zurückgelegtem dreißigsten Jahre da, vorhanden und geschehen; alles Spätere sind nur Entwicklungen und Variationen desselben."

Was Schopenhauers Philosophie, die er in seinem Hauptwerk „Die Welt als Wille und Vorstellung" zusammenfaßte und später durch eine Vielzahl von brillanten Einzelanalysen ergänzte, gerade auch für den heutigen Leser so überzeugend erscheinen läßt, ist ihre verblüffende Modernität. Lange vor Freud beschäftigte er sich mit dem Unbewußten, das für ihn zu dem einen

Welt- und Individualwillen gehört, der das Leben, im Großen wie im Kleinen, durchwirkt und beherrscht. Schopenhauers Philosophie war ein Frontalangriff auf die großen Vernunftsysteme seiner Zeit: Nicht mehr die Rationalität, wie von Fichte, Schelling und Hegel, den deutschen Idealisten, auf unterschiedliche Weise dargetan, hat das Sagen, sondern der Wille, der alle Existenzformen des Lebendigen ins Dasein treibt und dem Tod zuführt. Der Mensch ist nicht mehr die Krone der Schöpfung, sondern ein Lebewesen unter vielen, das sich vor anderen nur durch seine enorme Selbstüberschätzung auszeichnet – auch dies ein wahrhaft moderner Aspekt der Schopenhauerschen Philosophie. Der biologischen Allmächtigkeit des Willens entkommen kann der Mensch kaum: Es gelingt ihm dies, vorübergehend, nur in der meditativen Kraft, die von den Künsten, im besonderen der Musik, ausgeht – und in der „Verneinung des Willens zum Leben", einer Askese, die den Individualwillen durch Bedürfnislosigkeit gegenstandslos zu machen versucht, den übergreifenden Weltwillen und seine Gesetzmäßigkeiten jedoch nicht entscheidend beeinträchtigen kann.

„Der Kern und Hauptpunkt meiner Lehre... ist jene paradoxe Grundwahrheit, daß das, was Kant als das Ding an sich... für schlechthin unerkennbar hielt, nichts anderes ist als jenes uns unmittelbar Bekannte und sehr genau Vertraute, was wir im Innern unseres eigenen Selbst als Willen finden; daß demnach dieser Wille, weit davon entfernt, wie alle bisherigen Philosophen annahmen, von der Erkenntnis unzertrennlich und sogar ein bloßes Resultat derselben zu sein, von dieser, die ganz sekundär und späteren Ursprungs ist, grundverschieden und völlig unabhängig ist, folglich auch ohne sie bestehn und sich äußern kann, welches in der gesamten Natur... wirklich der Fall ist... Die Erkenntnis und ihr Substrat, der Intellekt" sind demnach „ein vom Willen gänzlich verschiedenes... Phänomen, ihm selbst unwesentlich, von seiner Erscheinung im tierischen Organismus abhängig, daher physisch, nicht metaphysisch, wie er selbst", so „daß folglich nie von Abwesenheit der Erkenntnis geschlossen werden kann auf Abwesenheit des Willens – also nicht, wie man bisher ohne Ausnahme annahm, Wille durch

Erkenntnis bedingt sei, wiewohl Erkenntnis durch Wille... Meine ganze Philosophie läßt sich" daher „zusammenfassen in dem einen Ausdruck: die Welt ist die Selbsterkenntnis des Willens."

Schopenhauers später Ruhm setzte, zögerlich zunächst, aber dann doch nahezu gradlinig verlaufend, mit der Veröffentlichung seines Buches „Parerga und Paralipomena" im Jahre 1851 ein. Dieses Werk, dessen Titel (in deutscher Übertragung: ‚Nebenarbeiten und Nachgebliebenes') eher auf eine komische Oper als auf ein philosophisches Erfolgsbuch, das auch ein größeres Lesepublikum ansprechen konnte, schließen läßt, berichtet aus dem Garten des Menschlichen im Stile eines großartigen Reiseschriftstellers. „Ja, das ist es", befand schon Leo Tolstoj, „das ist die Welt in einer unglaublich schönen und hellen Spiegelung!" Gespiegelt wurden in der Tat alle Bereiche des Lebens, die von jeher Menschengedanken in Beschlag genommen haben. Das Inhaltsverzeichnis der „Parerga und Paralipomena" liest sich denn auch wie eine poetische Phänomenologie des Daseins: ‚Über die anscheinende Absichtlichkeit im Schicksale des einzelnen'; ‚Über Urteil, Kritik, Beifall und Ruhm'; ‚Über Selbstdenken'; ‚Über Sprache und Worte'; ‚Über die Weiber'; ‚Über die Erziehung'; ‚Über Lärm und Geräusch'; ‚Von dem, was einer ist'; ‚Von dem, was einer hat'; ‚Von dem, was einer vorstellt' und anderes mehr.

Die „Parerga und Paralipomena" wurden als wahrhaftige ‚Aphorismen zur Lebensweisheit' aufgenommen (so auch der Titel des Hauptstücks der Sammlung, das – mit ungezählten Nachdrucken und Separateditionen – als Schopenhauers erfolgreichstes Buch in die Literaturgeschichte der Philosophie eingehen sollte). Das Publikum fand sich darin tatsächlich mit Einsichten belohnt, die den unverrückbaren Kern menschlichen Existierens betrafen. – Schopenhauer hatte nun seine Leser, und die „Komödie" seines „Ruhmes", wie er die Aufmerksamkeit, die ihm noch zuteil wurde, selber nannte, beglänzte ihm – er nahm es gelassen und mit wachsamer Genugtuung zur Kenntnis – die letzten Jahre seines Lebens.

Seinen Ursprüngen ist Schopenhauer immer treu geblieben;

das Erlebnis, das ihn im Hafen von Toulon zum Nachdenken brachte, begründete seine Philosophie, von der auch, ungeachtet ihres feingewebten Desillusionismus, eine widerborstige Behaglichkeit ausgeht, in der man sich einhausen kann. Den „Jammer des Lebens", von dem der junge Schopenhauer, wie wir hörten, „in seinem 17ten Jahre" bereits „ergriffen wurde", hat er ein ums andere Mal nachgezeichnet und in vielerlei Variationen als die eine und einzige Leidensgeschichte menschlicher Erbärmlichkeit erzählt.

Das Problem heutiger Schopenhauerianer allerdings ist er, der Meister, selbst. Was er – mit zeitlosem Bezug – gesagt hat, läßt sich besser nicht sagen; sein Sprachwitz bleibt unübertroffen, und da man das tiefe Fahrwasser seiner Gedanken nur noch selten erreicht, dümpeln manche gern dort, wo das Seichte beginnt und ausgewählte Philologen sich zu ihren alljährlichen Mutproben treffen. Man hat sich eingerichtet im gemütlich-gemachten Unwirtschaftlichen, und man erfreut sich – das hinwiederum kann kein Vorwurf sein – an den Vorzügen Schopenhauerscher Weltsicht, die sich, alles in allem, zu einem realistischen Allzweckpessimismus bündeln läßt, aus dem das universelle „Mitleid" ebenso erwächst wie das ehrwürdig-alte Desiderat eines ganz anderen Lebens.

Schopenhauer wußte, „wie nichtssagend und bedeutungsleer, von außen gesehn, und wie dumpf und besinnungslos, von innen empfunden, das Leben der allermeisten Menschen dahinfließt. Es ist ein mattes Sehnen und Quälen, ein träumerisches Taumeln durch die vier Lebensalter hindurch zum Tode, unter Begleitung einer Reihe trivialer Gedanken. Sie gleichen Uhrwerken, welche aufgezogen werden und gehn, ohne zu wissen, warum; und jedesmal, daß ein Mensch gezeugt und geboren worden, ist die Uhr des Menschenlebens aufs neue aufgezogen, um jetzt ihr schon zahlreiche Male abgespieltes Leierstück abermals zu wiederholen, Satz vor Satz und Takt vor Takt, mit unbedeutenden Variationen."

Schopenhauer aber wußte auch: „Solange der Ausgang einer gefährlichen Sache nur noch zweifelhaft ist, solange nur noch die Möglichkeit, daß er ein glücklicher werde, vorhanden ist, darf an kein Zagen gedacht werden, sondern bloß an Widerstand – wie man am Wetter nicht verzweifeln darf, solange noch ein blauer Fleck am Himmel ist."

Den Meteorologen und Philosophen also bleibt die Hoffnung, zumal eine begründete Einsicht in die fatale Hinfälligkeit alles Irdischen nicht mehr sonderlich originell anmutet und es sich inzwischen auch unter Nichtphilosophen herumgesprochen hat: Leben ist immer – lebensgefährlich.

„Meine Schwermut steht gegen mich auf"

Sören Kierkegaard

Als am 11. August 1838 Michael Pedersen Kierkegaard, der Vater des angehenden Theologen und Philosophen Sören Kierkegaard, im Alter von 81 Jahren starb, notierte der Sohn in seinem Tagebuch: „Mein Vater starb Mittwoch nachts um zwei Uhr. Ich hatte den innigen Wunsch gehabt, daß er noch ein paar Jahre leben würde, und ich betrachte seinen Tod als das letzte Opfer, das er seiner Liebe zu mir gebracht hat. Denn er ist nicht von mir gegangen, sondern für mich dahingegangen, damit, wenn möglich, noch etwas aus mir werden könne."

Sören Kierkegaard fühlte sich verpflichtet, dem Vater in einem Akt nacheilenden Gehorsams den innigsten Wunsch zu erfüllen, der darin bestand, den jüngsten Sohn mit dem theologischen Staatsexamen bekränzt zu sehen. Sören, damals gerade 25 Jahre alt geworden, unterzog sich einer nicht unerheblichen Kraftanstrengung: Er, der sich bislang eher als spottbegabter Flaneur hervorgetan hatte, konzentrierte sich ganz auf sein Studium und brachte es in vergleichsweise kurzer Zeit zum erfolgreichen Ende. Dem Wunsch des Vaters war damit postum Genüge getan; der Sohn hatte, über das Grab hinaus, ein äußeres Zeichen letztmöglicher Gewissenhaftigkeit gesetzt.

Dieser Beweis späten Gehorsams allerdings berührte das innere Verhältnis von Vater und Sohn, das im Leben auf verschlungenen Pfaden begonnen hatte und vom Tode nicht aufgehoben werden konnte, nur am Rande. Michael Pedersen Kierkegaard nämlich hatte Sören, vermutlich ohne es wirklich zu wollen, in das Wissen um seine Lebensschuld so mit einbezogen, daß der Sohn, belastet zudem mit einer entsprechenden psychischen Disposition, gar nicht anders konnte, als den vergeblichen Kampf des Vaters gegen eine zum Weltprinzip erhobene und als

Erbmacht deklarierte Sündhaftigkeit weiterzuführen. Als Sören erfahren zu haben glaubte, was den Vater umtrieb, kam es, nur wenige Monate vor dessen Tod, zu jenem Ereignis, das er selbst in seinem Tagebuch als „das große Erdbeben" bezeichnete und das für ihn zum philosophisch-religiösen Schlüsselerlebnis wurde.

„Da geschah es, daß das große Erdbeben stattfand, die furchtbare Umwälzung, die mir plötzlich ein neues, unfehlbares Deutungsgesetz für sämtliche Phänomene aufnötigte. Da ahnte mir, daß meines Vaters hohes Alter nicht ein göttlicher Segen war, sondern eher ein Fluch; daß die ausgezeichneten Geistesgaben unserer Familie nur dazu da waren, damit wir uns gegenseitig aufreiben sollten; da fühlte ich, wie die Stille des Todes um mich her zunahm, wenn ich in meinem Vater einen Unglücklichen erblickte, der uns alle überleben sollte, ein Friedhofskreuz auf dem Grab aller seiner eigenen Hoffnungen. Eine Schuld mußte auf der ganzen Familie lasten, eine Strafe Gottes mußte über ihr hängen; sie sollte verschwinden, ausgestrichen werden von Gottes gewaltiger Hand, ausgelöscht als ein mißlungener Versuch; und nur zuweilen fand ich ein wenig Ruhe in dem Gedanken, daß meinem Vater die schwere Pflicht auferlegt worden war, uns durch den Trost der Religion zu beruhigen, uns allen zu erzählen, daß dennoch eine bessere Welt uns offenstehen sollte, wenn wir auch alles in dieser verloren, wenn auch die Strafe uns treffen würde, die die Juden immer auf ihre Feinde herabwünschten; daß unser Andenken vollständig ausgelöscht sein sollte, daß man uns nicht finden sollte."

Kierkegaards Deutung, daß dem Vater von Gott auferlegt worden sei, alle seine Kinder zu überleben, wurde durch den Tod des Vaters erst einmal widerlegt. Die Einsicht, die „das große Erdbeben" mit sich gebracht, wurde dadurch jedoch nicht hinfällig; sie besagte vielmehr, daß die Existenz des Menschen ein letztlich undurchsichtiges Gottsgeschenk sei, das man, wie eine „Krankheit zum Tode", anzunehmen und unter ständiger Androhung von Strafe abzuleben hatte. Die Verfehlungen, in die der Mensch sich auf seinem Lebensweg notwendig verstricken mußte, dienten der grundsätzlichen Aufrechnung in einem höheren subjektiv-objektiven Sinn: Alles, was der Mensch tat, konnte von Anfang an gegen ihn verwendet werden; seine Freiheit verdankte sich der von Gott wie beiläufig ausgesprochenen Erbsünde und einer daraus abgeleiteten Bodenlosigkeit, die jederzeit in ihr begründetes Gegenteil umschlagen konnte.

Aus Andeutungen hatte Kierkegaard erfahren, daß sein Vater glaubte, zweimal auf nicht wiedergutzumachende Weise gesündigt zu haben. Zum einen hatte er seine erste Ehefrau, die 1796 kinderlos gestorben war, noch zu ihren Lebzeiten mit einer Dienstmagd betrogen – ein Fehltritt, der nicht ohne Folgen blieb. Als ein Kind unterwegs war, machte er die Dienstmagd, eher widerwillig, zu seiner zweiten Frau, die ihm noch drei Mädchen und vier Knaben gebar. Kierkegaards Vater, ein wahnhaft-tiefreligiöser Mann, hat unter dieser Verfehlung, die aus heutiger Sicht wohl eher läppisch denn schwerwiegend anmutet, sehr gelitten; noch mehr zu schaffen machte ihm jedoch ein Vorfall, der in seiner frühen Jugend lag und ihn ein Leben lang quälend verfolgte: Damals, als Kind, hatte er sich in einem Augenblick zorniger Unbedachtheit hinreißen lassen und es gewagt, Gott zu verfluchen. In seinem Tagebuch schrieb Sören Kierkegaard dazu: „Das Entsetzliche mit dem Manne, der einstmals als kleiner Junge, da er auf der jütischen Heide die Schafe hütete, viel Schlimmes erduldete, hungerte und elend war, sich auf einen Hügel stellte und Gott verfluchte – und dieser Mann war nicht imstande, es zu vergessen, als er zweiundachtzig Jahre alt war."

Ausführlicher ging in einem Brief Peter Christian Kierkegaard, Sörens sieben Jahre älterer Bruder, der es bis zum Bischof von Aalborg brachte, auf die väterliche Jugendsünde und ihre fatalen Folgen ein:

„Der alte M.P.K. (Michael Pedersen Kierkegaard) hütete in seinen Kinderjahren auf der jütischen Heide die Schafe und fühlte sich nicht selten grenzenlos unglücklich. Er litt Hunger und Kälte, war zu andern Zeiten den sengenden Strahlen der Sonne ausgesetzt, war sich selber überlassen und den Tieren, allein und unglücklich. In einer solchen Stimmung muß den Knaben... seine entsetzliche Verlassenheit einmal übermannt haben, und er kletterte auf einen Stein, der auf der Heide lag, hob Augen und Stimme zum Himmel auf und verfluchte Gott den Herrn, der, wenn es ihn gebe, es über sich bringe, ein hilfloses, unglückliches Kind so leiden zu lassen, ohne ihm zu Hilfe zu kommen. – Aber die Erinnerung an den Fluch dieses Kindes wurde in der Seele des Knaben, des Mannes, des Greises nie ausgelöscht – und da die Gnade Gottes gerade von jenem Augenblick an die Güter der Zeitlichkeit über ihn ausstreute, so daß er, anstatt Gottes Zorn zu fühlen, mit Reichtum überschüttet wurde, mit wunderbar begabten Kindern, allgemeiner Achtung – da packte ihn Angst auf das tiefste. Gott *war,* und Gott *war* ihm zu Hilfe gekommen, aber er hatte diesen Gott verflucht; war das nicht die Sünde wider den Heiligen Geist, die niemals Vergebung finden konnte? Darum war die Seele des Alten voller Angst, darum sah er im Geiste seine Kinder der ‚stillen Verzweiflung‘ anheimfallen; daher lud er in ihren Kinderjahren die strenge Forderung des Christentums auf ihre Schultern – daher war er jahrelang eine Beute der Anfechtungen und Seelenkämpfe."

Kierkegaard sah in dem, was seinem Vater widerfahren war, ein existentielles Gleichnis für sein eigenes Leben. So wie der Vater Gott geflucht hatte und dafür auf besonders subtile Weise leiden mußte, so hatte sich auch der Sohn geweigert, den wirklichen Glaubenssprung zu vollziehen, der aus den komfortabel ausgestatteten Verhandlungsräumen des vorgeblich vernünftigen Denkens wegführte und jenen dunklen Lebensbereich eröffnete, in dem nur Gott selbst das Licht der Erkenntnis aufschimmern ließ. Auch Kierkegaard würde für sein ursprüngliches Desinteresse Gott gegenüber büßen müssen; zumindest war dies seine Überzeugung, nachdem ihm „das große Erdbeben" die Augen geöffnet hatte. Er wußte nun, daß der wahre Glauben an Gott etwas ganz anderes war als das laue Christentum, dem die dänische Staatskirche ihre mildtätige Förderung zukommen ließ.

Christ sein bedeutete für Kierkegaard die Herausforderung schlechthin: Der Mensch, beizeiten daran gewöhnt, sich in seinem Leben einzurichten wie ein auf Bequemlichkeit abgerichtetes Gewohnheitstier, muß lernen, seine Existenz in ihrer ganzen

großartigen und letztlich unbegreiflichen Absurdität anzunehmen. Der Mensch, in die Welt geworfen als Geschöpf eines noch
unbekannten Gottes, ist in seinem Wesen zerrissen durch die
Unvereinbarkeit von Unendlichkeit und Endlichkeit, von Zeit
und Ewigkeit, von Freiheit und Notwendigkeit. Er ist deshalb
versucht, den Widersprüchen seiner Existenz mit einer eher
taktisch zu verstehenden Gedankenlosigkeit zu begegnen, die
ihm die Orientierung in der kruden Alltäglichkeit beträchtlich
erleichtert. Das Leben der allermeisten Menschen verläuft daher
in jenen geordneten Bahnen, die der sogenannte gesunde Menschenverstand vorschreibt; mit seinen Anweisungen versehen,
kann man zurechtkommen. Das Leben wirklich begreifen und
zu Gott finden – kann man nicht.

Wer die tiefe Wahrheit des Daseins schaut und sie für sich
annimmt, kann nur noch schweren Mutes sein: er wird still
werden – und in der Stille verzweifeln. In einer Tagebuchaufzeichnung von 1844 hat Kierkegaard diesen Sachverhalt, scheinbar amüsiert, als ein Gleichnis beschrieben, das die wiederkehrende Geschichte von Vater und Sohn erzählt, die im Kreisgang
ihres Denkens immer nur an das ihnen bekannte Ende kommen
können.

„Es waren einmal ein Vater und ein Sohn. Beide geistig sehr
begabt, beide witzig, insbesondere der Vater. Jeder, der ihr Haus
kannte und dort verkehrte, fand sicherlich, daß es sehr kurzwei-
lig war. Im allgemeinen disputierten sie und unterhielten sich
miteinander nur wie zwei gute Köpfe, und nicht als Vater und
Sohn. Ganz selten einmal, wenn der Vater den Sohn betrachtete
und sah, daß er sehr kummervoll war, da stand er still vor ihm
und sagte: Armes Kind! Du steckst in einer stillen Verzweiflung.
(Aber er befragte ihn niemals näher, ach!, das konnte er nicht,
denn er steckte selber in einer stillen Verzweiflung.) Sonst wurden niemals zwei Worte über diese Angelegenheit gewechselt.
Aber der Vater und der Sohn waren vielleicht zwei der schwer-
mütigsten Menschen, die seit Menschengedenken gelebt haben.
– Von hier stammt das Wort: *die stille Verzweiflung*. Es ist sonst
niemals angewandt worden; denn man hat im allgemeinen eine
andere Vorstellung von Verzweiflung. Sobald der Sohn dies Wort

nur bei sich selber erwähnte: ‚die stille Verzweiflung', brach er immer in Tränen aus, teils, weil es so unerklärlich erschütternd war, teils, weil er sich an die bewegte Stimme des Vaters erinnerte, da er, wie alle Schwermut, lakonisch war, aber auch das Gewichtige der Schwermut besaß. – Und der Vater glaubte, er habe die Schwermut des Sohnes verschuldet, und der Sohn glaubte, er habe die Schwermut des Vaters verschuldet; darum sprachen sei nie miteinander. Und jener Ausruf des Vaters war ein Ausruf seiner eigenen Schwermut, so daß er, als er es sagte, mehr zu sich selber sprach als zu dem Sohne."

„Die stille Verzweiflung" wurde zum Leitmotiv von Kierkegaards Denken; sie nistete sich in seinem Dasein ein und prägte seine Stimmungen, die sich im Grenzbereich der Extreme heimisch machten. Kierkegaards Schwermut, die der stillen Verzweiflung Dauer verlieh, wurde zu einer emotionalen Konstante, der schließlich die Funktion erkenntnisleitender Interessen-Beschwerung zuwuchs. Dabei handelte es sich nicht um eine gleichmäßige Abfolge fein-austarierter, düsterer Stimmungen, sondern um das ganze Spektrum existentieller, weil menschenmöglicher Verzweiflung. Kierkegaards Schwermut kannte das Wechselbad der Gefühle: Sie konnte umschlagen in „namenlose Freude" oder als Witz daherkommen, der den Ernst des Lebens kurzerhand zur Groteske erklärte und Zufluchten bot. Zuweilen wurde die stille Verzweiflung auch laut, um dann, im Wissen um die göttliche Herkunft dieser Zumutung, für langanhaltende Momente ganz zu verstummen. Kierkegaard versuchte eine Zeitlang, der profanen Ausweglosigkeit seiner Existenz mit unerbittlicher Lebensbejahung zu begegnen. Er trat als stolz-gehemmter Flaneur auf, dem nichts entging, als Spottvogel und Witzbold von hohen Graden; er enterte die literarischen Salons, in denen man noch mit schwerem Säbel zu Werke ging, und fuchtelte dort, eher amüsiert-ängstlich denn todesmutig, mit dem zerbrechlichen Degen.

Kierkegaard versuchte sich auch in der Liebe: Er verlobte sich am 10. September 1840 mit der jungen und schönen Regine Olsen; am 11. Oktober löste er, nach einem Monat nahezu unerklärlicher Qualen, die Verlobung wieder auf. Es schien so, als ob seine bewährte Schwermut es nicht zulasse, daß er seine Gefühle anderweitig verbrauche. Kierkegaard kam sich mehr denn je schuldig vor; die vom Vater übernommene Schuld würde nicht nur einen Schatten auf sein Glück werfen, sondern es auch zerstören. So gab er sich großmütig und kleinlaut zugleich; er leistete einen Verzicht, den nur die Stimme seines Gewissens von ihm fordern durfte. Damit war, wie sich herausstellen sollte, niemandem geholfen, und auch seine Schwermut gab noch lange nicht Ruh'. Immer wieder hat Kierkegaard sich über seinen Schritt Rechenschaft abzulegen versucht; seine Motive aber verschwammen im Fortgang der Zeit und der noch immer unablässigen und stillen Verzweiflung.

„Wäre ich nicht ein Büßender gewesen, hätte ich nicht meine vita ante acta gehabt, wäre ich nicht schwermütig gewesen – die Verbindung mit ihr (Regine Olsen, d. Vf.) würde mich so glücklich gemacht haben, wie ich's mir nie hätte träumen lassen... Aber da war ein göttlicher Einspruch, so faßte ich es auf... Aus dem Verhältnis als ein Schurke, wenn möglich als ein Erzschurke hinauszugehen, war das einzige, was zu tun war... So trennten wir uns... Ich verbrachte die Nächte weinend in meinem Bett... Hätte ich *alles* erklären sollen, dann hätte ich sie in entsetzliche Dinge einweihen müssen, in mein Verhältnis zu Vater, seine Schwermut; die ewige Nacht, die im tiefsten Innern brütet, meine Verirrung, meine Lüste und Ausschweifungen, die vielleicht in Gottes Augen doch nicht so himmelschreiend sind; denn es war doch Angst, die mich dazu trieb zu fehlen, und wo sollte ich einen Halt suchen."

Kierkegaard wich vor der Liebe zurück, weil er die Frau seiner Wahl nicht mit der ihm auferlegten Schwermut strafen wollte; das war seine erste, einfachste und im Blick auf die Motivlage auch edelste Erklärung, die er seinem Verhalten zugestehen mochte. Damit aber konnte er sich nicht zufriedengeben; weitere Reflexionen zum Thema folgten. Ab und zu, in seinen lichteren Stunden, kam auch die Hoffnung zurück, der er mit seiner kurzfristigen Verlobung den kühnsten Ausdruck verliehen hatte. Für Momente hatte Kierkegaard rührend-hilflose Visionen vom trauten Familienglück und einer gänzlich undramatischen Befriedung seiner gesamten Lebensumstände. Dann aber rief er sich, schweren Mutes wie eh und je, wieder zur Ordnung; er klagte über sein Schicksal und versah es zugleich mit dem existentiellen Adel eisiger Freiheit, die nichts anderes sein konnte als eherne, von Gott gewollte Lebens-Notwendigkeit. – Eine fast salopp zu nennende und doch originelle Erläuterung zu Kierkegaards unglücklich verlaufenden Liebeshändeln hat Ernst Bloch in seinen ‚Leipziger Vorlesungen‘ gegeben:

„Kierkegaard war ein dänischer Kleinbürger, der sein väterliches Erbe verzehrte, keine Arbeit annahm, die gegen sein Gewissen ging... Es finden sich bei ihm, was den Reiz dieses seltsamen Mannes zum Teil erhöht, schwer pathologische Züge, vor allem die echt romantisch-pathologischen Züge des Ausweichens vor der Verwirklichung. Er heiratete seine Braut Regine Olsen nicht – nicht aus Furcht vor der Ehe, sondern aus Furcht, daß sie durch ihn die Verwirklichung kennenlernen würde. Sie heiratete einen anderen, und er sagte: Heute sah ich meine Braut mit ihrem Mann. Keiner kann ihr treuer sein als ich, und ich hoffe, sie hat es begriffen. Solche Dinge, aus der Romantik stammend, kommen in skurriler und nicht in dieser ernsten und erfahrenen Form auch bei E.T.A. Hoffmann vor, bei seinem Kapellmeister Kreisler, und sie kommen vor in der ‚Komödie der Liebe‘ des jungen Ibsen, wo ein Mädchen, das nicht mit Unrecht Schwanhild heißt, und ein junger, sangesfroher Bursche sich nicht heiraten, damit sie nicht den Herbst ihrer Liebe erleben müssen. So heiratet sie einen glatzköpfigen, stiernackigen, dickbäuchigen Großkaufmann mit vollkommenem Bewußtsein, daß dieser das richtige Objekt für die Ehe ist – und der sangesfrohe Dichter zieht mit den Seinen Guitarre schlagend in die Weite. Der Frühling der Liebe ist ungeschändet und ewig geblieben zwischen beiden.“

Kierkegaards Schlüsselerlebnis, „Das große Erdbeben“, brachte es mit sich, daß er der Welt nur noch als Schuldiger begegnen wollte, der sich, unaufgefordert, zu dem, was auf ihm lastete, bekannte. Die Annahme seiner Existenz bedeutete, mit Blick auf Gott, eine extreme Entscheidung, die gerade nicht zu jener wohlgefälligen Zufriedenheit führen konnte, der sich das offizielle Christentum seiner Zeit, wie er glaubte, seit langem schon verschrieben hatte. Die Entscheidung für Gott machte den Bruch mit der Welt erforderlich; das hieß nicht, einer verkrampften Askese um jeden Preis verfallen zu müssen. Kierkegaard selbst hatte sich ja als ein noch Lebender, der auf eine nicht ganz unansehnliche Karriere als Lebenskünstler zurückblicken konnte, endgültig zu Gott bekannt; nun lebte er seiner Entscheidung nach und versuchte tagtäglich unter Beweis zu stellen, was es bedeutete, den Grundwiderspruch des Lebens, der sich immer wieder neu aufwarf, auszuhalten. Dabei erschienen ihm die selbstgefällig vor sich hin hantierenden Menschen immer mehr als ein Küchenkabinett unglücklicher Komiker; je genauer man allerdings hinsah, desto mehr verging einem das Lachen. Daß die Existenz jedes einzelnen Leiden war, schien niemand begreifen zu wollen; im Gegenteil: Der Mensch breitete sich in dem ihm geschenkten Leben aus wie ein gefräßiger Allesverwerter; er gab sich versiert in der Regelung des Alltäglichen und führte das bedenkenlos-große Wort, so als sei letztlich sogar die Natur seine ureigene Erfindung. Kierkegaard sah sich daher veranlaßt, die Schöpfung gegen ihr überheblichstes Geschöpf, den Menschen also, in Schutz zu nehmen und an einen vergessenen Aspekt christlicher Wahrheit zu erinnern, der diesen Zusammenhang bedacht und beim Wort genommen hatte.

„Wie kann ein Mensch darauf verfallen, dieses Dasein zu preisen! Ich meine nicht das Dasein der Natur, sondern die Gesellschaft der Menschen. Vogelgesang ist herrlich, Spatzen sind vergnüglich, Lilien schön und das Heer der Sterne unvergeßlich – aber der Mensch, das Wunder der Schöpfung, ihr Schmuck, wie die Geistlichen gegen Bezahlung sagen, er ist das einzig Entstellende. In diesem Dasein muß man *entweder* jedes im großen Sinne ideale Streben und alle Möglichkeit wahrer Idealität abscheulich zurückdrängen (ein Verbrechen, schlimmer als das Abtreiben der Leibesfrucht) oder sie doch empörend halbieren, um dann im widerlichen Fett der weltlichen Ehre und des Ansehens aufzudunsen oder aufzuschwellen. – *Oder*, will man anders, so ist man eo ipso Märtyrer. – Nein, das Christentum ist doch die einzige Erklärung des Daseins, die Stich hält.

Das irdische Leben ist Leiden, wovon jeder Mensch sein Quantum hat. Sein letztes Wort ist daher: Gott sei Dank, das ist überstanden! – Das irdische Dasein ist Prüfungszeit, Examen. All das Geschwätz, etwas auszurichten, zu wirken, das ist auch Erfindung der Geistlichen gegen Geld; eine Art Ernst, der Gott abschafft. Nein, weder Du noch ich können Vorsehung spielen oder etwas ausrichten. Wir sind zeitlebens da, um geprüft zu werden. Daraus folgt, daß Du immer ganz anders arbeiten mußt als die, die etwas ‚erreichen‘, aber Du bist frei von jeder Einbildung. Zu sagen, die Welt schreite vorwärts, ist daher auch Unsinn und wiederum eine Betrachtungsweise, die Gott verneint. Diejenigen, welche geschäftig etwas ausrichten wollen, meinen nämlich: sie würden sich gleichsam dem Geschlecht vorspannen und es vorwärtsschleppen. Oh, spar Dir die Mühe! Nein, Du bist zur Prüfung da. Das Dasein ist von Gott so angelegt, daß es Examen sein kann, Kraftprobe der Selbstverleugnung. Du sollst die Welt nicht umschaffen – Du, der Du geprüft werden sollst, während Du in ihr lebst."

Die Kehrseite der stillen Verzweiflung, die Kierkegaard seinem Leben zumutete, war eine denkwürdige und „namenlose" Freude. Sie findet nur selten Erwähnung, wenn von Kierkegaards Philosophie und den ihr auferlegten Schwermuts-Künsten die Rede ist. Freude scheint mit der unnennbaren Trauer, die über dem Dasein liegt, nicht zusammenzugehen; dabei gehört sie zum Leben wie die alles umschließende Angst, die über ihre nichtigen Anlässe immer schon hinaus ist und schließlich zur fundamentalen Existenz-Angst wird. Kierkegaard hat diese Freude, wie es scheint, immer wie ein Geschenk angenommen und sich ihr, soweit ihm dies möglich war, „bedenkenlos" hingegeben. Die Lebens-Freude wurde ihm, bezogen auf sein philosophisches Schlüsselerlebnis, zu einem wiederkehrenden Nachbeben, das mit sehr schönen, aber auch befremdlichen Überraschungen aufwarten konnte.

„Es gibt eine unbeschreibliche Freude, die uns ebenso unerklärlich durchglüht, wie der Ausbruch des Apostels unmotiviert hervortritt: ‚Freuet euch, und abermals sage ich, freuet euch‘ – nicht eine Freude über dieses und jenes, sondern der Seele voller

Ausruf ‚mit Zung und Mund und von Herzensgrund'. – Ich freue mich an meiner Freude, von, in, bei, auf und zu meiner Freude, ein himmlischer Kehrreim, der plötzlich unser übriges Singen abschneidet: eine Freude, die einem Windhauch gleich kühlt und erfrischt, ein Stoß des Passates, der vom Haine Mamre weht zu den ewigen Wohnungen."

Die namenlose Freude auch war es, die Kierkegaards Witz in Gang hielt und immer wieder neu befeuerte. Er, der Philosoph, dem die existentielle Düsternis ans Herz gewachsen war, ohne daß er es sich, wie sein Kollege Schopenhauer, gestattet hätte, sie mit den Funken der Behaglichkeit zu illuminieren, konnte oft gar nicht anders, als dem heiligen Ernst die Glanzlichter fein ausgedachten Spotts überzuziehen. Sein Witz, der ihm aus der Verzweiflung erwuchs, legte die tieftraurigen Lächerlichkeiten des Alltags bloß und fiel, oft genug, auf einen unbeteiligt im Hintergrund lauernden Urheber zurück. Kierkegaard, laut Bloch „einer der witzigsten Schriftsteller" und „größten Witzemacher im hohen Stil, die je gelebt haben", führte das Leben als Staatsschauspiel vor, das keiner gehobenen Bühne bedurfte, sondern in jedem besseren Glashaus gegeben werden konnte, wo man sich noch auf die bewährte Kunst des Steinewerfens verstand. – Reiches Anschauungsmaterial für Kierkegaards Erzähltalent bietet ein Brief, den er im Frühjahr 1843 aus Berlin an seinen Freund Emil Boesen richtete:

„Zu Anfang war ich krank, jetzt bin ich gewissermaßen gesund, das heißt, mein Geist quillt über und tötet wahrscheinlich meinen Leib. Ich habe noch nie so stark gearbeitet wie jetzt. Morgens gehe ich ein wenig hinaus. Dann komme ich wieder zurück, sitze bis etwa drei Uhr ununterbrochen in meinem Zimmer. Ich kann kaum aus den Augen sehen. Dann schleiche ich am Stock ins Restaurant, bin aber so schwach, daß ich glaube, wenn einer meinen Namen laut riefe, würde ich umfallen und sterben. In den vergangenen Monaten hatte ich voll Indolenz ein gehöriges Brausebad hochgepumpt; jetzt habe ich an der Schnur gezogen, und die Ideen stürzen auf mich nieder, gesunde, fröhliche, wohlgeratene, muntere, gesegnete Kinder, leicht zur Welt gebracht, jedoch alle mit dem Muttermal der Persönlichkeit. Im übrigen bin ich, wie gesagt, schwach, meine Beine zittern, es zwackt in den Knien usw., es ist zu wenig, ich wähle einen Ausdruck von meinem Lieblingsschauspieler, Herrn Grobekker, eine Redensart, die er bei jedem vierten Satz vortrefflich einflicht: ‚Ich falle um und bin hin‘ – oder in einer wirklich guten Abwandlung: ‚ich falle hin und bin um‘.“

In Berlin hatte Kierkegaard Gelegenheit, Schelling zu hören, den großen alten Mann der deutschen Philosophie, der am 10. August 1840 von Friedrich Wilhelm IV. berufen worden war, um, wie es inoffiziell hieß, „die Drachensaat des Hegelschen Pantheismus auszurotten“. Schellings Vorlesungen wurden von Kierkegaard anfangs mit einer gewissen Zustimmung verfolgt; dann aber machte sich bei ihm Enttäuschung breit. Die Philosophie des deutschen Idealismus, die sich in den Systemen Fichtes, Hegels und Schellings zu letzten gewaltigen Kraftakten aufgeworfen hatte, wurde für ihn zum Synonym für eine prätentiös vor sich hin kreiselnde Vernünftigkeit, die mit dem wirklichen Leben nichts mehr zu tun hatte. Die Existenz des einzelnen, jene unendliche Leidensgeschichte, rutschte in diesen sehr wortstark auftretenden Philosophien an den äußeren Rand der Reflexion und wurde schließlich als beliebig austauschbare Fußnote im ehernen Gang des Denkens fast ganz entbehrlich. Für Kierkegaard jedoch konnte auch das geduldigste Papier, dem sich die großen Vernunftsysteme letztlich anvertrauen mußten, nicht die gelebte Wahrheit ersetzen. – In einer Tagebuchaufzeichnung aus dem Jahre 1846 heißt es:

„Es geht den meisten Systematikern in ihrem Verhältnis zu den Systemen wie einem Mann, der ein ungeheures Schloß baut und selbst daneben in einer Scheune wohnt: sie leben nicht selber in dem ungeheuren systematischen Gebäude. Aber in geistigen Verhältnissen ist und bleibt dies ein entscheidender Einwand. Geistig verstanden, müssen die Gedanken eines Mannes das Gebäude sein, in dem er wohnt – sonst ist es verkehrt.“

Kierkegaards scharfsinnige Analysen der menschlichen Grundbefindlichkeit, seine Untersuchungen der beständigsten Daseinsphänomene wie Angst, Sorge, Furcht und Zeitlichkeit auf dem fortschreitenden Wege der „Krankheit zum Tode“ haben den modernen Existentialismus entscheidend geprägt. Man hat sich dabei, in aller Stille, des theologischen Kopfschmucks entledigt, der seine Philosophie bedeckte. Die weitreichende Rezeption von Kierkegaards Denken ging mit einer diskreten Verabschiedung des sehr gestrengen Vatergottes einher, an dem sich seine Ideen noch orientiert hatten. Kierkegaards Modernität, so darf man vermuten, hat auch mit der prozeßhaften Profanierung überkommener Existenztheorien zu tun, in denen das Humane befleckt erscheint und für das Heilige schon länger kein Platz mehr ist. – Kierkegaards Schlüsselerlebnis, „das große Erdbeben", verwies ihn auf seine ureigene Leidensgeschichte, die wieder und wieder zu erzählen ihm zur Besessenheit wurde. Er selbst wußte, und auch das ist ein noch immer hochmoderner Gedanke, daß man gegen die Verzweiflung in aller Stille anschreiben kann, um ihr dann doch, in der Annahme der Wahrheit, zu erliegen.

„Oh, wie schwer! Wie ich so häufig von mir selber gesagt habe: gleich jener Prinzessin in Tausendundeiner Nacht rettete ich das Leben durch Erzählen, d. h. durch Produzieren. Produzieren war mein Leben. Eine ungeheure Schwermut, innere Leiden . . ., alles konnte ich bewältigen – wenn ich produzieren durfte. Da stürmte die Welt auf mich ein, Mißhandlung, die einen anderen unproduktiv gemacht hätte – mich machte sie nur produktiver . . . Und nun, nun muß ich es aufgeben; ich kann es mir nicht mehr leisten, ich kann mir nicht leisten, fleißig zu sein . . . Aber wie ich darunter leide! Meine Schwermut steht gegen mich auf, die inneren Qualen bekommen Leben und Macht . . . kurzum, mir fehlt das, was dies alles überbieten könnte, mir fehlt das Produzieren . . . So hat denn die Beruhigung keinen Sinn; die eigentliche Beruhigung wäre nämlich die, daß ich die gleichmäßige Bewegung einer stetigen Produktivität in mir trüge."

„Geboren aus den Geheimnissen der Frühe"

Friedrich Nietzsche

Es gibt Landschaften, die etwas so zweifelsfrei Großartiges an
sich haben, daß die dazugehörigen großartigen Gedanken scheinbar wie von selbst in den Köpfen der Menschen aufsteigen, wenn
der Blick aufgetan wird und jenes fast ungläubige Staunen anhebt,
das sehr nah noch an einer ursprünglichen Ehrfurcht steht. Eine
solche Landschaft ist das Oberengadin, dem nicht wenige Dichter
und Denker ein rühmendes Erinnern bewahrt haben, aus dem
zuweilen Rührung mit anklingt über jene versunknen schönen
Tage, als die Natur noch frei war und stolz – und, vor allem, sicher
vor den Tritten ihrer Bewunderer. Hermann Hesse etwa notierte
1953 in seinen „Engadiner Erlebnissen":
„Gesehen habe ich viele Landschaften, und gefallen haben mir
beinahe alle, aber zu schicksalhaft mir zugedachten, mich tief
und nachhaltig ansprechenden, allmählich zu kleinen zweiten
Heimatländern aufblühenden, wurden mir nur ganz wenige,
und wohl die schönste, am stärksten auf mich wirkende von
diesen Landschaften ist das obere Engadin."
Der Philosoph Friedrich Nietzsche, dem es schließlich vergönnt war, eine der Landschaft angemessene Philosophie zu
entwickeln, hatte das Engadin bereits für sich entdeckt, als er im
Sommer 1881, eher zufällig, den kleinen Ort Sils-Maria ausfin-
dig machte, der ihn von Anfang an begeisterte. Nietzsche atmete
auf. Es war ihm, als sei er an ein Ziel gelangt, das, bis auf weiteres, nur noch ihm gehörte. Das Ende – für ihn – war ohnehin
längst in Sicht; die Frage schien nur, ob er noch einmal zu alter
Lebendigkeit zurückfinden konnte oder jene Todes-Ahnungen
wahrzumachen hatte, die ihn, den Schmerz- und Leidgewohn-
ten, seit geraumer Zeit schon begleiteten. Er entschied sich, um-
getrieben von einer kaum gekannten Euphorie, für das Leben,

dessen Schattenseiten er zur Genüge kannte. Die Landschaft, die ihn umgab, erklärte er kurzerhand zu einer Seelenverwandten; ja, manchmal hatte er den Eindruck, daß in den Bergen am Horizont schon sein anderes Ich auf ihn wartete; ein eishöhenerfahrener Doppelgänger, der ihm Antworten gab auf die nur zögernd gestellten Fragen.

„In mancher Natur-Gegend entdecken wir uns selber wieder, mit angenehmem Grausen; es ist die schönste Doppelgängerei. Wie glücklich muß der sein können, welcher jene Empfindung gerade hier hat; in dieser beständigen sonnigen Oktoberluft, in diesem schalkhaft-glücklichen Spielen des Windzuges von früh bis Abend, in dieser reinsten Helle und mäßigsten Kühle, in dem gesamten anmutig-ernsten Hügel-, Seen- und Wald-Charakter dieser Hochebene, welche sich ohne Furcht neben die Schrecknisse des ewigen Schnees hingelagert hat – hier, wo Italien und Finnland zum Bunde zusammengekommen sind und die Heimat aller silbernen Farbentöne der Natur zu sein scheint; wie glücklich der, welcher sagen kann: Es gibt gewiß viel Größeres und Schöneres in der Natur, dies aber ist mir innig und vertraut, blutsverwandt, ja noch mehr."

Nietzsches Wanderungen in dieser Landschaft waren Erkundungsgänge im eigenen Werk, das der Fortführung harrte. Er hatte die „Morgenröthe" veröffentlicht, ein Aphorismen-Buch, das den Mißerfolg seiner zuvor erschienenen Schriften noch zu vertiefen schien. Er, der gerade 37 Jahre alte Professor Friedrich Nietzsche, den die Universität Basel, gar nicht einmal sonderlich widerstrebend, aus gesundheitlichen Gründen vorzeitig pensioniert hatte, war im Sommer des Jahres 1881 ein nahezu unbekannter Autor. Nietzsche wußte dies, aber er gönnte sich, zumindest an den ihm beschiedenen besseren Tagen, die vorgeblich-feste Überzeugung, daß seine eigentliche Zeit erst noch kommen würde. Klar war er sich auch darüber geworden, daß seine bisherigen Arbeiten noch nicht das waren, was er wirklich zu schreiben gedachte. Der Weisheit, seiner Weisheit letzter Schluß ließ noch auf sich warten, aber er machte bereits auf sich aufmerksam und überzog ihn mit unnachgiebigen Überlegungen, denen er auf seinen Wanderungen in der Umgebung von

Sils-Maria, einbezogen in die dazugehörige Landschaft, wie ein Tagträumer folgte, dem das endgültige Erwachen bevorstand. Sogar Nietzsches Gesundheit, die ihm schon so viele üble Streiche gespielt hatte, schien sich seinem anfänglichen Hochgefühl umstandslos anzupassen. Frohgemut meldete er am 8. Juli in einem Brief an Mutter und Schwester:

„Nie gab es einen Menschen, auf den das Wort *niedergedrückt* weniger gepaßt hätte... Mein Aussehen... ist vortrefflich, meine Muskulatur infolge meines beständigen Marschierens fast die eines Soldaten, Magen und Unterleib in Ordnung. Mein Nervensystem ist, in Anbetracht der ungeheueren Tätigkeit, die es zu leisten hat, prachtvoll."

Dieser Zustandsbericht für die Lieben daheim, die ihn von jeher mit gutgemeinten Ratschlägen zu traktieren pflegten, war einigermaßen übertrieben; Nietzsche hatte es sich, aus taktischen Gründen, ohnehin angewöhnt, die Familienangehörigen durch gelegentliche Wohlbefindlichkeits-Bulletins, die sich wie verklausulierte Durchhalte-Parolen lasen, bei Laune und fernab der ganz großen Sorgen zu halten. In Wirklichkeit ging es ihm auch in Sils-Maria nicht gerade prächtig; die alten Krankheitssymptome, denen er bestimmte Wetterkonstellationen zuordnete, begleiteten ihn mit treuer Anhänglichkeit. Je mehr Wolken über ihm waren, desto schlechter fühlte er sich; er brauchte den von ihm so oft beschworenen „reinen Himmel". Am 14. August 1881 schließlich war es soweit: Auf einer seiner Wanderungen überkam Nietzsche jene Erleuchtung, die sich ihm schon länger angedeutet hatte und nun wie ein Gedanken-Gewitter über ihn hereinbrach. Was er sah, war der Zusammenbruch von Ordnung und Zeit, aus dem eine alte, neue und furchtbare Wahrheit erwuchs: *Die ewige Wiederkunft des Gleichen.* Sie wurde zum Kerngedanken von Nietzsches bekanntestem Buch „Also sprach Zarathustra." In seiner (1888 geschriebenen) philosophischen Autobiographie *Ecce Homo* ist Nietzsche auf sein Schlüsselerlebnis eingegangen:

„Ich erzähle nunmehr die Geschichte des Zarathustra. Die Grundconception des Werks, der Ewige-Wiederkunfts-Gedanke, diese höchste Formel der Bejahung, die überhaupt erreicht werden kann –, gehört in den August des Jahres 1881: er ist auf ein Blatt hingeworfen, mit der Unterschrift: *6000 Fuss jenseits von Mensch und Zeit.* – Ich gieng an jenem Tage am See von Silvaplana durch die Wälder; bei einem mächtigen pyramidal aufgethürmten Block unweit Surlei machte ich Halt. Da kam mir dieser Gedanke. – Rechne ich von diesem Tage ein paar Monate zurück, so finde ich, als Vorzeichen, eine plötzliche und im Tiefsten entscheidende Veränderung meines Geschmacks, vor Allem in der Musik. Man darf vielleicht den ganzen Zarathustra unter die Musik rechnen; – sicherlich war eine Wiedergeburt in der Kunst zu hören eine Vorausbedingung dazu ... Rechne ich dagegen von jenem Tage an vorwärts, bis zur plötzlichen und unter den unwahrscheinlichsten Verhältnissen eintretenden Niederkunft im Februar 1883 – die Schlußpartie, dieselbe, aus der ich im Vorwort ein paar Sätze citirt habe, wurde genau in der heiligen Stunde fertig gemacht, in der Richard Wagner in Venedig starb –, so ergeben sich achtzehn Monate für die Schwangerschaft. Diese Zahl gerade von achtzehn Monaten dürfte den Gedanken nahelegen, unter Buddhisten wenigstens, daß ich im Grunde ein Elephanten-Weibchen bin.“

Obwohl Nietzsches „Ecce Homo“ das Musterbeispiel einer für die Öffentlichkeitsarbeit zurecht-gemachten Künstlerbiographie ist, in der sich zudem bereits manche Anzeichen stilisierter Wahnvorstellungen finden, darf man den mitgeteilten Fakten, nach Abzug der handelsüblichen Fehleinschätzungen, doch im großen und ganzen Glauben schenken. Was Nietzsches Schlüsselerlebnis am Felsen von Surlej angeht, so ist das erwähnte Blatt mit der „Unterschrift: 6000 Fuss jenseits von Mensch und Zeit“ noch vorhanden; es findet sich als 141. Eintragung in Nietzsches Notizbuch Nr. 11, das er vom Frühjahr 1881 an mit seinen Aufzeichnungen bedachte. Dort brachte er, unter dem unmittelbaren Eindruck seiner Erleuchtung, das folgende Programm zu Papier:

„Die Wiederkunft des Gleichen. Entwurf. – 1. Die Einverleibung der Grundirrthümer. – 2. Die Einverleibung der Leidenschaften. – 3. Die Einverleibung des Wissens und des verzichtenden Wissens ... 4. Der Unschuldige. Der Einzelne als

Experiment. Die Erleichterung des Lebens, Erniedrigung, Abschwächung – Übergang. – 5. Das neue Schwergewicht: die ewige Wiederkunft des Gleichen. Unendliche Wichtigkeit unseres Wissens, Irrens, unserer Gewohnheiten, Lebensweisen für alles Kommende. – Was machen wir mit dem Reste unseres Lebens – wir, die wir den größten Theil desselben in der wesentlichsten Unwissenheit verbracht haben? Wir lehren die Lehre – es ist das stärkste Mittel, sie uns selber einzuverleiben. Unsere Art Seligkeit, als Lehrer der größten Lehre ... – Anfang August 1881 in Sils-Maria, 6000 Fuss über dem Meere und viel höher über allen menschlichen Dingen!"

Es fällt auf, daß die Unterschrift auf dem Notizblatt anders lautet, als sie Nietzsche in seinem „Ecce Homo" zu erinnern glaubte; mag sein, daß dies mit der Beschränkung auf das Wesentliche zu tun hat, die sich die philosophische Selbstbiographie, mit Hilfe feiner Retuschen und Korrekturen, zum Ziel setzen mußte. Die erweiterte Wendung „viel höher über allen menschlichen Dingen" entsprach aber wohl Nietzsches eigener Einschätzung des Vorfalls am Abend dieses 14. Augusts. Das Erlebnis am Felsen von Surlej war kein jäh aufkommender Gedankenblitz gewesen, der einmal aufzuckte und sich dann auf immer in den Schacht des Bewußtseins absenkte, sondern es handelte sich dabei um eine vergleichsweise langanhaltende Vision von höchster Intensität. Nie zuvor geschaute Bilder stürmten auf ihn ein; die alte, neu-geschaute Wahrheit setzte sich in ihm fest wie eine Fieberkrankheit, die ihn durch und durch schüttelte und frösteln machte vor Freude und Angst. Über den eigentlichen Verlauf seines Schlüsselerlebnisses hat Nietzsche nur wenig Andeutungen gemacht; am Abend des 14. August 1881, als er wieder zur Ruhe kam, schrieb er in einem Brief an seinen Freund Heinrich Köselitz alias Peter Gast:

„Nun, mein lieber guter Freund! Die Augustsonne ist über uns, das Jahr läuft davon, es wird stiller und friedlicher auf Bergen und in den Wäldern. An meinem Horizonte sind Gedanken aufgestiegen, dergleichen ich noch nicht gesehn habe – davon will ich nichts verlauten lassen, und mich selber in einer unerschütterlichen Ruhe erhalten. Ich werde wohl einige Jahre noch leben müssen! Ach, Freund, mitunter läuft mir die Ahnung durch den Kopf, daß ich eigentlich ein höchst gefährliches Leben lebe, denn ich gehöre zu den Maschinen, welche zerspringen können! Die Intensitäten meines Gefühls machen mich schaudern und lachen – schon ein Paarmal konnte ich das Zimmer nicht verlassen, aus dem lächerlichen Grunde, daß meine Augen entzündet waren – wodurch? Ich hatte jedesmal den Tag vorher auf meinen Wanderungen zuviel geweint, und zwar nicht sentimentale Thränen, sondern Thränen des Jauchzens; wobei ich sang und Unsinn redete, erfüllt von einem neuen Blick, den ich vor allen Menschen voraus habe."

Nietzsches Vision war eine Sache; sie zur Sprache zu bringen eine andere. Die Eindrücke verblaßten; der Glanz des Geschauten blätterte ab, und die Gegenstandswelt stand, bis auf Widerruf, wieder im Licht des Alltäglichen. Nietzsches alte Beschwerden kehrten zurück; er sah Wolken am Himmel und gab sich zunehmend gereizt. Dem Philosophen machte es Mühe, sich der „sauren Arbeit des Begriffs" zu unterziehen, die sein Kollege Hegel als unverzichtbar für jedes ernsthafte Philosophieren angesehen hatte. Nietzsche versuchte, aus seiner Idee der ewigen Wiederkunft des Gleichen eine Konzeption zu entwickeln, die auch Aussagen über eine mögliche praktische Anwendbarkeit innerhalb der Bilanzierungsbemühungen des gewöhnlichen Lebens riskierte. Das Individuum als Hort biederer Vernünftigkeit war ein Muster ohne Wert; nach Nietzsches Vorstellungen hatte es abzudanken, um als ein ganz neuer Mensch wiederaufzuerstehen: Dieser neue Mensch richtete sich in seinem Leben ein wie in einem allgewaltigen Spiel; er wurde, Fügung des nunmehr Erkannten, zum Kind, das den überkommenen Ernst des Daseins endgültig verabschiedete.

„Wir stellen uns wie Kinder zu dem, was früher den *Ernst des Lebens* ausmachte ... Unser Streben ... ist ..., alles als werdend zu verstehen, uns als Individuum zu verleugnen, möglichst aus *vielen* Augen in die Welt zu sehen ... Es sollen die herrschenden überschauenden Wesen geschaffen werden, die dem Spiel des Lebens zuschauen und es *mitspielen*, bald hier, bald dort, ohne allzu heftig hineingerissen zu werden."

Das Leben – ein Spiel. Dieser Gedanke ist, bezogen auf seinen Urheber, nicht ohne eine gewisse Komik: Nietzsche nämlich, dem sein Dasein oft genug wie ein nicht enden wollendes Privatissimum zur Einübung in die äußerste Leidensfähigkeit vorkommen mußte, konnte es sich im Grunde gar nicht leisten, sein eigenes Leben als Spiel zu begreifen. Das Spiel wurde ihm zu einer Zufluchtsmetapher, aus der man sich mit dem Rüstzeug für eine unerbittliche Lebensbejahung verprovantieren konnte, die ihm, ungeachtet aller tapferen Bekundungen, von Tag zu Tag schwerer fiel. Er selbst schrieb sich die Rolle des Spielleiters zu, der einmal als Souffleur begonnen hatte, dann den Part des jugendlichen Helden geben durfte und schließlich als Vollstrekker enden mußte. Dem Auflösungsprozeß der Geschichte, den er einzuleiten und zu beschleunigen hatte, fiel nicht nur das Individuum zum Opfer, sondern zu guter Letzt auch Gott. Sein Ende wurde bereits am Felsen von Surlej eingeläutet, wo Nietzsches Eingebung ihm eine Welt eröffnete, in der für den von Ewigkeit zu Ewigkeit diensttuenden Schöpfer aller Dinge kein Platz mehr war. Gottes Tod, vom Philosophen Nietzsche ein ums andere Mal freudig gewürdigt, ließ sich als Ereignis ausloben, das der „ewigen Wiederkunft des Gleichen" einen zusätzlichen Sinn verlieh. Der Mensch war nun im Besitz vollkommener Freiheit, die zu verwirklichen ihm alles abverlangte; aus dem „Spiel des Lebens" wurde ein Spiel um Leben und Tod, das der schieren Unbegreiflichkeit, wie zum Spaß, ihre Grenzen zog. Was sie, die Freiheit, bedeutet, der das Ende Gottes geschuldet wird, aber auch das Wissen um die ewige Wiederkunft des Gleichen, hat Nietzsche in einem seiner großartigsten Prosastücke beschrieben, das in dem (1886 erschienenen) Buch „Die fröhliche Wissenschaft" enthalten ist.

„Wohin ist Gott? Was haben wir gemacht? haben wir denn das Meer ausgetrunken? Was war das für ein Schwamm, mit dem wir den ganzen Horizont um uns auslöschten? Wie brachten wir dies zustande, diese ewige feste Linie wegzuwischen, auf die bisher alle Linien und Maße sich zurückbezogen, nach der bisher alle Baumeister des Lebens bauten, ohne die es überhaupt keine Perspektive, keine Ordnung, keine Baukunst zu geben schien?

Stehen wir denn selber noch auf unseren Füßen? Stürzen wir nicht fortwährend? Und gleichsam abwärts, rückwärts, seitwärts, nach allen Seiten? Haben wir nicht den unendlichen Raum wie einen Mantel eisiger Luft um uns gelegt? Und alle Schwerkraft verloren, weil es für uns kein Oben, kein Unten mehr gibt? Und wenn wir noch leben und Licht trinken, scheinbar wie wir immer gelebt haben, ist es nicht gleichsam durch das Leuchten und Funkeln von Gestirnen, die erloschen sind? Noch sehen wir unseren Tod, unsere Asche nicht, und dies täuscht uns und macht uns glauben, daß wir selber das Licht und das Leben sind – aber es ist nur das alte frühere Leben im Lichte, die vergangne Menschheit und der vergangne Gott, deren Strahlen und Gluten uns immer noch erreichen – auch das Licht brauchte Zeit, auch der Tod und die Asche brauchen Zeit! Und zuletzt, wir Lebenden und Leuchtenden: wie steht es mit dieser unserer Leuchtkraft? verglichen mit der vergangner Geschlechter? Ist es mehr als jenes aschgraue Licht, welches der Mond von der erleuchteten Erde erhält?"

„Leben und Licht trinken" – das wurde zum Orientierungsbonmot für Nietzsches oft genug verzweifelte Existenzbemühungen. Er hatte das Gefühl, am Zielpunkt seiner Philosophie angekommen zu sein, aber noch waren die Zeitnehmer nicht erschienen, die darüber zu befinden hatten, ob er erfolgreich gewesen war oder nicht. In seiner Selbsteinschätzung gingen mächtige Hochstimmungen und Depressionen ineinander über; – er tröstete sich mit der altbewährten Erkenntnis, daß gut Ding schon immer Weile haben wollte. Er, Nietzsche, hatte ja keine Allerweltsphilosophie in die Welt gesetzt, aus der sich jedermann das Passende für die eigene Gemütslage herausklauben konnte; seine Erkenntnisse, das hatte er sich selbst einhämmern müssen, waren wahrhaft-furchtbar, und die daraus abzuleitenden Gewißheiten mußten die Grundfesten der sogenannten zivilisierten Welt erschüttern. Eine Nachricht schließlich wie die vom Tode Gottes konnte möglicherweise als so unglaublich aufgefaßt werden, daß sie die Registraturen der öffentlichen Kenntnisnahme gar nicht erst erreichte. Nietzsche sprach sich Mut zu, den er mehr denn je brauchen konnte: Wer Großes wollte, das war der wiederkehrende und letzten Endes eher klägliche Rat, den er sich selber zu geben hatte, mußte warten können und einen langen Atem haben.

„Große Nachrichten brauchen lange Zeit, um verstanden zu werden, während die kleinen Neuigkeiten vom Tage eine laute Stimme und eine Allverständlichkeit des Augenblicks haben. Gott ist tot! Und wir haben ihn getötet!! Dies Gefühl, das Mächtigste und Heiligste, was die Welt bisher besaß, getötet zu haben, wird noch über die Menschen kommen, es ist ein ungeheures neues Gefühl! Wie tröstet sich einmal der Mörder!... Das Ereignis selbst ist viel zu groß, zu fern, zu abseits vom Fassungsvermögen vieler, als daß auch nur seine Kunde schon angelangt heißen dürfte... Diese lange Fülle und Folge von Abbruch, Zerstörung, Untergang, Umsturz, die nun bevorsteht: wer erriete heute schon genug davon, um den Lehrer und Vorausverkünder dieser ungeheuren Logik von Schrecken abgeben zu müssen, den Propheten einer Verdüsterung und Sonnenfinsternis, derengleichen es wahrscheinlich noch nicht auf Erden gegeben hat."

Das Publikum aber nahm den Wertezertrümmerer Nietzsche noch immer kaum zur Kenntnis: seine Philosophie schien man, in leicht boshafter Anlehnung an Goethes „Faust", nach der Devise behandeln zu wollen: Die Botschaft hör'n wir nicht, allein es fehlt uns auch der Glaube. Nietzsche mochte es so gehen wie dem von ihm geschätzten Schopenhauer, der sich die längste Zeit seines Lebens einer systematischen Mißachtung seiner Werke ausgesetzt sah und erst als wachsamer Greis die öffentliche Auslobung seiner Fähigkeiten miterleben durfte. Nietzsche hatte sich entschlossen, der Welt, die nichts von ihm wissen wollte, als unerbittlicher Claqueur zu begegnen: er nahm das Gegebene an, um es, in einem Akt außermoralischer Vernunft, mit seiner eigentlichen Wahrheit zu identifizieren. Eine solche schadlos-listige Hinwendung zur Existenz ließ sich auch als hintersinnige Ästhetisierung der Dinge begreifen, die das ehemals Abseitige adelte und dem Diesseits jene Rechtfertigung versprach, mit der man ansonsten nur das Jenseits bedacht hatte.

„Ich will immer mehr lernen, das Notwendige an den Dingen

als das Schöne zu sehen – so werde ich einer von denen sein, welche die Dinge schön machen. Amor fati: das sei von nun an meine Liebe! Ich will keinen Krieg gegen das Häßliche führen. Ich will nicht anklagen, ich will nicht einmal die Ankläger anklagen. Wegsehen sei meine einzige Verneinung! Und, alles in allem und großen: ich will irgendwann einmal nur noch ein Jasagender sein!"

Nietzsches tückischer Positivismus trieb die einmal ins Bild gebrachten Gewißheiten über sich hinaus: Wenn Gott längst gestorben war und die ewige Wiederkunft des Gleichen immer schon bevorstand, dann konnte auch der Mensch zur Selbstüberwindung aufwachsen, einer höheren Form der alltäglichen Anstrengung, sich Mut einzugeben für das unaufhörliche Absterben bei lebendigem Leibe. Der Mensch wird zu dem, was er ist; dieser Einsicht, der nach langem Weg die Rückkehr zu sich selbst beschieden ist, hat Nietzsche in seinem „Zarathustra" zum emphatischen Ausdruck verholfen.

„Der Mensch ist etwas, das überwunden werden soll. Was habt ihr getan, ihn zu überwinden?... Der Übermensch ist der Sinn der Erde... Ich beschwöre euch, meine Brüder, bleibt der Erde treu und glaubt denen nicht, welche euch von überirdischen Hoffnungen reden!... Mut ist... der beste Totschläger... Mut, der angreift: der schlägt noch den Tod tot, dem er spricht: ‚War das das Leben? Wohlan! Noch Einmal.'"

Nietzsche hatte gesehen, was er sehen wollte – und sehen mußte. Er war an einen Punkt gelangt, der ihm die unmittelbare Einsicht in das Wesen der Wahrheit gewährte. Diesen Ort ruhiger Gedankenschau und einer vorbehaltlosen Ankunft hat er selbst als „Mittag" bezeichnet; Mittag, die Mitte zwischen der Morgenröte und dem Untergehen der Sonne, entbietet den langanhaltenden Moment einer geglückten und zum Wissen erhobenen Schwebe.

„Wem ein thätiger und stürmereicher Morgen des Lebens beschieden war, dessen Seele überfällt um den Mittag des Lebens eine seltsame Ruhesucht, die Monden und Jahre lang dauern kann. Es wird still um ihn, die Stimmen klingen fern und ferner; die Sonne scheint steil auf ihn herab. Auf einer verborgenen

Waldwiese sieht er den großen Pan schlafen; alle Dinge der Natur sind mit ihm eingeschlafen, einen Ausdruck von Ewigkeit im Gesichte – so dünkt es ihm. Er will Nichts, er sorgt sich um Nichts, sein Herz steht still, nur sein Auge lebt – es ist ein Tod mit wachen Augen. Vieles sieht da der Mensch, was er nie sah, und soweit er sieht, ist Alles in ein Lichtnetz eingesponnen und gleichsam darin begraben. Er fühlt sich glücklich dabei, aber es ist ein schweres, schweres Glück."

Nietzsche kehrte immer wieder gern nach Sils-Maria zurück. Seine Leiden nahmen zwar zu, und auch die Höhenluft konnte ihm längst nicht mehr helfen: Der Ort jedoch war ihm zum lebendigen Erinnerungsbild geworden; hier konnte er auf den Spuren seiner Eingebung vom Sommer 1881 bleiben, die sich ihm anboten und noch immer seine Gedanken belegten. Es waren vertraute Wege, die er ging. Manchmal kam es ihm dabei vor, als wollte er noch einmal, wie zum Trotz, von der Höhe des Mittags herabsteigen und, in aller Frühe, mit der Arbeit beginnen, die sein Leben war.

„Dann kommen, als Entgelt, die wonnevollen Morgen anderer Gegenden und Tage, wo er schon im Grauen des Lichts die Musenschwärme im Nebel des Gebirges nahe an sich vorübertanzen sieht, wo ihm nachher, wenn er still, in dem Gleichmaß der Vormittagsseele, unter Bäumen sich ergeht, aus deren Wipfeln und Laubverstecken heraus lauter gute und helle Dinge zugeworfen werden, die Geschenke aller jener freien Geister, die in Berg, Wald und Einsamkeit zu Hause sind und welche, gleich ihm, in ihrer bald fröhlichen, bald nachdenklichen Weise, Wanderer und Philosophen sind. Geboren aus den Geheimnissen der Frühe, sinnen sie darüber nach, wie der Tag zwischen dem zehnten und zwölften Glockenschlage ein so reines, durchleuchtetes, verklärt-heiteres Gesicht haben könne: sie suchen die Philosophie des Vormittags."

Es ging seinen Gang. – Im Sommer 1888 war Nietzsche zum letzten Mal in Sils-Maria. Am 4. Juli schrieb er in einem Brief an seinen Freund Overbeck in Basel:

„Ich... bin in einem miserablen Zustande. Ewiger Kopfschmerz, ewiges Erbrechen; eine Recrudescenz meiner alten

Leiden; tiefe nervöse Erschöpfung verhüllend, bei der die ganze Maschine nichts taugt. Ich habe Mühe, mich gegen die traurigsten Gedanken zu vertheidigen. Oder vielmehr: ich denke sehr klar, aber nicht günstig über meine Gesammtlage. Es fehlt nicht nur an der Gesundheit, sondern an der Voraussetzung zum gesund-werden. – Die Lebenskraft ist nicht mehr intakt."

Die Eingebung von Sils-Maria hat Nietzsche nicht mehr vergessen. Er wußte, daß ihm am Felsen von Surlej eine Offenbarung zuteil geworden war, die ihn rücksichtslos in ihre Dienste nahm. – Die Friedfertigkeit abgelebter Gedanken verschwindet, wenn die „Gewalt der Inspiration" über das Denken hereinbricht...

„Hat Jemand, Ende des neunzehnten Jahrhunderts, einen deutlichen Begriff davon, was Dichter starker Zeitalter Inspiration nannten? Im andren Fall will ich's beschreiben... Der Begriff Offenbarung, in dem Sinn, daß plötzlich, mit unsäglicher Sicherheit und Feinheit, Etwas sichtbar, hörbar wird, Etwas, das Einen im Tiefsten erschüttert und umwirft, beschreibt einfach den Thatbestand. Man hört, man sucht nicht; man nimmt, man fragt nicht, wer da giebt; wie ein Blitz leuchtet ein Gedanke auf, mit Nothwendigkeit, in der Form ohne Zögern – ich habe nie eine Wahl gehabt. Eine Entzückung, deren ungeheure Spannung sich mitunter in einen Thränenstrom auslöst; bei der der Schritt unwillkürlich bald stürmt, bald langsam wird; ein vollkommenes Außer-sich-sein mit dem distinktesten Bewußtsein einer Unzahl feiner Schauder und Überrieselungen...; eine Glückstiefe, in der das Schmerzlichste und Düsterste nicht als Gegensatz wirkt, sondern als bedingt, als herausgefordert... – die Länge, das Bedürfnis nach einem weitgespannten Rhythmus ist beinahe das Maaß für die Gewalt der Inspiration... Alles geschieht im höchsten Grade unfreiwillig, aber wie in einem Sturme von Freiheits-Gefühl, von Unbedingtsein, von Macht, von Göttlichkeit... Es scheint wirklich, um an ein Wort Zarathustras zu erinnern, als ob die Dinge selber herankämen und sich zum Gleichnisse anböten."

„*Im Umgang mit dem Meer*"

Karl Jaspers

Nicht immer sind es, wie wir wissen, die jähen Eingebungen und Erleuchtungen gewesen, mit denen die Reise der Gedanken im Kopf beginnt und den Weg findet zur Philosophie. Auf „die Gewalt der Inspiration" zu warten, von der Nietzsche noch im Tonfall innigster Überzeugung sprechen durfte, kann sich unter Umständen für den Wartenden zu einer Tortur auswachsen, an deren Ende nicht die mit derber Überzeugungskraft ausgestattete Philosophie steht, sondern ein vergleichsweise kümmerliches Besinnungskonzept, das allenfalls noch Orientierung bereitstellt für die gleichmäßige Ödnis einer sich versiert abnutzenden Alltäglichkeit. Der Philosoph Hegel, dem Inspirationen schon immer wie Taschenspielertricks vorgekommen waren, hielt es daher für nutzlos, auf Eingebungen zu warten, und empfahl der Philosophie statt dessen, sich den Mühen des Begriffs zu unterziehen und es mit reeller Geistesarbeit zu versuchen.

Auch ein Denken jedoch, das sich nicht der großen Erleuchtung verdankt, bedarf der weiterführenden Einsicht und eines Rückhalts, der aus der Erkenntnisbegründung des Denkens selbst erwächst. Ein solcher Rückhalt erinnert, in ständiger Retrospektive, an die Anfänge, als, in vertrauter Umgebung, ein erstes Wissen-von-sich ermöglicht wurde, das zur Grundlage des nach-stellenden philosophischen Fragens werden konnte. Der Zuspruch, der aus diesem Rückhalt kommt, hält möglicherweise ein Leben lang und bringt sich, einem zutiefst unaufdringlichen und zugleich hartnäckigen Schlüsselerlebnis ähnlich, auch dann noch ins Gespräch, wenn die Gestalten des Gewohnten verschwunden sind und eine scheinbar ganz neue Lebenswelt ihre Anforderungen stellt.

Der Philosoph Karl Jaspers, der am 23. Februar 1883 in Oldenburg zur Welt kam, bezog seinen Rückhalt aus der frühen Erfahrung des Meeres, die ihn nicht mehr losließ und zu einer fast märchenhaft-sicheren Reminiszenz wurde, der er Vertrauen schenkte. In seinen „Autobiographischen Schriften" notierte Jaspers dazu:

„Ich bin mit dem Meer aufgewachsen. Zuerst sah ich es in Norderney. An einem Abend ging mein Vater, mit dem kleinen Jungen an der Hand, den weiten Strand hinunter. Es war tiefe Ebbe, der Weg über den frischen reinen Sand war sehr lang bis an das Wasser. Da lagen die Quallen, die Seesterne, Zeichen des Geheimnisses der Meerestiefe. Ich war wie verzaubert, habe nicht darüber nachgedacht. Die Unendlichkeit habe ich damals unreflektiert erfahren. Seitdem ist mir das Meer wie der selbstverständliche Hintergrund des Lebens überhaupt. Das Meer ist die anschauliche Gegenwart des Unendlichen. Unendlich die Wellen. Immer ist alles in Bewegung, nirgends das Feste und das Ganze in der doch fühlbaren unendlichen Ordnung. Das Meer zu sehen, wurde für mich das Herrlichste, das es in der Natur gibt. Das Wohnen, das Geborgensein ist uns unentbehrlich und wohltuend. Aber es genügt uns nicht. Es gibt dieses andere. Das Meer ist seine leibhaftige Gegenwart. Es befreit im Hinausgehen über die Geborgenheit, bringt dorthin, wo zwar alle Festigkeit aufhört, wir aber nicht ins Bodenlose versinken. Wir vertrauen uns dem unendlichen Geheimnis an, dem Unabsehbaren, Chaos und Ordnung. – Ich weiß nicht, wieviel Zeit meines Lebens ich im Anschauen des Meeres verbracht habe, ohne mich zu langweilen. Keine Welle ist der anderen gleich. Bewegung, Licht und Farben wandeln sich ständig. Herrlich, sich in den reinen Elementen zu bewegen, in Sturm und Regen an der Brandung entlangzuwandern, ohne Landschaft, ohne Menschen."

Das Meer wurde für Jaspers zu einer früh einsehbaren Chiffre für das Unendliche, dem die Grenzziehung des Endlichen obliegt. Der Mensch findet, im Blick auf die zeit- und vorbehaltlose See, zu einem realistischen Selbstwertgefühl zurück, das die eigene Größe abhängig macht von einer Vernunft, die ursprünglicher Bescheidenheit und Demut eingedenk bleibt. Im bestimmenden Zusammenspiel von elementar gesetzter Ewigkeit und Vergänglichem, dem das Meer in immer neuen und gleichen Bildern entspricht, vernahm Jaspers die wiederkehrenden Anklänge einer jeden Philosophie, zu der Menschen sich veranlassen können:

„Im Umgang mit dem Meer liegt von vornherein die Stimmung des Philosophierens. So war es mir unbewußt von Kindheit an. Das Meer ist Gleichnis von Freiheit und Transzendenz. Es ist wie eine leibhaftige Offenbarung aus dem Grund der Dinge. Das Philosophieren wird ergriffen von der Forderung, es aushalten zu können, daß nirgends der feste Boden ist, aber gerade dadurch der Grund der Dinge spricht. Das Meer stellt diese Forderung. Dort ist keinerlei Fesselung. Das ist das unheimlich Einzige des Meeres... Daß die Philosophie bei Thales mit dem Wasser anfängt, scheint mir das natürlich Selbstverständliche."

Der Blick auf das Meer wurde für Jaspers zu einem Schlüsselerlebnis, das ihn, im Gang der Erinnerung, begleitete und die endgültige Hinwendung zur Philosophie vorbereitete. Zunächst allerdings studierte er Jura und Medizin; es ging ihm dabei um die mannigfaltigen Möglichkeiten, eine Wirklichkeit kennenzulernen, die sich, so hatte es den Anschein, nur streng-wissenschaftlicher Forschungsarbeit gegenüber erkenntlich zeigte und für die Visionen persönlicher Nachdenklichkeit verschlossen blieb. Seine philosophischen Interessen, die vom offiziellen Lehrangebot der Universität ohnehin kaum berührt wurden, verlegte Jaspers ins Private; er machte sich seine Gedanken, die er mit dem versah, was ihm in den Sinn kam – auch dies eine Form nützlicher Produktivität, die sich dem verdankt, was man hausgemachte Inspiration nennen kann:

„Aber dabei blieb doch die Grundfrage, wie zu leben sei, ungelöst. Das Studium war etwas Vorläufiges. Es war zugleich nützlich als Vorbereitung auf einen Beruf. Aber das ist nicht das Leben. Ohne Lektüre der Philosophen, die Zeit erfüllend mit den konkreten Fachstudien, philosophierte ich doch ständig, wenn auch ohne Methode. Philosophische Vorlesungen an den Universitäten ließ ich bald fallen, weil sie nicht von dem handelten, worauf es mir ankam. Gegen die Philosophieprofessoren hatte ich eine Abneigung, weil sie mir persönlich anspruchsvoll und rechthaberisch erschienen."

Von 1908 bis 1915 arbeitete Jaspers an der Psychiatrischen Klinik in Heidelberg und habilitierte sich für Psychologie. Von Jugend an hatte er gelernt, sich auf das Wesentliche zu konzentrieren. Das kam ihm in seiner Arbeit zugute: Jaspers wußte, daß er krank war, und er verstand es, sich in seiner Krankheit einzuhausen, die ihm anfangs wie eine alle Lebensimpulse lähmende Drohung erschienen war. Er begriff, was es heißen mochte, das Beste aus einer gegebenen Situation machen zu müssen.

Als Reaktion auf sein Geschick wurde ihm nicht verzagte Ergebenheit in eine lebenslange Schwäche nahegelegt, sondern das selbstbewußte Annehmen auferlegter Zwänge. Jaspers folgte, ohne es wahrhaben zu wollen, der umstrittenen Mutmaßung seines Kollegen Hegel, dem wahre Freiheit immer als Einsicht in die Notwendigkeit erschienen war. Das Realitätsprinzip, auf welches sich wohl jede Vernünftigkeit mit einzulassen hat, gilt auch für den Bereich eingeschränkter Normalität, dem, bei genauerem Hinsehen, merkwürdig-gute Seiten abzugewinnen sind. Über die Umstände seiner Krankheit und die Möglichkeiten, die sich ihm boten, schrieb Jaspers:

„Alle Entschlüsse meines Lebens waren mitbedingt durch eine Grundtatsache meines Lebens. Von Kindheit an war ich organisch krank (Bronchiektasen und sekundäre Herzinsuffizienz). Auf der Jagd saß ich manchmal, aus Schwäche des Körpers versagend, bitterlich weinend irgendwo in der Verborgenheit des Waldes. Erst als ich 18 Jahre alt war, wurde durch Albert Fraenkel in Badenweiler die Diagnose gestellt. Bis dahin hatte ich häufige Fieberattacken infolge falscher Behandlung meines Zustandes. Jetzt lernte ich, das Leben einzurichten unter den Bedingungen dieser Krankheit... Die Krankheit durfte durch Sorge um sie nicht Lebensinhalt werden. Die Aufgabe war, sie fast ohne Bewußtsein richtig zu behandeln und zu arbeiten, als ob sie nicht da sei. Alles mußte nach ihr gerichtet werden, ohne an sie zu verfallen... Es ist erstaunlich, welche Liebe zur Gesundheit sich in einem Krankheitszustand entwickelt, der an sich nicht progredient ist. Die darin bleibende Gesundheit wird um so bewußter, beglückender, vielleicht fast gesunder als eine normale Gesundheit... Das Leben mußte konzentriert werden bei den ständigen Unterbrechungen, um überhaupt sinnvoll gelebt werden zu können. Ich war angewiesen auf eine gelockerte Weise des Studiums, auf das Ergreifen des Wesentlichen, auf das Plötzliche des Einfalls und die Schnelligkeit des Entwerfens. Die Chance lag in der Hartnäckigkeit, jeden guten Augenblick zu ergreifen und unter allen Umständen die Arbeit fortzusetzen."

Nach seiner Habilitation sah Jaspers sich veranlaßt, Vorlesungen über Psychologie zu halten. Diese Aufgabe bedeutete, daß er mit seinen Kräften noch mehr als bisher haushalten mußte und darüber hinaus einer, wie Friedrich Engels es einmal formulierte, „schleichenden Kritik" seiner „Zuhörer" ausgesetzt war; alles, was er sagte, konnte von nun an gegen ihn verwendet werden. Jaspers ließ sich davon nicht einschüchtern; er erinnerte sich an Aristoteles' wundersam-vieldeutigen Satz „Die Seele ist gleichsam alles!" und behandelte die Psychologie wie eine veritable Welterfahrungswissenschaft, der man, mit einigem Geschick, Antworten auf fast alle Lebensfragen entlocken konnte. Er verschrieb der Psychologie ein Erkenntnisprogramm, das vom Grundsätzlichen her nur mit den Mitteln der Philosophie eingelöst werden konnte, der Jaspers' ungebrochenes Interesse galt.

1919 veröffentlichte er das Buch „Psychologie der Weltanschauungen", das ihn, wie er rückblickend feststellte, auf dem Weg zur Philosophie ein großes Stück voranbrachte. Die Zusammenstellung und Ausdeutung verschiedener Weltanschauungsmodelle unter psychologischen Aspekten erbrachte eine Art Phänomenologie menschlichen Selbstverständnisses im Wandel der Zeiten. Da Jaspers zudem, frei nach dem Motto ‚Wer sich viel vornimmt, kann einiges erreichen!', in seinem Buch bereits die allermeisten der Themen berührte, denen in der Folgezeit auch seine philosophischen Intentionen gewidmet waren, wurde die „Psychologie der Weltanschauungen" zu einer Einübungsschrift in jene Existenzphilosophie, die man später mit dem Namen Jaspers in Verbindung brachte.

„Die *Psychologie der Weltanschauungen* ist im historischen

Rückblick die früheste Schrift der später so genannten modernen Existenzphilosophie. Das Interesse für den Menschen, das Sich-kümmern des Denkenden um sich selbst, eine versuchte radikale Redlichkeit war maßgebend. Fast alle Grundfragen, die später in heller Bewußtheit und breiter Entfaltung auftraten, sind da: nach der Welt, wie sie für den Menschen ist; nach der Situation des Menschen und nach seinen Grenzsituationen, denen er nicht entrinnen kann (Tod, Leiden, Zufall, Schuld, Kampf); nach der Zeit und der Vieldimensionalität ihres Sinns; nach der Bewegung der Freiheit im Sichhervorbringen, nach der Existenz, nach dem Nihilismus und nach den Gehäusen; nach der Liebe, dem Offen-barwerden des Wirklichen und Wahren; nach dem Weg der Mystik und dem Weg der Idee – und so fort. Aber es war alles wie in schnellem Griff erfaßt, nicht systematisch ausgearbeitet. Die Stimmung des Ganzen war umfassender als das, was zu sagen gelungen war. Sie wurde der Grund meines weiteren Denkens."

Als Jaspers 1921 zum Professor der Philosophie an der Uni-versität Heidelberg berufen wurde, hatte er mit nicht unerhebli-chen Widerständen zu kämpfen. In der Philosophenzunft bearg-wöhnte man ihn als ehrgeizigen Seiteneinsteiger, dem es angeblich an solidem Fachwissen mangelte; auch Jaspers' Mut, unbequeme Wahrheiten auszusprechen, war nicht jedermanns Sache. Die ersten Erfahrungen, die er als Lehrer der Philosophie machen durfte, bestätigten alte Befürchtungen: Das Fach befand sich fest in der Hand von beamteten Philosophie-Professoren – eine merk-würdige Konstellation, die schon den streitlustigen Schopen-hauer zu unermüdlichen Schmähungen veranlaßt hatte.

Jaspers, der eine Radikalisierung des philosophischen Fragens unter bewußter Einbeziehung der gängigen menschlichen Grunderfahrungen in Angriff nahm, war nicht bereit, sich mit dem vornehmen Belagerungszustand abzufinden, in den die Phi-losophie unter wohltätiger Mitwirkung der Herren Professoren geraten war. Ihm schwebte eine Erneuerung vor, die zurückging an die Ursprünge und sich im Namen der reflektierenden Neu-gier um Antworten bemühte auf die ewig-jungen Fragen nach den Rätseln menschlicher Existenz. Philosophie sollte wieder zu einem Denken werden, das im Scheitern wie im Gelingen Aufschlüsse gab über die Tatsachen des Lebens und die daran anschließenden, unerhörten Erfahrungen des Philosophierenden, dem es, ungeachtet aller Mutproben im Kopf, anbestimmt blieb, mit komischer Regelmäßigkeit auf sich selbst zurückgeworfen zu werden.

„Dieses Denken, das wir das philosophische Denken nennen, bringt mich zu mir selbst, hat Folgen durch das mit ihm vollzogene innere Handeln, macht die Ursprünge in mir wach, die auch der Wissenschaft erst ihren Sinn geben... Mir ist im Unterschied von den Wissenschaften, bei denen der forschende Mensch und der Inhalt des Erkannten zu trennen ist, im Philosophieren der Mensch von seinen philosophischen Gedanken untrennbar. Es gibt keine Sache der Philosophie, die vom Menschen loslösbar ist. Der philosophierende Mensch, seine Grunderfahrungen, seine Handlungen, seine Welt, sein alltägliches Verhalten, die aus ihm sprechenden Mächte sind nicht beiseite zu lassen, wenn man seine Gedanken mitdenkt."

Das Erlebnis des Meeres, das ihn von früh auf begleitete und zu einem Erinnerungsbild geworden war, an dem man die Gedanken ausrichten konnte, machte sich, sanft und doch nachdrücklich, in der Arbeitsweise des Philosophen Jaspers bemerkbar. Oft genug nämlich ließ er es geschehen, daß ihn Tagträume überkamen, denen er eine eigene Weisheit zutraute, die in den Konzentrationsmühen des Denkens und Schreibens nur verfehlt werden konnte. Das bewußte Träumen hatte er dem Meer abgelauscht; die ungezählten Wanderungen am Strand, das Rauschen der Brandung, Wind und Regen, die dahinjagenden Wolken am weiten Himmel – all das spielte zusammen und fügte sich zu einer Musik, die das Träumen mit offenen Augen nahelegte. Am Meer, dem Inbegriff ewigen Gleichmaßes, wurde der Mensch, in einer Art träumerischer Unerbittlichkeit, auf sich selbst verwiesen; vor der Weite der See und einem schier endlosen Horizont dämmerte ihm, daß er vermutlich kaum mehr sein konnte als das vergleichsweise mickrige Geschöpf eines unbegreiflichen Gottes. Die Träume am Meer waren, mit der dazugehörigen, oft vergessenen Bescheidenheit ausgestattet, letztlich auch Träume vom aufrechten Gang. Jaspers, von der Krankheit zum pflegli-

chen Umgang mit der Ruhe gezwungen, machte sich die Flieh-
kraft der Tagträume zunutze, wann immer sie in ihm vorstellig
zu werden gedachten. Um zu träumen, bedurfte er schließlich
des Meeres nicht mehr; der Tagtraum lebt auch in der Nacht, und
er findet Raum in der kleinsten Hütte:

„Leise, scheinbar zufällige Veranlassungen brachten mir Ein-
sichten. Solche Arbeit ist zwar Arbeit mit Planen und Lenken.
Aber sie gelingt nur, wenn ständig etwas anderes zur Wirkung
kommt: das Träumen. Oft blickte ich in die Landschaft, in den
Himmel, die Wolken, oft saß und lag ich, ohne etwas zu tun.
Nur die Ruhe des Besinnens in der unbefangenen Bewegung der
Phantasie läßt die Impulse zur Geltung kommen, ohne die jede
Arbeit endlos, unwesentlich, leer wird. Mir scheint: Wer nicht
täglich eine Weile träumt, dem verdunkelt sich der Stern, von
dem alle Arbeit und jeder Alltag geführt sein kann.“

Das Träumen schien jedoch angesichts einer selbstzerstöreri-
schen Wirklichkeit zu einem gefährlichen Muße-Umgang zu
werden. Nach dem Ende des Ersten Weltkrieges und einer daran
anschließenden zwangsverordneten Besinnungspause machte
sich, speziell in der Literatur und in den schönen Künsten, eine
neue Aufbruchsstimmung breit, von der auch das politische
Denken mit angesteckt wurde. Jaspers sah es als seine Pflicht an,
sich mit den gesellschaftlichen Bedingungen seiner Arbeit aus-
einanderzusetzen, was ihm, der sich als unpolitischer Mensch
verstand, nicht ganz leichtfiel. Die Realität, die er sah, glich dem
bekannt-öden Morgen, den man, aus einem schönen Traum
aufgeschreckt, vorfindet: Der Vernunft des Menschen, an der die
Philosophie ihre großen aufklärerischen Programme festge-
macht hatte, war es nicht gelungen, den Krieg zu verhindern. Bei
genauerem Hinsehen konnte man erkennen, daß sich bereits
Tendenzen abzeichneten, die auf einen zweiten Krieg verwiesen,
der, so stand zu vermuten, den ersten an enthemmter Destrukti-
vität bei weitem noch überbieten würde.

Die neue Aufbruchsstimmung war, wie sich herausstellte,
durchsetzt mit Illusionen, die sich als zäh erwiesen. Den Menschen schien nur an der Inanspruchnahme jenes sehr alten Lebensgefühls gelegen zu sein, das ein Glück postuliert jenseits von

Bescheidenheit und Verantwortung. Zu all dem durfte die Philosophie nicht schweigen; wenn sie ernstgenommen werden wollte, mußte sie den Ernst der Lage erkennen und sich um Antworten bemühen in einer Zeit, in der nichts mehr so war wie bisher.

„Mit Kriegsausbruch (ich war 31 Jahre alt) wurde es anders. Die geschichtliche Erde bebte. Alles, was für lange gesichert schien, war mit einem Schlage bedroht. Wir spürten, daß wir in einen unaufhaltsamen, undurchschauten Prozeß geraten waren. Unsere Generationen wissen sich erst seitdem hineingeworfen in den Strom katastrophaler Ereignisse. Seit 1914 hat es nicht mehr aufgehört. Es geht weiter in rasendem Tempo. Dieses unser Menschenschicksal suchte ich in der Folge zu begreifen, nicht als die erkennbare Notwendigkeit eines übergeordneten Geschichtsprozesses, sondern als eine Situation, deren Ergebnisse auf dem Grunde echter Erkennbarkeiten, die immer partikular sind, entscheidend durch unsere menschliche Freiheit bestimmt werden... Philosophisch blieb mir die Aufgabe, die sittlichen Voraussetzungen der Politik und ihre realen Bedingungen zu klären... Wo immer in der Welt ich den großen Atem eines politischen Denkens spürte, das Verantwortung fühlt für die Menschheit, d. h. für die Freiheit des Menschen und die Menschenrechte..., da habe ich gelauscht und Hoffnung gewonnen... Das Entscheidende ist: es gibt kein Naturgesetz und kein Geschichtsgesetz, das den Gang der Dinge im ganzen bestimmt... Es kommt auf jeden Einzelnen an. Dieser wird durch seine Lebensweise, seine täglichen kleinen Handlungen, seine großen Entschlüsse sich selber zur Bezeugung dessen, was möglich ist. Er wirkt durch diese seine gegenwärtige Wirklichkeit unerkennbar mit an der Zukunft... Philosophie ist nicht ohne politische Konsequenzen... Was eine Philosophie ist, zeigt sie in ihrer politischen Erscheinung... Ich meinte zu spüren: erst mit meinem Ergriffenwerden von der Politik gelangte meine Philosophie zu vollem Bewußtsein bis in den Grund auch der Metaphysik."

In der Zeit des Nationalsozialismus wurde Jaspers per Verwaltungsakt in den Ruhestand versetzt und ab 1938 mit einem

Publikationsverbot belegt. Obwohl seine Frau als Jüdin unter die sogenannten Nürnberger Gesetze fiel und eigentlich ständig mit ihrer Verhaftung rechnen mußte, blieben sie in Deutschland und fanden dort, wie Jaspers mit leiser Ironie anmerkte, „Zeit zum Nachdenken, um so mehr, als die hygienischen Lebensbedingungen gut blieben". Nach dem Ende des Krieges setzte er sich tatkräftig für die Wiedereröffnung der Universität Heidelberg ein, die er als seine „geistige Heimat" betrachtete. Im Wintersemester 1946 nahm Jaspers in einer vielbeachteten Vorlesungsreihe zur Schuldfrage Stellung und kam dabei zu dem Ergebnis:

„Wir Überlebenden haben den Tod nicht gesucht. Wir sind nicht, als unsere jüdischen Freunde abgeführt wurden, auf die Straße gegangen, haben nicht geschrieen, bis man auch uns vernichtete. Wir haben es vorgezogen am Leben zu bleiben mit dem schwachen, aber auch richtigen Grund, unser Tod hätte nichts helfen können. Daß wir leben, ist unsere Schuld. Wir wissen vor Gott, was uns tief demütigt..."

Eine solche Aussage war typisch für den politischen Philosophen Jaspers, der sich um Antworten bemühte und vom Stand seiner Überlegungen stets in klarer Sprache Mitteilung gab. Das machte ihn speziell im Kreise jener Philosophen vom Fach, die sich nur zu gern an den gerade gültigen Jargon der Eigentlichkeit gewöhnt hatten, zum Außenseiter, dem man genüßlich seinen „Hang zur Vereinfachung" vorhalten durfte. Jaspers kümmerte dies wenig. Er sah seine Philosophie in die Verantwortung genommen, und so äußerte er sich zu Fragen, denen andere Philosophen nur ein vornehmes Schweigen widmen wollten. In den fünfziger und sechziger Jahren wurden Jaspers' Bücher, im besonderen seine politischen Schriften, zu enormen Verkaufserfolgen. Das Lesepublikum schätzte an ihm eine Eigenschaft, die er sich selbst einmal, eher fragend als behauptend, attestiert hatte: radikale Redlichkeit. Jaspers galt, von den üblichen Nörgeleien der Kritiker abgesehen, als strenge moralische Instanz; er trat, mehr ungewollt wohl als beabsichtigt, mit dem Gestus des Sehers und Mahners auf, der auf die heutigen flotten Denker der Postmoderne eher komisch wirken muß, obwohl doch die Vermutung naheliegen dürfte, daß wir einen Philosophen, der konkrete Klugheit mit unerbittlichem Tadel zu verbinden weiß, noch immer gut gebrauchen können.

Gegenüber dem Moralisten Jaspers, dessen öffentliche Äußerungen mehr als ein Jahrzehnt lang mit großem Interesse zur Kenntnis genommen wurden, geriet der Philosoph Jaspers deutlich ins Hintertreffen. Das mochte daran liegen, daß die Existenzphilosophie, der Jaspers immer ohne Umschweife zugeordnet worden war, auf einmal für obsolet gehalten wurde; man hielt es für ein nutzloses Unterfangen, weiterhin der Fragwürdigkeit des menschlichen Daseins nachzusinnen, das sich festem Zugriff zwar noch immer entzog, aber mit Hilfe kühner Behauptungen, die nun angesagt waren, wieder in die philosophische Enge getrieben werden konnte. Die Jaspersche Philosophie aber, vom Meer einst in ihre Stimmung versetzt, war auf Weite angelegt, was auch bedeutete, daß sie einer Transzendenz verbunden blieb, die, fernab jeder strengen Systematisierung, bewußt offengehalten wurde.

Von Kierkegaard, der ihm zum wahren Lektüre-Ereignis wurde, übernahm Jaspers den Begriff der Existenz, den er, mit Hilfe einer allgemeinen Daseinsanalytik und mit Blick auf die Zerrissenheit modernen Lebensgefühls, zu ergänzen und weiterzuführen versuchte. Während der dänische Philosoph die Existenz jedoch als eine Art irdisches Gesellenstück begriff, das dem unerbittlichen Blick des göttlichen Meisters standzuhalten hatte, führte Jaspers sie in die Bezirke der Rätselhaftigkeit zurück, wo Gott nur eine mögliche Antwort ist auf Fragen, die so alt sind wie unsere reflektierende Neugier. Die Existenz des Menschen erschöpfte sich für ihn nicht in den ihr auferlegten Verrichtungen, sondern wies über das eigene Dasein hinaus auf das „Umgreifende", das zu einem Schlüsselwort der Jasperschen Philosophie wurde, in dem das dazugehörige Erlebnis, der „Umgang mit dem Meer", dem die eigentliche „Stimmung des Philosophierens" geschuldet wird, durchaus noch auf- und nachzuspüren ist: Das Leben an sich nämlich, jene letztlich nicht-einsehbare und doch millionenfach wiederholte Unternehmung, läßt sich mit einer Wanderung am Meer vergleichen, das in unerhörter

Ferne mit dem Horizont verschwimmt und schließlich selbst das „Umgreifende" ist, an dem sich die Gedanken des Philosophen und Träumers ausrichten und Unbegrenztheit gewinnen. Im Umgang mit dem Meer wird der Traumblick des Philosophierenden maßlos; das am Ideal strammer Wissenschaftlichkeit orientierte Denken zerfällt und erhebt sich zur Transzendenz:

„Philosophie ist, obgleich an Wissenschaften gebunden und niemals ohne sie, etwas ganz anderes als Wissenschaft: Sie ist das Denken, in dem ich des Seins selbst inne werde durch inneres Handeln; oder: sie ist das Denken, das den Aufschwung zur Transzendenz vorbereitet, erinnert und in hohem Augenblick selbst vollzieht als ein denkendes Tun des ganzen Menschen ... Wahrheit ist unendlich mehr als wissenschaftliche Richtigkeit ... Hier liegt die Entscheidung, ob wir das Philosophieren erreichen oder ob wir an der Grenze, wo der Sprung zum transzendierenden Denken zu vollziehen ist, wieder zurücksinken ... Das Sein ist für uns ungeschlossen, die Horizonte unendlich. Es zieht uns nach allen Seiten ins Unbegrenzte. Wir fragen nach dem Sein, das uns mit dem Offenbarwerden aller entgegenkommenden Erscheinungen in Gegenstand und Horizont doch als es selbst zurückweicht. Dieses Sein nennen wir das Umgreifende. Das Umgreifende ist also das, was sich immer nur ankündigt, was nicht selbst, sondern woraus alles andere uns vorkommt. – Mit diesem philosophischen Grundgedanken wollen wir über jedes bestimmte Sein hinaus denken, in dem wir sind und das wir selber sind."

Heute gibt es Anzeichen dafür, daß man sich wieder mit Jaspers zu beschäftigen beginnt. Die scheinbare Schlichtheit seines Philosophierens, der seinerzeit mit jenem Spott begegnet wurde, den man für gewöhnlich nur von hoher Warte ausgießt, erweist sich bei genauerer Betrachtung als ein radikal-redliches und wehmütiges Erinnern philosophischer Anfangsgründe, die in den unendlichen Mühen des Bedenkens aufscheinen, das den ganzen Menschen umfaßt. Jaspers hatte den Mut, der Philosophie das Wort zu reden, ohne sich von den Menschen verbiegen zu lassen; der sauren Arbeit des Begriffs widmete er sich wie ein haushälterisch veranlagter Erfahrungskünstler, dem daran gelegen sein mußte, die Ursprünge zu vergegenwärtigen, in denen jedes Wissen steht – und die ihm zugehörige Fragwürdigkeit. Im Umgang mit dem Meer wurde Jaspers, so scheint es, der Kopf freigeweht für eine vorbehaltlose Nachdenklichkeit; an seiner Philosophie, der großmännisches Gehabe ganz und gar fremd war, ist dies noch immer abzulesen. Von ihr können wir, unter anderem, lernen, was es heißt, als vernünftige Menschen miteinander umzugehen und das Gespräch zu suchen über die Dinge des Lebens.

„Ich wünschte das Philosophieren, das dem Menschen als Menschen zugänglich und überzeugend sein kann, aber nicht als esoterische Angelegenheit einzelner Aristokraten. Vielmehr möchte ich gleichsam als Mann auf der Straße mit dem Mann von der Straße sprechen. Nicht als ob jeder, so wie er nun einmal ist, ein absolutes Recht auf dieses vermeintliche Sosein hätte, sondern weil jedem die Möglichkeit gegeben ist, im ehrfürchtigen Blick auf die Großen zu sich selbst zu kommen ... Die Philosophie hat zu arbeiten an den Gestalten des Wissens, mit denen das für die Auffassung der Dinge Wesentliche zur Denkungsweise eines jeden werden kann. Dann würde das Bewußtsein der Welt und der Transzendenz und die Freiheit des Selbstseins ein allgemeines Bewußtsein und als der Geist der Öffentlichkeit sich in Einfachheit, Wahrheit und Tiefe verwirklichen."

„Mühe, Dunkel, krachendes Eis"

Ernst Bloch

Mit den Einsichten, die zur Philosophie werden sollen, steht es kaum anders als mit den sehr gewöhnlichen Gewißheiten, die uns durch den Alltag begleiten: Nicht alles ist Gedanken-Gold, was da glänzt; manches erledigt sich von selbst, manches ist schon während des Aufstiegs zum Kopf rettungslos überholt, und manches schließlich wird schlichtweg vergessen.

Ähnliches läßt sich von den philosophischen Eingebungen sagen, denen nicht immer die ehrende Erinnerung bewahrt wird, die sie verdienen. Das mag daran liegen, daß die Philosophie von Natur aus etwas arg Dominierendes an sich hat: Nur selten duldet sie andere, zumal triviale Überlegungen neben sich, die ihr in die Quere kommen könnten, und sie beansprucht das Denken in glühender Gänze. Der Blick zurück fällt da schwer; die Erinnerung an die Anfänge versiegen, und so tritt die Entstehungsgeschichte einer Philosophie oft in ein mildtätiges Dunkel, das den betreffenden Denker selbst meist noch hermetischer anmuten mag als versierte Interpretationskünstler, die daran gewöhnt sind, auch aus kryptischem-bis-drögem Material einseitige Schlüsse zu ziehen.

Der Philosoph Ernst Bloch hingegen, 1885 in Ludwigshafen geboren, bewahrte sich zeitlebens eine vergleichsweise präzise Erinnerung an seine Jugend und die darin eingebetteten philosophischen Anfänge. In einem ausführlichen Interview, das er im Jahre 1974 dem französischen Fernsehen gab und das später unter dem Titel „Die Welt bis zur Kenntlichkeit verändern" veröffentlicht wurde, erzählte Bloch von seiner frühen Hinwendung zur Philosophie und ihren absehbaren Konsequenzen.

„Meine erste Schrift, die ich mit elf Jahren verfaßt habe, war nicht sehr philosophisch. Sie hatte den Titel *Über die Verhütung von Dampfkessel-Explosionen.* Ich hatte zu Weihnachten eine Dampfmaschine geschenkt bekommen, und so interessierte mich der Zusammenhang mit dem Kesselstein in den Töpfen, in der Küche. Ich studierte das Problem, wie man die Dampfkessel-Explosionen, die durch Kesselstein entstehen, verhindern könnte. Das war noch nicht sehr philosophisch, zugegeben. Aber kurz danach, mit dreizehn Jahren, schrieb ich *Das Weltall im Lichte des Atheismus*, mit dem ersten Satz: ‚Die Materie ist die Mutter alles Seienden. Sie allein hat alles hervorgebracht, und kein überirdisches Wesen hatte dabei die Hand im Spiel.‘ Das ist... billiger, vulgärer Materialismus, den ich wohl irgendwo abgeschrieben habe; aber die Sache interessierte mich, und so habe ich mir das schlecht und recht zu eigen gemacht."

Blochs frühes philosophisches Interesse war abenteuerlich vielseitig ausgerichtet. Der Schüler Bloch, von dem es in einem Zeugnis hieß, er trage „ein anmaßendes, unbescheidenes, selbstgefälliges Wesen zur Schau, das mit dem tiefen Stand seiner Kenntnisse durchaus nicht im Einklang steht", versorgte sich mit dem Wissensstoff, den das Leben bot. Was er in sich aufnahm, war auch die spannungsgeladene Atmosphäre von Ludwigshafen, einer vergleichsweise häßlichen, obgleich überschaubaren Arbeiterstadt, deren rauhe Eigenheiten auf das seltsamste mit dem eher vornehmen Ambiente von Mannheim kontrastierten, das nahbei, auf der anderen Rheinseite, lag und doch eine ganz andere Welt zu eröffnen schien. Wo diese Städte, scheinbar umstandslos, ineinander übergingen, tat sich alsbald ein merkwürdig-realistischer Dunstkreis auf, in dem man beides kennenlernen konnte: die Grobschlächtigkeit einer auf unmittelbaren Lebenserhalt gerichteten Existenz mit den dazugehörigen Sorgen und einen im Absinken begriffenen Schauplatz des schönen Scheins, für den man es sich noch angelegen sein ließ, Bücher zu lesen und den edelsten Träumen des Vergangenen nachzuhängen. In einer 1959 erschienenen autobiographischen Skizze mit dem für ihn typischen Titel „Über Eigenes selber" schrieb Bloch:

„All das gesteigert, wohl auch übersteigert aufgenommen, wie es zu Jugend und Lautverstärkung paßt. Hier die reine Fabrikstadt Ludwigshafen, häßlich, geschichtslos, gegründet durch Chemie, doch voll haariger Burschen, Schiffer, Kneipen wie bei Jack London. Und überm Rhein dann das alte vornehme Theater Mannheims, die barocke Sternwarte, die Schloßbibliothek, diese Oase, philosophiehaltig. Die Bibliothek eröffnete den ganzen spekulativen Farbenbogen von Spinoza bis Hegel; einen jungen Menschen, wie hundert Jahre vorher geboren, nahm er auf. Dann in großer Stille der Schwetzinger Schloßgarten mit Apollotempel und Moschee, als lauter Mozart scheinend, auch auf arabisch. Rheinaufwärts der Speyrer, rheinabwärts der Wormser Dom, nah am Neckar Heidelberg. Auch dieses Ensemble von Fabrik und bunter Aura also mochte wohl die Suche nach einer Philosophie nahelegen, einer zwischen Verstand und Aura unzerstückelten."

Blochs Liebe zur Philosophie wurde von seinen Eltern nicht geteilt, zumal der Schüler Ernst den nötigen schulischen Ernst oft genug vermissen ließ und während seiner gesamten Gymnasialzeit nur durch mäßige Leistungen, aber ein vergleichsweise wortstarkes und abgehobenes Selbstbewußtsein von sich reden machte. Der Vater, ein solider Mann, den der bayerische Staatsdienst beschäftigt hielt, wollte – wie wohl so viele andere gutmeinende Väter auch –, daß sein Sohn etwas Ordentliches werden sollte; darunter verstand er die – damals wie heute – gängigen Brotberufe: Den Zeitläuften trotzte man am nachhaltigsten als Beamter, aber auch gegen eine Liaison seines Sohnes mit der in jener Zeit noch hochangesehenen Jurisprudenz hätte Max Bloch nichts einzuwenden gehabt. Im Sommer 1905 machte Sohn Ernst, mit Ach und Krach und zur Erleichterung der meisten Lehrer, sein Abitur. Daß er im Anschluß daran, allen Bedenken der Eltern zum Trotz, doch noch Philosophie studieren durfte, verdankte er – folgt man der von Bloch gern erzählten Anekdote – einem launigen Zufall, dem man ohne weiteres glauben möchte, daß er von der List der Vernunft selber in Szene gesetzt worden sein könnte:

„Als ich das Abitur gemacht hatte, endlich, mit Mühe und Not, fuhr ich mit meinen Eltern in die Schweiz. Wir kamen am Abend an, und als ich aus meinem Hotelzimmer blickte, sah ich unten im Mondschein einen Friedhof mit einem kleinen Tempel, einem kleinen Mausoleum liegen. Vom Fenster aus war nichts wirklich zu erkennen. Als ich aber am nächsten Morgen, als es hell wurde, hinunterging und mir diesen kleinen Tempel, beziehungsweise dieses kleine Mausoleum, näher ansah, entdeckte ich die in die Wand gemeißelte Inschrift: ‚Hier ruht Georg Friedrich Wilhelm Schelling. Dieses Monument setzte ihm in ewiger Dankbarkeit sein treuer Freund und Schüler, König Maximilian II. von Bayern.' – Ich führte meinen Vater, den bayerischen Beamten, dorthin, und der erkannte nun angesichts dieser Inschrift, daß man, wenn man Philosophie studiert, es im Leben durchaus zu etwas bringen kann, allerdings nur, wenn man sehr viel Fleiß hat, mehr als ich in der Schule gezeigt hatte, und so erlaubte er mir rätselhafterweise, Philosophie zu studieren, allerdings mit der Auflage, auch juristische Vorlesungen zu hören, damit ich Rechtsanwalt werden könne... Das klingt alles sehr unwahrscheinlich, ist aber so geschehen."

In den Jahren 1905 und 1906 studierte Bloch in München; die Stadt gefiel ihm: der Lebemann Bloch brauchte das Leben, um seine Gedanken, die das Ungewöhnliche im Normalen suchten, bei Laune halten zu können. Die akademische Philosophie vermochte ihn nicht recht zu überzeugen; wie andere vor ihm empfand er ein handfestes Mißvergnügen an dem Umstand, daß es verbeamtete Philosophie-Professoren waren, die ihm die Weisheit auf Rationen füllten und zur allgefälligen Verdauung bereitstellten. Bloch warf seinen Respekt auf die Großen der Philosophiegeschichte, die sich in ihren Büchern am Leben erhielten. Sein bewährter Hang zum besseren Wissen, den er schon in trüben Schultagen kultiviert hatte und noch immer mit Charme vorzubringen wußte, ließ ihn auch an der Universität nicht im Stich. Von München aus ging Bloch nach Würzburg; er tauschte die Großstadt ein gegen die angebliche Heimeligkeit der Provinz. In dieser Zeit des Aufbruchs und selbstbewußten Suchens hatte er sein philosophisches Schlüsselerlebnis, das ihm, ohne Vorwarnung und so als gälte es, eine insgeheim bereits eingeleitete Entwicklung entscheidend zu beschleunigen, ein Licht aufgehen ließ und zu jener Einsicht verhalf, die noch der alte Bloch, in treuem Angedenken, als seinen „einzigen und ersten originalen Gedanken" bezeichnete:

„Zweiundzwanzigjährig kam der Blitz: die Entdeckung des Noch-Nicht-Bewußten, die Verwandtschaft seiner Inhalte mit dem ebenso Latenten in der Welt. *Besonders in der schöpferischen Arbeit wird eine eindrucksvolle Grenze überschritten, die ich als die Übergangsstelle zum noch nicht Bewußten bezeichne. Mühe, Dunkel, krachendes Eis, Meeresstille und glückliche Fahrt liegen um diese Stelle. An ihr hebt sich, bei gelingendem Durchbruch, das Land, wo noch niemand war, ja das selber noch niemals war. Das den Menschen braucht, Wanderer, Kompaß, Tiefe im Land zugleich.* Ein entscheidender Tenor war mit dieser damaligen Aufzeichnung notiert, samt Begriff von Heimat, die sich erst bildet."

Die Idee des Noch-Nicht-Bewußten war für den stets zukunftswilligen Bloch ein Schlüssel zur Welt, die sich ihm als zweifach aufgefaltetes Dasein anbot: Als Welt hatte die große umgreifende Realität zu gelten, in der das bekannte Regelwerk und die noch undurchschauten Gesetzmäßigkeiten galten. Welt aber war auch jenes zumeist bruchstückhafte Wissen-von-Sich, das in jedem einzelnen Ich stattfand und zu einer Identität wurde, die, im kleinen, entsprechend der objektiven Ratlosigkeit im großen, oftmals undurchschaut blieb und dem Menschen das altehrwürdige Problem hinterließ, mit sich selber ins reine zu kommen. Bloch begriff, daß die Zeit, in einem jeden erfüllten Augenblick, schon alles bei sich und versammelt hat, was aus der Gegenwart herausgehoben wird, um zur Zukunft zu werden. Die Wirklichkeit, das war Bloch schlagartig klar geworden, trägt viel mehr Möglichkeiten in sich, als der sogenannte gesunde Menschenverstand anzunehmen bereit ist; die Zukunft selbst kann zum großen Entwurf werden, in dem sich alle unsere Sehnsüchte erfüllen und die Hoffnungen an ihr versöhnliches Ende kommen. „Echte Zukunft" ersteht weitab von jeder schlechten Wiederholung und ist stets mehr als reines Wunschdenken. Bloch erläuterte dies in einem Gespräch mit Radio Canada, das im Sommer 1976 gesendet wurde:

„Die echte Zukunft – das ist die Entwicklung, die auf uns

wartet, die von uns mitbefördert werden muß; die es notwendig macht, aus dem Dunkel des erlebten Augenblicks herauszukommen, die uns dazu ermuntert, uns zu erforschen, und die bewirkt, daß die in und vor uns liegenden Dinge herausgebracht werden... So lautet denn der erste und am schnellsten einleuchtende Grundbegriff meiner Philosophie, daß der von uns gerade erlebte und gelebte Augenblick selber noch völlig unmittelbar, also dunkel, ‚nicht herausgebracht' ist... ‚Am Fuße des Leuchtturms ist kein Licht', sagt schon das Sprichwort. Das heißt, der gerade gelebte Augenblick ist völlig dunkel; ich kann ihn erst später und wahrscheinlich nur auf verfälschte Weise wahrnehmen... Oder aber ich erwarte ihn, male mir etwas aus, was noch nicht da ist. Bezieht sich dieses Ausmalen auf die echte Zukunft, so entsteht aus diesem Ausgemalten, das dem Vorhergeträumten, den Wunschbildern adäquat sein kann, utopisches Denken bzw. ein Denken aus dem Utopischen. Das ist eine neue Art des Philosophierens, die absolut nichts gemein hat mit der bloßen Wiedererinnerung an schon Vorgegebenes, das nur reproduziert wird, mit der Reproduktion von Dingen, die ohne ein Bemühen von uns entstanden sind. Diese Philosophie ist nicht der Ansicht, es gehe darum, quasi mit unserem beschränkten Untertanenverstand etwas hervorzubringen, das selbst schon völlig herausgebracht ist und empirisch als reflektierter Begriff erscheint. Nein. Sie geht vielmehr von der Grundthese aus, daß die Welt selber eine Frage ist, und daß der Affekt, den wir ihr gegenüber empfinden, sowohl philosophisch wie wissenschaftlich, der des Staunens ist. Das Staunen ist die Mutter des Fragens überhaupt."

Im Vergleich zu Freuds berühmt-berüchtigtem Unbewußten, das eher einem heimtückisch bergenden Schatzkästlein glich und von Bloch auch als das „Nicht-mehr-Bewußte" bezeichnet wurde, erwies sich das Noch-Nicht-Bewußte als ein dynamisches Erklärungsmodell für den Ereignischarakter von Welt und Bewußtsein. Der Philosophie war damit eine Kategorie an die Hand gegeben, Geschichte auf ihre uneingelösten Versprechen hin zu befragen und der Zukunft ein Bild einzugeben, das aus dem Sehnsuchtspotential und Verschwiegenheitsarsenal der Gegenwart stammte. Blochs Schlüsselerlebnis, die Entdeckung des

Noch-Nicht-Bewußten, setzte in ihm eine enorme Arbeitswut frei. Es kam ihm vor, als müßte er, getragen von dem, was ihm als Eingebung widerfahren war, in das äußerlich unversehrte Weltgebäude einsteigen wie ein enthusiasmierter Souffleur, der das längst Vergessene einzuflüstern hatte, das Außer-Acht-Gelassene und – Merkverse für die Tagträume des Zukünftigen. Philosophie, wie Bloch sie verstand, konnte nichts anderes versuchen, als eine Reinschrift anzufertigen vom arg mitgenommenen Buch des Lebens; das Ganze nur, der Blick auf das noch unwirkliche Glück, zählte, aber auch die liebevolle Versenkung ins Detail war gefragt: eine neue Philosophie konnte nicht so tun, als bewege sie sich noch in der krachledernen Abhängigkeit vom Ewiggestrigen.

„Neuer Ton geht anfangs nur wenigen ein, selten anders. Solcher Anfang kann lange dauern, doch einmal hört er auf... So notwendig ein Blick ist, der sich aufs Verreisen versteht und aufs Nebenbei, das oft instanzenreiche, so sehr ist das im Grunde Einheitliche, ja Einfache seiner Sache dem Philosophen unerläßlich. Ein Punkt gehört dazu, worin sich, einmal gespürt, das ganze Wesen konzentriert... Das bedeutet bewußte, also ebenso kritische wie der Tendenz verschworene Zeitgenossenschaft; nur dadurch kann weiter hinaus, weit hinaus ins gesamte Zeitanliegen geblickt werden. Man muß philosophisch auch mit dem Sextanten arbeiten, Länge und Breite bestimmend, auf denen das fahrende Schiff sich befindet. Dies ist so wichtig wie das Fernrohr, das besonders fernhintreffend, utopisch kräftig sein muß, um das Nächste: die Erde und unsere Angelegenheiten darauf einzusehen... Genau die Welt mit dem utopischen Stern im Blut ist nicht monoton; genau ihre Vielfalt verlangt auch jähes Niederfahren aufs Detail. Genau die überall noch während Experimentbeschaffenheit im Geschichts- und Weltprozeß verlangt von ihrer Abbildung verschiedene Seiten des einen Gipfels; sie setzt den Dienst der Variationen am offenen Thema."

Die Weltanschauung, die Blochs Philosophie die nötige Würze gab, war der Marxismus. Von ihm mochte er nicht lassen – vielleicht weil er es sich erlauben konnte, ihn im Sinne der abenteuerlich-hochfliegenden Philosophie, die er sich selbst zurechtgelegt hatte, auf das liebevollste zu verbiegen. Der Marxismus war für Bloch eine Ideologie schöpferischer Freiheit; im Bereich der Politik besorgte er die praktische Arbeit, die sich aus der großen Denkfigur des Noch-Nicht-Bewußten ergab.

Bloch blieb dem Marxismus wie einer lebenslang-idealisierten Jugendliebe treu, deren Regiment sich auf den Bezirk schöner Erinnerung erstreckte; ein solches Bild, das aus früher Leidenschaftlichkeit resultiert, hat vor der schnöden Realität immer wieder ungeahnte Starkpunkte voraus. Wenig Glück war dem Philosophen Bloch beschieden, wenn er sich auf das Feld der Tages- und Jahrhundertpolitik herabließ; seine Nibelungentreue dem Marxismus gegenüber, die letztlich wohl auf gesicherter Überzeugung beruhte, brachte ihn zu finsteren Fehlurteilen und veranlaßte ihn, manch unappetitlichen Kommentar zu menschenverachtenden Inszenierungen (wie etwa den Stalinschen Schauprozessen) abzugeben.

Im Laufe der Zeit jedoch und begünstigt von radikal veränderten Umständen schlug die Blochsche Marxismus-Orthodoxie in ihr Gegenteil um. Als der Philosoph in den fünfziger und sechziger Jahren wiederholt mit den offiziellen Philosophie-Verwaltern der DDR zusammenstieß, die ihr Fach zu einer Leistungsdisziplin streng-geschulter Flach- und Betonköpfe machen wollten, war es ein leichtes, Bloch zum antiautoritären Querdenker zu erklären. Dies tat man, aus naheliegenden Gründen, vorzugsweise im Westen, wo es in gewissen Kreisen durchaus als schick galt, sozialistische Eigenbrötler mit an den stets gut gedeckten Tisch des Hauses zu bitten. Nach dem Bau der Berliner Mauer blieb Bloch in der Bundesrepublik, in der er schon bald zum geliebten und gefürchteten Freigeist avancierte, den die Studenten und Feuilletons schätzten und die offiziell-amtierende Philosophie mit säuerlichem Desinteresse abzustrafen suchte. Je älter der Philosoph Bloch wurde, desto jugendlicher wirkte seine Philosophie.

Zur Zeit der Studentenunruhen lief der unruhige alte Mann Bloch zu ganz großer Form auf: Alles Kleinkarierte und Rechthaberische hatte er abgestreift; nun gelang es ihm, ein ums andere Mal, von der Idee des Sozialismus im Stile eines großen Poeten zu berichten, der sich seine Kinderträume bewahrt hat und deswegen unkundig ist in der Kunst, vor jeder Zeit schon klein beizugeben. Heute, da die sogenannten kommunistischen Systeme, aus zum Teil auch unerfindlichen Gründen, von einem Debakel ins andere schliddern, darf man sich des großen und realistischen Tagträumers Bloch mit einer gewissen Wehmut erinnern. Wie hätte er wohl eine Entwicklung kommentiert, die sich im rasenden Tempo und fast schon wieder spielerisch eherner Gesetzmäßigkeiten zu entledigen scheint?

Bloch hielt, in jungenhaftem Trotz und wider schlechteres Wissen, an der Überzeugung fest, daß die Kraft des utopischen Denkens die Welt verändern könnte. Was eine Philosophie, die sich die visionäre Stärke des Noch-Nicht-Bewußten zu eigen macht und dem Marxismus verbunden bleibt, zu leisten vermag, hat er 1965 während der Berliner Universitätstage in einem Vortrag mit dem Titel „Antizipierte Realität – Wie geschieht und was leistet utopisches Denken" auszuführen versucht, in dem es (u. a.) heißt:

„Es gibt einen besonders großen Prozentsatz dieses Noch-Nicht-Bewußten in drei Gestalten: a) in der Jugend, die überfüllt ist mit Wachträumen, im Ausmalen des eigenen Lebens mit vielen Bildern; b) in Wendezeiten von einer Gesellschaft zur anderen, man denke an die gesellschaftlichen Jugendzeiten wie Renaissance, die Zeit vor der Französischen Revolution, den deutschen Sturm und Drang, die Zeit vor '48 und unsere Zeit, die voll ist von Noch-Nicht: das Alte will nicht vergehen, das Neue will nicht werden, etwas ist im Schwange; c) in künstlerischer, wissenschaftlicher und philosophischer Produktivität. Dante drückt es in dem sehr superben Vers aus: ‚Das Wasser, das ich fasse, hat man noch nie befahren.‘ Das ist der Grenzbegriff von Novum in Produktivität. – Dies alles aber ist einsam, leer, Privatvergnügen, wenn dem Noch-Nicht-Bewußten nicht ein Noch-Nicht-Gewordenes objektiv gegenübersteht. Dieses Noch-Nicht-Gewordene ist das Korrelat des Noch-Nicht-Bewußten. Wenn und so oft aber das Noch-Nicht-Bewußte in seinen Akten und Inhalten etwas taugt, ist es eine mentale Repräsentation, also eine seelische Stellvertretung für noch nicht Gewordenes draußen... Träume, Nachtträume..., Tagträume eröffnen ein riesiges Reich von Noch-Nicht, in verschiedener Verantwortung, medizinisch, sozial, technisch, geographisch, künstlerisch, religiös, Wunschlandschaften in Malerei, in Dichtung, Oper, und die vielen Religionsinhalte, die alle gefüllt sind mit Erwartung von etwas nicht Vorhandenem... Hier steht die Welt als Experiment vor Augen, als höchst laborierendes Laboratorium ihrer ausstehenden Sinnfindungen selber."

Seinem philosophischen Schlüsselerlebnis, der Entdeckung des Noch-Nicht-Bewußten, hat Bloch vor allem mit der Niederschrift seines großen Hauptwerks „Das Prinzip Hoffnung" entsprochen, einem wahrhaft weitreichenden Gedankenepos von hohen Graden, das aus der Wunderwelt der Desiderate und Traumprojektionen wie ein wort- und bilderstarker Abenteuerroman berichtet. Das Schicksal, das dieses hell-leuchtende Werk nahm, ist nicht ohne Komik: Den Titel des Buches, das kaum einer je zu Ende gelesen hat – was damit zusammenhängen könnte, daß es immerhin einen Umfang von mehr als 1600 Seiten zu bieten hat –, kennt heute jeder, auch wenn den wenigsten bewußt sein dürfte, daß sich ein philosophisches Opus magnum dahinter verbirgt. „Das Prinzip Hoffnung" ist zur Allerweltsfloskel verkommen, die der halbwegs Sprachkundige verwendet, um auf die Unabgeschlossenheit aller irdischen Bemühungen zu verweisen, denen der unbelehrbare Glaube gilt, daß es eines guten Tages vielleicht doch noch besser kommen könnte. Besonders in Politikerkreisen, die sich hinlängliche Dankbarkeit auch für das dürftigste Bonmot bewahrt haben, hat man das „Prinzip Hoffnung" als Sinnspruch für nahezu alle Gelegenheiten schätzen gelernt, mit dem bei Bedarf Launigkeit, verhaltener Optimismus oder die sträfliche Vertrauensseligkeit im Lager des politischen Gegners angezeigt werden kann. Bloch hätte diesen auf die Kopfzeile seines Werkes beschränkten Erfolg amüsiert zur Kenntnis genommen; ihm wäre es wohl eher komisch vorgekommen, wenn die dazugehörige Philosophie in gleichem Maße Verbreitung gefunden hätte, obwohl sie nichts Geringeres anklingen läßt als das noch-nicht-eingelöste Menschenmögliche.

Mit ihm aber, dem Menschenmöglichen, das Freiheit und

Würde endgültig zusammenbringen will, hat es die Politik nicht so sehr wie die Philosophie zu tun, der eine strikte Unduldsamkeit noch immer gut zu Gesichte steht. Die meisten Politiker, selbstsicher oft bis zur Selbstgefälligkeit, mühen sich ab in ihren Tagesgeschäften, wobei nicht wenige Standesvertreter, verbeamtet bis unter die Haarspitzen, sehr wohl Sorge dafür tragen, daß sie nicht am Siechtum der Überanstrengung zugrunde gehen. Ihnen, den Lauen und Halbherzigen, den durchschnittlichen Brüdern im Geiste, die sich mit dem zufriedengeben, was ihnen zugeworfen wird, war besonders der alte Bloch, der sich, wo immer es ging, einzumischen wußte wie ein Junger, ein stetes Ärgernis. Blochs öffentliche Auftritte wurden zu Lebzeiten des Philosophen schon zur Legende. Wo er, der große alte Mann mit dem markanten Gesicht, der Späherbrille und dem eindrucksvollen Schopf, auftrat, war etwas los. Wie Bloch auf der Rednertribüne wirkte, hat der Journalist Heinz Brandt beschrieben: „Wie er da stand, schlohweißen Hauptes, mit beschwörendem Seherblick, die Arme zum Himmel gereckt, Zornesfalten über der Nase, steil zur zerfurchten breiten Stirn aufsteigend, so daß sich die vertikalen und horizontalen Linien michelangelesk überschnitten, glich er einem alttestamentarischen Propheten, der, mit Jehova hadernd, den Untergang seines Jerusalems abzuwenden unternimmt."

Der Eindruck des Ungewöhnlichen verstärkte sich, wenn man Bloch gegenübersaß und Gelegenheit erhielt, mit diesem „Moment der Wahrhaftigkeit", wie ihn ein betont gutwilliger Interpret einst nannte, ins Gespräch zu kommen und zur großen Rede aufzufahren. Der Schriftsteller Jean Amery notierte einmal nach einer Unterredung mit Bloch: „Sehr selten sah und sieht man dies: ein Antlitz von derart ungeheurer, fast quälender geistiger Angestrengtheit. Lippen, die tief herabgezogen sind, nicht von Spott, noch weniger von Verachtung; von gestrafftestem geistigen Kraftaufwand ganz allein. Längsfalten, wie von Schnitzmessern gekerbt. Durchdringend blickende Augen hinter beängstigend dicken Brillen eines schwer Kurzsichtigen. Dazu eine ganz seltsame Stirn, höhnisches Dementi des Wort- und Bildklischees von der ‚Hohen Denkerstirn'. Ernst Blochs Stirne ist auffallend niedrig, ein mäßig gebogenes Halbrund, gebildet vom Ansatz des dichten, harten weißen Haares. Das ganze Gesicht stellt beunruhigende Anforderungen, vor denen zu bestehen keiner sich so geschwind zutraut."

Ein Philosoph wie Bloch fehlt uns in dieser Zeit. Mag sein, daß er, wie wir auch, mit der denkwürdigen Rasanz der Entwicklung einerseits und der um sich greifenden postmodernen Gleichgültigkeit andererseits seine Schwierigkeiten hätte. Um so mehr würde er an seine Überzeugungen erinnern, die auszusprechen anderen heute sichtlich schwerfällt. Blochs „Prinzip Hoffnung", das auf der Erinnerungsarbeit gründet, die sich nach der Entdekkung des Noch-Nicht-Bewußten, dem Blochschen Schlüsselerlebnis, ergab, steht noch immer zur ungefälligen Lektüre an. Das „Prinzip Hoffnung" hütet – im Gewesenen sowohl als auch im Gegenwärtigen und in der Zeit, die da kommt – das uns übereignete Glücksversprechen; am Horizont der Hoffnung hält sich, letztlich, jene alles benennende *Heimat* bereit, die Rückhalt gibt und Geborgenheit, weil in ihr der Mensch, nach langem Weg, zu sich selber findet:

„Das Morgen im Heute lebt, es wird immer nach ihm gefragt. Die Gesichter, die sich in die utopische Richtung wandten, waren zwar zu jeder Zeit verschieden, genauso wie das, was sie darin im einzelnen, von Fall zu Fall, zu sehen meinten. Dagegen die *Richtung* ist hier überall verwandt, ja in ihrem noch verdeckten Ziel die gleiche; sie erscheint als das einzig Unveränderliche in der Geschichte. Glück, Freiheit, Nicht-Entfremdung, Goldenes Zeitalter, Land, wo Milch und Honig fließt, das Ewig-Weibliche, Trompetensignal im Fidelio und das Christförmige des Auferstehungstags danach: es sind so viele und verschiedenwertige Zeugen und Bilder, doch alle um das her aufgestellt, was für sich selber spricht, indem es noch schweigt. Die Richtung auf dies materiell und nicht nur logisch Einleuchtende muß invariant sein; das ist an jedem Ort erkennbar, wo Hoffnung ihr Überhaupt aufschlägt und darin zu lesen versucht... Marx bezeichnet als sein letztes Anliegen ‚die Entwicklung des Reichtums der menschlichen Natur'; dieser *menschliche* Reichtum wie der von Natur insgesamt liegt einzig in der Tendenz-Latenz, worin die

Welt sich befindet . . . Mit diesem Blick also gilt: Der Mensch lebt noch überall in der Vorgeschichte, ja alles und jedes steht noch vor der Erschaffung der Welt, als einer rechten. *Die wirkliche Genesis ist nicht am Anfang, sondern am Ende*, und sie beginnt erst anzufangen, wenn Gesellschaft und Dasein radikal werden, das heißt, sich an der Wurzel fassen. Die Wurzel der Geschichte aber ist der arbeitende, schaffende, die Gegebenheiten umbildende und überholende Mensch. Hat er sich erfaßt und das Seine ohne Entäußerung und Entfremdung in realer Demokratie begründet, so entsteht in der Welt etwas, das allen in die Kindheit scheint und worin noch niemand war: Heimat.«

„Die Erklärungen haben ein Ende"

Ludwig Wittgenstein

Als am 26. April 1889 der Knabe Ludwig Josef Johann Wittgenstein als jüngstes von acht Geschwistern in Wien das Licht der Welt erblickte, war seine Umgebung ihm durchaus wohlgesonnen. Im Hause der Wittgensteins mangelte es an nichts: Der Vater, Karl Wittgenstein, amtierte als Zentraldirektor der Prager Eisenindustrie und hatte damit eine Stellung inne, die sich durchaus mit der des legendären Alfred Krupp in Deutschland vergleichen ließe. Wittgenstein senior war einer der vergleichsweise fortschrittlichen Großindustriellen der damaligen Zeit: Er förderte die schönen Künste, hatte Umgang mit Intellektuellen, Musikern und Dichtern; er bemühte sich um fortschrittliche Produktionsmethoden und war doch ein loyaler, ja im Prinzip unnachgiebiger Anhänger der maroden österreichisch-ungarischen Doppelmonarchie.

Karl Wittgensteins Aufstieg zu einem führenden Industriemagnaten Österreichs hätte wohl auch, so darf man sagen, von einem unserer heutigen fleißigen Serienautoren ersonnen und in einem Drehbuch festgehalten werden können: 1864 hatte er sich auf dem Gymnasium den Zorn der Lehrerschaft wegen eines unbotmäßigen Aufsatzes zugezogen. Er mußte das Gymnasium verlassen und brannte von zu Hause durch. Mit falschem Paß gelangte er nach Amerika; dort schlug er sich als Kellner, Musiker, Parkwächter und Barkeeper durch. Nebenbei gab er Unterricht in Griechisch und Mathematik und versuchte sich als Musiklehrer für Geige und Horn. 1867 kehrte er nach Wien zurück; er begann mit dem Maschinenbaustudium, das er jedoch nicht abschloß.

Was Karl Wittgenstein aus Amerika mitbrachte, war ein realistisch geschärfter Blick auf das Machbare und die präzise Einschätzung veränderter Gegebenheiten. Für die andere Seite des Lebens, die den unproduktiven Künsten gehörte, hatte er ein merkwürdiges Faible. Seinen Kindern war er gleichwohl ein gestrenger Vater, der Sorge dafür trug, daß vor allem das gelernt wurde, was er für richtig hielt. Zukunftsweisend waren für ihn nur der Beruf des Technikers und der Kaufmannsstand. Ludwigs Mutter, Leopoldine Wittgenstein, eine stille und sanfte Frau, trat stets hinter ihrem Mann zurück und ließ ihn gewähren.

Die Einflüsse, die von diesem familiären Hintergrund ausgingen, sind für Ludwig Wittgensteins Entwicklung sehr viel erheblicher gewesen, als er selbst es wahrhaben wollte. Dies gilt auch für seine Hinwendung zur Philosophie und das damit in Zusammenhang stehende Schlüsselerlebnis, von dem noch zu reden sein wird.

Das Wien der damaligen Zeit war eine Hochburg der Melancholie. Schwermütige Gedanken beherrschten die Diskussion: Existentielle Traurigkeit, der nachzuhängen die einfachen Leute weder Zeit noch Muße hatten, machte sich im besonderen in den vermögenden Ständen breit; es hatte wohl etwas mit schwarzer Lust zu tun, wenn man, im gemachten Nest sitzend, subtile Reflexionen auf die Ausweglosigkeit aller irdischen Bemühungen verschwenden durfte. Auch die Familie Wittgenstein war nicht frei von dieser Schwermut, für die der Vater selbst anfällig blieb: Drei von fünf Söhnen begingen Selbstmord, und Ludwig Wittgenstein hatte zeit seines Lebens mit wiederkehrenden Depressionen zu kämpfen.

Für die Wittgenstein-Kinder war es schwer, den hochgesteckten Anforderungen des Vaters zu entsprechen. Ludwig als jüngster hatte es da noch verhältnismäßig leicht: Er erfreute den Vater durch ein offensichtliches technisches Talent, das er an den Tag legte. Ansonsten aber fiel er nicht weiter auf: Seine Geschwister, insbesondere Ludwigs Bruder Paul, der ein berühmter Konzertpianist wurde, den auch der Verlust eines Arms nicht aus der Karrierebahn werfen konnte, schienen begabter zu sein.

Nachdem Ludwig zunächst von Hauslehrern unterrichtet worden war, besuchte er ab 1903 die Staatsoberrealschule in Linz, die kurz zuvor ein gleichaltriger Schüler namens Adolf

Hitler wieder verlassen hatte. Ludwig Wittgenstein zeichnete sich durch eher mäßige Schulleistungen aus. Bei seinen Mitschülern galt er als seltsamer Vogel, der seine Unsicherheit durch manieriertes Gehabe zu überdecken suchte: Im Gegensatz zu seinen Klassenkameraden sprach er ein fast affektiert wirkendes Hochdeutsch, und er legte, zur Erheiterung aller, Wert darauf, mit ‚Sie' angeredet zu werden.

Karl Wittgenstein, der bereits zwei Söhne durch Selbstmord verloren hatte, machte sich Sorgen um seinen Jüngsten. Er holte Ludwig nach Wien zurück, dem es in vertrauter Umgebung besser ging. Er las viel; Kleist, Goethe, Mörike, Lessing beeindruckten ihn, und er zeigte sich angetan von der grimmigen Weltsicht, die der Philosoph Schopenhauer verbreitete. Am 14. Juli 1906 beendete Wittgenstein die 7. Klasse der Realschule mit der Matura; die Zensuren, die man seinen schulischen Leistungen erteilte, waren wenig berauschend. Im Oktober des gleichen Jahres schrieb er sich an der Technischen Hochschule Berlin-Charlottenburg ein. Noch immer befaßte er sich am liebsten mit technischen Problemen. In Berlin jedoch, so weiß Wittgensteins Schwester Hermine in ihren „Familienerinnerungen" zu erzählen, machte sich zum ersten Mal auch sein Interesse für die Philosophie nachhaltig bemerkbar.

„Zu dieser Zeit oder etwas später ergriff ihn plötzlich die Philosophie, d. h. das Nachdenken über philosophische Probleme, so stark und völlig gegen seinen Willen, daß er schwer unter der doppelten und widerstreitenden inneren Berufung litt und sich wie zerspalten vorkam. Es war eine von den Wandlungen, deren er noch mehrere in seinem Leben durchmachen sollte, über ihn gekommen und durchschüttelte sein ganzes Wesen... Ludwig befand sich in diesen Tagen fortwährend in einer unbeschreiblichen, fast krankhaften Aufregung."

Philosophie, das wurde Wittgenstein sehr schnell bewußt, war ein todernstes Frage- und Antwortspiel, bei dem die gleichen Fragen, in einer Art hellsichtiger und über Bedarf klugen Blödsinnigkeit, immer wieder neu gestellt wurden, um sich dafür die gleichen Antworten einzuholen, auf die man letztlich kaum etwas geben durfte, weil sie auch durch den scheinbaren Fortschritt des Wissens nicht wirklich unerschütterlich gemacht werden konnten. Wer mit dem philosophischen Fragen nicht unmittelbar in die schiere Verzweiflung oder an den Rand des Verstummens geraten wollte, mußte versuchen, sich eine Gewißheit zurechtzulegen, die ihm zumindest vorübergehende, vielleicht aber auch eine als lebenslanger Trost verbleibende Sicherheit bot. Eine solche Gewißheit wurde Wittgenstein durch ein Schlüsselerlebnis im Jahre 1910 zuteil, als er, gerade einundzwanzig geworden, der Aufführung des Theaterstücks „Die Kreuzelschreiber" von Ludwig Anzengruber beiwohnte.

Im Mittelpunkt dieses Stücks steht der „Steinklopferhans", unehelicher Sohn einer Dienstmagd, der sich aufgrund einer Eingebung zum bäuerlichen Querdenker und Dorfphilosophen mausert. Nach einer schweren Krankheit, während der er, verlassen von allen, allein auf sich gestellt bleibt, wird ihm auf einmal klar, daß er in Sicherheit ist: Ihm kann, zwischen Himmel und Erde, nichts mehr passieren.

Auf diesen Zusammenhang ist Wittgensteins Biograph Brian McGuiness eingegangen, der den „Steinklopferhans" allerdings nicht beim Namen nennt, sondern nur als „Figur" bezeichnet, die „eine Offenbarung" erfahren hat.

„Wittgensteins religiöses Erwachen steht zweifellos in Zusammenhang mit der Szene, in der eine Figur die ‚extraige Offenbarung' oder ‚Eingebung' beschreibt, die sie gehabt hat. Dieser Mensch hat bisher in schrecklichem Elend gelebt; eines Tages wirft er sich, als die Sonne scheint, ins Gras und denkt, er werde sterben. Als er abends aufwacht, wird ihm ‚inwendig so wohl, als wär's hell Sonnenlicht von vorhin in mein' Körper verblieb'n... und da kommt's über mich, wie wann eins zu eim'm andern red't: Es kann dir nix g'schehn! Selbst die größt' Marter zählt nimmer, wenn's vorbei ist! Ob d'jetzt gleich sechs Schuh tief da unterm Rasen liegest, oder ob d'das vor dir noch viel tausendmal siehst – es kann dir nix g'schehn! – Du g'hörst zu dem all'n, und dös alles g'hört zu dir! Es kann dir nix g'schehn!'"

Wittgenstein machte diese Gewißheit zu seiner eigenen. Sie wurde nicht nur zum Leitmotiv seiner religiösen Überlegungen, sondern bot ihm auch eine unprogrammatische Absicherung für den Gang seines philosophischen Fragens, das die Grenzen des Sagbaren vor dem Hintergrund allgemeiner Sprachfähigkeit neu zu bestimmen suchte. Ein solcher Grenzgang im Vorfeld jeder kommunikativen Identitätsfindung enthielt von Natur aus alle Möglichkeiten des Scheiterns. Wittgenstein war dies mehr als bewußt, und so erinnerte er sich der Eingebung, die ihm zuteil geworden war, als eines unnachgiebigen und, wie er selbst sagte, „wortlosen Glaubens", der, ungeachtet aller Realitätsverluste, über die vom Leben selbst angerichteten Debakel hinausweisen mußte. Die äußeren Umstände konnten ihn nun nicht mehr treffen, auch wenn er als Person in den Wirren der Zeit mit auf der Strecke bleiben sollte. Wittgenstein hatte sich seinen Grund zurechtgelegt, dem er die Gewißheit verdankte, „absolut geborgen" zu sein, und so durfte er sein philosophisches Arbeitsprogramm, das die Möglichkeiten einer Erkenntnisbegründung von den Rändern des Mitteilbaren her ins Licht setzte, wie eine existentielle Kraftanstrengung inszenieren, die, im wahrsten Sinne des Wortes, ohne Rücksicht auf Verluste vorgehen mußte. Rückblickend notierte er über die Bedeutung seines Schlüsselerlebnisses:

„Es trieb mich, gegen die Grenzen der Sprache anzurennen, wie es, glaube ich, alle Menschen getrieben hat, die jemals über Ethik oder Religion zu schreiben oder zu sprechen versucht haben. Dieses Anrennen gegen die Grenzen unseres Käfigs ist völlig und vollkommen hoffnungslos."

Im Jahre 1911 immatrikulierte sich Wittgenstein an der Universität Cambridge, die damals das europäische Zentrum für philosophische und naturwissenschaftliche Grundlagenforschung war. Als Star von Cambridge galt der Philosoph Bertrand Russell, ein scharfsinniger und witziger Kopf, der sich zeit seines Lebens gern mit selbsternannten Autoritäten anlegte. Der unbekannte Student aus Wien zeigte keinerlei Respekt vor dem Meister und verfolgte ihn mit bohrenden Fragen. In einem Brief an seine damalige Freundin Lady Ottoline berichtete Russell:

„Mein deutscher Freund entpuppt sich als Plagegeist. Er begleitete mich nach meiner Vorlesung nach Hause und argumentierte bis zum Nachtessen, hartnäckig und abwegig, aber ich glaube, nicht dumm... Er meint, daß man nichts Empirisches wissen könne. Ich forderte ihn auf, zuzugeben, daß sich in dem Zimmer kein Rhinozeros befinde, aber er weigerte sich."

Wittgenstein, obwohl noch ohne Amt und Würden, wurde zu einem gleichberechtigten Gesprächspartner Russells, der, nach anfänglicher Amüsiertheit, zu der Erkenntnis gelangte, daß es sich bei seinem Studenten um ein besonderes Talent, ja um ein Genie handeln müsse. In seiner „Autobiographie" schrieb Russell über Wittgenstein:

„Er war vielleicht das vollendetste Beispiel eines Genies der traditionellen Auffassung nach, das mir je begegnet ist: leidenschaftlich, tief, intensiv und beherrschend. Er hatte eine gewisse Reinheit, die ich nie wieder in diesem Maße gesehen habe, außer bei G. E. Moore... Er besuchte mich jeden Abend um Mitternacht und lief wie ein wildes Tier drei Stunden lang in erregter Stille in meinem Zimmer hin und her. Einmal sagte ich zu ihm: ‚Denken Sie über die Logik nach oder über Ihre Sünden?' – ‚Beides', antwortete er und lief weiter. Ich mochte nicht vorschlagen, daß es Zeit sei, ins Bett zu gehen, denn es schien ihm und mir möglich, daß er Selbstmord begehen würde, wenn er mich verließe."

Wittgensteins Einstieg in die Philosophie vollzog sich mit genialischer Wucht. Der seltsame Student wurde recht schnell, auch durch sein Äußeres, die markig-hagere Gestalt und die betont unkonventionelle Kleidung, zu einer bekannten Figur. Die Umgangsformen, die an der Universität herrschten, waren, abgesehen von den üblichen Schrulligkeiten, von bemerkenswerter Liberalität: Begabten Studenten standen viele Türen offen. Nur so erscheint es verständlich, daß Wittgenstein mit den in Cambridge residierenden Größen der Philosophenzunft schon bald auf mehr oder weniger vertrautem Fuße stand. Am 29. November 1912 hielt er vor dem angesehenen örtlichen „Moral Science Club" seinen ersten Vortrag über das Thema „Was ist Philosophie?". – Zwei Monate später erreichte ihn die Nachricht vom Tod seines Vaters.

Karl Wittgenstein war am 20. Januar 1913 gestorben und hatte seinen Kindern ein großes Vermögen hinterlassen, das hauptsächlich aus amerikanischen Wertpapieren bestand. Ludwig Wittgenstein konnte nun über ein Einkommen von mehr als 300000 Goldkronen im Jahr verfügen. Ein solcher Reichtum erschien ihm allerdings mehr als Belastung denn als willkommene Wohltat. So wandte er sich, auch dies nicht ganz untypisch für seine Einstellung, in einem formlosen Brief an den Herausgeber der renommierten Kulturzeitschrift „Der Brenner": „Verzeihen Sie, daß ich Sie mit einer großen Bitte belästige. Ich möchte Ihnen eine Summe von 100000 Kronen überweisen und Sie bitten, dieselbe an unbemittelte österreichische Künstler nach Ihrem Gutdünken zu verteilen."

Diesem wahrhaft unkonventionell vorgetragenen Ansinnen wurde entsprochen. Der Dichter Georg Trakl, ohnehin nervenkrank, geriet, als er die Mitteilung erhielt, daß man ihm 20000 Goldkronen zu vermachen gedenke, so in Panik, daß er die Flucht ergriff und untertauchte. Sonst aber tat die Spende Wittgensteins gute Wirkung; in den Genuß größerer Geldsummen kamen (u. a.) Theodor Haecker, Else Lasker-Schüler, Oskar Kokoschka und der Lyriker Rainer Maria Rilke, der sich in einem „dem unbekannten Freund draußen" gewidmeten Gedicht bedankte, von dessen „schwindelhaftem Ton" sich Wittgenstein, dem eine Abschrift der Verse zugestellt worden war, „unangenehm berührt" zeigte.

Bei Ausbruch des Ersten Weltkriegs meldete Wittgenstein sich als Freiwilliger und wurde zum 2. Festungs-Artillerieregiment nach Krakau abkommandiert. Er absolvierte seinen Waffendienst nicht etwa als weltfremder oder verschüchterter Intellektueller; in allen Zeugnissen aus der damaligen Zeit ist von „Pflichtbewußtsein" und beträchtlichem „technischem Geschick" die Rede. Wittgenstein, so schien es, war ein „Patriot". Er stellte der österreichischen Armee sogar eine Million Kronen für die Entwicklung eines Mörsers zur Verfügung. In den radikalen Pazifisten, zu denen auch Russell gehörte, sah er Traumtänzer, die sich über ihre eigene Unehrlichkeit nicht im klaren waren. Ein Freund Wittgensteins berichtete:

„Ich habe in dieser Hinsicht wiederholt sehr abfällige Urteile über seinen Freund Russell von ihm gehört. Als dieser in den zwanziger Jahren einen ,Weltbund für Frieden und Freiheit' oder dergleichen gründen... wollte, hat ihn Wittgenstein so beschimpft, daß Russell sagte: ,Na ja, Sie würden wohl eher einen Weltbund für Krieg und Knechtschaft gründen', was Wittgenstein leidenschaftlich bejahte: ,Eher noch, eher noch'."

Im Juni 1916 brachte Wittgenstein, nach der Lektüre von Tolstojs „Kurzer Darlegung des Evangeliums", Gedanken zu Papier, die sich an die Eingebung seines Schlüsselerlebnisses anschließen und, unabhängig von den grundsätzlichen Überlegungen zu Sprache und Logik, so etwas wie ein philosophisches Glaubensbekenntnis darstellen:

„Gott und den Zweck des Lebens? – Ich weiß, daß diese Welt ist. Daß ich in ihr stehe, wie mein Auge in seinem Gesichtsfeld. Daß etwas an ihr problematisch ist, was wir ihren Sinn nennen. Daß dieser Sinn nicht in ihr liegt, sondern außer ihr. Daß das Leben die Welt ist. Daß mein Wille die Welt durchdringt. Daß mein Wille gut oder böse ist. Daß alles Gut und Böse mit dem Sinn der Welt irgendwie zusammenhängt. Den Sinn des Lebens, d. i. den Sinn der Welt, können wir Gott nennen. Und das Gleichnis von Gott als einem Vater daran knüpfen. Das Gebet ist der Gedanke an den Sinn des Lebens. Ich kann die Geschehnisse der Welt nicht nach meinem Willen lenken, sondern bin vollkommen machtlos. Nur so kann ich mich unabhängig von der Welt machen – und sie also doch in gewissem Sinne beherrschen –, indem ich auf einen Einfluß auf die Geschehnisse verzichte."

In seinem letzten Fronturlaub, den er auf dem Anwesen seines Onkels Paul verbrachte, schrieb Wittgenstein die „Logisch-Philosophische Abhandlung" nieder, die ihn, unter dem Titel der englischen Übersetzung „Tractatus logico-philosophicus", schließlich berühmt machen sollte. Er bot das Manuskript dem Karl-Kraus-Verleger Jehoda an, der jedoch ablehnte. Die Antwort erhielt Wittgenstein erst wenige Tage vor Kriegsende. Am 3. November 1917 war er bei Trient in italienische Kriegsgefangenschaft geraten. Die erzwungene Ruhe, der er sich im Gefangenenlager am Fuße des Monte Cassino ausgesetzt sah, ließ altbekannte Depressionen in ihm hochkommen. Er fühlte sich leer und ausgebrannt. War dieser Krieg das Leid wert gewesen, das er heraufbeschworen hatte? Hinzu kamen persönliche Gründe für Trauer und Wut: Zwei Tage bevor Wittgenstein der Ablehnungsbescheid des Verlegers Jehoda erreichte, war ihm mitgeteilt worden, daß sich sein Bruder Kurt an der Front erschossen hatte – der dritte Selbstmord unter Karl Wittgensteins Söhnen.

Der „Tractatus" erschien 1921 in einer ersten fehlerhaften Fassung, von der Wittgenstein sich wütend distanzierte. Ein Jahr später brachte der angesehene Londoner Verlag Routledge & Kegan Paul das Werk in einer zweisprachigen Fassung heraus. Nur zögerlich setzte die Rezeption ein; Begeisterungsstürme löste Wittgensteins Abhandlung nicht aus. Das mochte an der strengen Konstruktion des Ganzen liegen; mit einer Unklarheit der Aussagen des „Tractatus" konnte das anfängliche Unverständnis, dem Wittgenstein sich ausgesetzt sah, allerdings kaum zu tun haben, denn philosophische Eindeutigkeit, ja: Unmißverständlichkeit war es gerade, die sein Werk intendierte. Das „klar Sagbare" in der Philosophie sollte ein für allemal festgehalten werden.

„Der Angelpunkt... ist die Theorie dessen, was durch Aussagen, d. h. durch die Sprache, ausgedrückt werden kann (und, was das Gleiche besagt, was *gedacht* werden kann) – und dessen, was durch Aussagen nicht ausgedrückt, sondern nur gezeigt werden kann; das, glaube ich, ist das Kardinalproblem der Philosophie."

Der „Tractatus" verordnete der Philosophie ein radikales, sprachlogisch begründetes Diätprogramm, das im besonderen jenen Philosophen, die sich an die Völlereien der alten Metaphysik gewöhnt hatten, gar nicht schmecken wollte. Für die traditionellen Themen des abendländischen Denkens war, bei strenger Anwendung der Wittgensteinschen Beschränkungstherapie, nur noch wenig an wirklich Mittelbarem übrig.

„Die Welt ist alles, was der Fall ist. – Was der Fall ist, die Tatsache, ist das Bestehen von Sachverhalten. Der Sachverhalt ist eine Verbindung von Gegenständen (Sachen, Dingen). – Der Gegenstand ist einfach; die Konfiguration ist das Wechselnde, Unbeständige. Die Konfiguration der Gegenstände bildet den

Sachverhalt. – Wir machen uns Bilder der Tatsachen. – Den Gegenständen entsprechen im Bilde die Elemente des Bildes. – Das Bild hat mit dem Abgebildeten die logische Form der Abbildung gemein. – Was das Bild darstellt, ist sein Sinn; das logische Bild der Tatsache ist der Gedanke. – Im Satz drückt sich der Gedanke sinnlich wahrnehmbar aus. – Die im Satz angewandten einfachen Zeichen heißen Namen; der Name bedeutet den Gegenstand. Der Gegenstand ist seine Bedeutung. – Nur der Satz hat Sinn; nur im Zusammenhang des Satzes hat ein Name Bedeutung. – Der Gedanke ist der sinnvolle Satz."

Am Ende blieb dieser auf Schonkost gesetzten Philosophie nur der sehnsüchtige Blick auf das (noch) Machbare:

„Alles, was überhaupt gedacht werden kann, kann klar gedacht werden. Alles, was sich aussprechen läßt, läßt sich klar aussprechen... Es zeigt sich zwar in allem Sagbaren auch Unsagbares, aber was gezeigt werden kann, kann nicht gesagt werden... Worüber man nicht sprechen kann, darüber muß man schweigen."

Wittgenstein war nach der Veröffentlichung seines „Tractatus" zunächst der Meinung, die „Probleme" der Erkenntnisbegründung „gelöst" und eine dauerhafte Schadensbegrenzung im Geltungsbereich des Wissens erzielt zu haben. Dieser Optimismus jedoch hielt nicht lange an, und ihm dämmerte schon bald, daß mit seinem Werk das letzte Wort der Philosophie, jener zähen alten Dame, die womöglich alle ihre Kinder überlebt, noch nicht gesprochen war.

Nach dem Wiedereintritt in das ‚Zivilleben' versuchte Wittgenstein einen radikalen Neubeginn: Er verzichtete auf sein Vermögen und ließ es, sehr zur Verwirrung der Betroffenen, unter den Familienmitgliedern verteilen. Von September 1920 bis Mai 1926 amtierte er, mit eher mäßigem Erfolg, als Volksschullehrer in der österreichischen Provinz. Er kehrte nach Wien zurück und wirkte dort als Architekt am Bau einer dreistöckigen Villa mit, die seine Schwester Hermine in Auftrag gegeben hatte und später als „hausgewordene Logik" bezeichnete. Anfang 1929 kehrte er nach Cambridge zurück. Er erhielt ein Forschungsstipendium und stürzte sich in die Arbeit. Der „Tractatus" war mittlerweile ein gleichermaßen bekanntes wie umstrittenes Buch – und Wittgenstein ein Philosoph, der sich anschickte, zur Berühmtheit zu werden. Noch immer glaubte er zu wissen, daß ihm nichts passieren konnte; er vertraute der Gewißheit, die sich ihm in seinem Schlüsselerlebnis eröffnet und anvertraut hatte.

Fast unbemerkt von allen aufmerksamen Beobachtern arbeitete er an einer Weiterentwicklung seiner Philosophie. Nicht mehr die reduktionistische Zustandsbeschreibung des „Tractatus" stand nun im Mittelpunkt seines Interesses, sondern der tatsächliche Gebrauch von Sprache und die dazugehörigen Anwendungsmöglichkeiten. In den „Philosophischen Untersuchungen", dem eigentlichen Hauptwerk seiner Spätphilosophie, widmete Wittgenstein sich dem Reichtum der natürlichen Sprachen, die ja, wie er wußte, viel mehr zu leisten imstande waren, als es das asketische Methodenverständnis der Naturwissenschaften zulassen wollte. Das neue Zauberwort der Wittgensteinschen Spätphilosophie hieß „Sprachspiel":

„Führe dir die Mannigfaltigkeit der Sprachspiele vor Augen... Befehlen und nach Befehlen handeln – Beschreiben eines Gegenstandes – Eine Geschichte erfinden und lesen – Theater spielen – Rätsel raten – Einen Witz machen; erzählen – Aus einer Sprache in eine andere übersetzen – Bitten, Danken, Fluchen, Grüßen, Beten."

Aus den Sprachspielen ergibt sich, was eine Sprache zu sagen hat...

„Die Bedeutung eines Wortes ist sein Gebrauch in der Sprache... Das Wort *Sprachspiel* soll hervorheben, daß das Sprechen der Sprache ein Teil ist einer Tätigkeit – oder einer Lebensform. – Und eine Sprache vorstellen heißt, sich eine Lebensform vorstellen... Das Sprachspiel hat seinen Ursprung nicht in der Überlegung. Die Überlegung ist ein Teil des Sprachspiels. Und der Begriff ist daher im Sprachspiel zu Hause. Du mußt bedenken, daß das Sprachspiel sozusagen etwas Unvorhersehbares ist. Ich meine: Es ist nicht begründet. Nicht vernünftig (oder unvernünftig). Es steht da – wie unser Leben."

Die Bedeutung von Wittgensteins Spätphilosophie besteht

darin, daß sie einen Ansatz bietet, aus dem Reichtum der Normalsprache die Vielfältigkeit menschlicher Lebensformen abzuleiten und zugleich analytisch einem tiefergehenden Verständnis zuzuführen. Der Philosoph wird zum methodisch geschulten Registrator der vertrackten Alltäglichkeit, deren Oberflächenstruktur er durchschaut, um zu ihrer wahren Befindlichkeit vorzudringen.

1938 nahm Wittgenstein die britische Staatsbürgerschaft an; 1939 erhielt er die ehrenvolle Berufung als Nachfolger Moores auf dessen Lehrstuhl in Cambridge. Wittgenstein war nun Philosophie-Professor, was ihm „absurd" erschien und „als eine Art Lebendig-Begrabensein" vorkam. Während des Zweiten Weltkriegs übernahm er freiwillige Hilfsdienste in einem Londoner Hospital. 1947 gab er seine Professur und die damit verbundenen Ämter auf. Sein Gesundheitszustand verschlechterte sich. Er suchte die Einsamkeit; ein Jahr lang lebte er in Irland, „weitab", wie er bekundete, „von jeder Zivilisation". Als die Ärzte im Sommer 1949 feststellten, daß er Krebs hatte, schien er fast erleichtert:

„Ich war keineswegs erschrocken, als ich erfuhr, daß ich Krebs habe, aber ich war's, als ich erfuhr, daß man dagegen etwas unternehmen könne, denn ich hatte nicht den Wunsch, weiterzuleben..."

Wittgenstein wußte, daß seine Lebensuhr abgelaufen war. Daß der Tod auf ihn wartete, fand er nur gerecht – warum sollte es ihm besser gehn als anderen. Die Einsicht, daß ihm letztlich nichts geschehen konnte, hatte ihn durch sein Leben begleitet, und im Sterben schließlich erfuhr sie ihre eigentliche Bewährung.

Obwohl es ihm miserabel ging, arbeitete Wittgenstein bis zwei Tage vor seinem Tod an Aufzeichnungen, die postum unter dem Titel „Über Gewißheit" veröffentlicht wurden. Er starb am 29. April 1951. Eines seiner letzten Worte soll der Satz gewesen sein: „Sagen Sie ihnen, daß ich ein wundervolles Leben gehabt habe!" Ein solches Diktum bezog seine innere Wahrheit aus der Botschaft, die Wittgenstein mit seinem Schlüsselerlebnis zur lebenslangen Bewahrung anheimgestellt worden war. Auf die verbliebenen Freunde allerdings mußte dieser Gruß wie ein letzter kläglicher Scherz wirken angesichts des Endes, das er sich oft genug herbeigewünscht hatte.

Wittgenstein, der den Stolz kannte und die Verzweiflung, hat der Philosophie jene Bescheidenheit anempfohlen, die ihn selbst zeit seines Lebens auszeichnete. Er wußte – und daran dürfen wir uns stets erinnern: „Zweifel kann nur bestehen, wo eine Frage besteht, und diese nur, wo etwas gesagt werden kann. – Wir fühlen, daß selbst, wenn alle möglichen wissenschaftlichen Fragen beantwortet sind, unsere Lebensprobleme noch gar nicht berührt sind."

„Der Zuspruch des Feldweges"

Martin Heidegger

Daß ein Philosoph, der auf die Höhe seiner Gedanken will, oft genug von der Tagesform abhängig ist, leuchtet ein und mag zugleich dem, der sich zu großen Respekt für die Philosophie bewahrt hat, unangemessen komisch vorkommen; – so als sei die Vorstellung, daß ein Philosoph, der Großes anzielt und dabei nur den vielzitierten Ofen trifft, etwas leicht Unanständiges und mit unser aller gepflegten Würde kaum vereinbar. Dennoch ist klar, daß auch die Philosophie ihre Zeit hat und der Philosophierende auf eine bestimmte Eigenbefindlichkeit setzen muß, wenn er der Sache des Denkens, über bloßes Genügen hinaus, entsprechen will. Mit dem Philosophieren also, so könnte man salopp sagen, klappt es nicht immer, und es scheint einer eigenartigen und im ursprünglichen Sinn des Wortes zeitgemäßen Stimmung zu bedürfen, um auf den Höhenweg zu gelangen, der den Gedanken gehört.

Martin Heidegger, 1889 im badischen Städtchen Meßkirch geboren, der wohl umstrittenste Denker der Moderne, hat sich über diesen Zusammenhang von Philosophie und einer ihr begegnenden, ins Persönliche hinein abgestimmten Zeit schon früh Klarheit verschafft; er sah seine Arbeit eingegeben in die ihm zugewiesene Landschaft, den Schwarzwald, und bestimmt vom dazugehörigen zeitlichen Rhythmus, der den natürlichen Grundgegebenheiten entsprach. In einem 1933 für den Berliner Rundfunk verfaßten Beitrag mit dem Titel „Schöpferische Landschaft: Warum bleiben wir in der Provinz?" ist Heidegger auf diesen Sachverhalt ausführlich eingegangen.

„Am Steilhang eines weiten Hochtales des südlichen Schwarzwaldes steht in der Höhe von 1150 m eine kleine Skihütte. Im Grundriß mißt sie 6 zu 7 Meter. Das niedere Dach überdeckt

3 Räume: die Wohnküche, den Schlafraum und eine Studierzelle. In der engen Talsohle verstreut und am gleich steilen Gegenhang liegen breit hingelagert die Bauernhöfe mit dem großen überhängenden Dach. Den Hang hinauf ziehen die Matten und Weideflächen bis zum Wald mit seinen alten, hochragenden, dunklen Tannen. Über allem steht ein klarer Sommerhimmel, in dessen strahlenden Raum sich zwei Habichte in weiten Kreisen hinaufschrauben. – Das ist meine Arbeitswelt – gesehen mit den *betrachtenden* Augen des Gastes und des Sommerfrischlers. Ich selbst betrachte eigentlich die Landschaft gar nie. Ich erfahre ihren stündlichen, täglich-nächtlichen Wandel im großen Auf und Ab der Jahreszeiten. Die Schwere der Berge und die Härte ihres Urgesteins, das bedächtige Wachsen der Tannen, die leuchtende, schlichte Pracht der blühenden Matten, das Rauschen des Bergbaches in der weiten Herbstnacht, die strenge Einfachheit der tiefverschneiten Flächen, all das schiebt sich und drängt sich und schwingt durch das tägliche Dasein dort oben. – Und das wiederum nicht in gewollten Augenblicken einer genießerischen Versenkung und künstlichen Einfühlung, sondern nur, wenn das eigene Dasein in seiner *Arbeit* steht. Die Arbeit *öffnet* erst den Raum für diese Bergwirklichkeit. Der Gang der Arbeit bleibt in das Geschehen der Landschaft eingesenkt. – Wenn in tiefer Winternacht ein wilder Schneesturm ... um die Hütte rast und alles verhängt und verhüllt, *dann* ist die hohe Zeit der Philosophie. Ihr Fragen muß dann einfach und wesentlich werden. Die Durcharbeitung jedes Gedankens kann nicht anders denn hart und scharf sein. Die Mühe der sprachlichen Prägung ist wie der Widerstand der ragenden Tannen gegen den Sturm."

Das Wissen um die Zugehörigkeit zu der Landschaft, die er als seine Heimat verstand, prägte Heideggers Selbstverständnis und bestimmte, bis in nachraunende Nuancen hinein, seine Philosophie: Der Schwarzwald wurde zum Resonanzboden seines Denkens, zu dem er sich, mal bäurisch-gerissen, mal emphatisch bis ins Komische hinein, bekannte. Was für Karl Jaspers der „Umgang mit dem Meer" bedeutete, aus dem er die eigentümliche „Stimmung des Philosophierens" bezog, war für Heidegger das Bewußtsein, einem Landstrich anzugehören, in dem schwarzbewaldete Berge den Horizont verstellen und zugleich eine Weite ahnen lassen, die über jede vernünftige Träumerei lange schon hinaus zu sein scheint. Im Schwarzwald, dem Regierungsbezirk des Heideggerschen Denkens, das provinzielle Tiefsinnigkeit schließlich zur gnadenlosen Weltläufigkeit erheben sollte, zeichnet die Menschen, wie man festgestellt hat, nicht nur ein besonderer Hang zum Grübeln aus, in welchem sich Biederkeit und eine seltsam-schlitzohrige Weisheit miteinander verbinden, sondern es kommt ihnen auch die Fähigkeit zu, in harter Arbeit dem Boden das Nötige abzugewinnen und sich, durchaus findig, mit dem zu versorgen, was sie brauchen.

Besonders letztgenannte Eigenart, der Schwarzwälder Kunst, schwere Arbeit zu optimieren und darüber ein listiges Stillschweigen zu bewahren, hat Heidegger sich nur zu gern zugerechnet. Er, der seine eigene Philosophie oft als höheren Arbeitsdienst zu begreifen schien, verglich die Tätigkeit des Philosophen mit den schweißtreibenden Tagesgeschäften eines Bauern; beide tun, was sie tun müssen, und so hocken sie denn, nach des Tages Mühn, erschöpft zwar, aber seelenverwandt beisammen, sagen, was gesagt werden muß – und schweigen sich aus.

„Die philosophische Arbeit verläuft nicht als abseitige Beschäftigung eines Sonderlings. Sie gehört mitten hinein in die Arbeit der Bauern. Wenn der Jungbauer den schweren Hörnerschlitten den Hang hinaufschleppt und ihn alsbald mit Buchenscheiten hoch beladen in gefährlicher Abfahrt seinem Hof zulenkt, wenn der Hirt langsam-versonnenen Schrittes sein Vieh den Hang hinauftreibt, wenn der Bauer in seiner Stube die unzähligen Schindeln für sein Dach werkgerecht herrichtet, dann ist meine Arbeit *von derselben Art*. Darin wurzelt die unmittelbare Zugehörigkeit zu den Bauern. Der Städter meint, er ginge ‚unter das Volk‘, sobald er sich mit einem Bauern zu einem langen Gespräch herabläßt. Wenn ich... abends mit den Bauern auf der Ofenbank sitze oder am Tisch im Herrgottswinkel, dann reden wir *meist gar nicht*. Wir rauchen *schweigend* unsere Pfeifen. Zwischendurch vielleicht fällt ein Wort, daß die Holzarbeit im Wald jetzt zu Ende geht, daß in der vorigen Nacht der Marder in den Hühnerstall einbrach, daß morgen vermutlich die eine Kuh kalben wird, daß den Oehmibauer der Schlag getroffen, daß das Wetter bald ‚umkehrt‘. – Die innere Zugehörigkeit der eigenen Arbeit zum Schwarzwald und seinen Menschen kommt aus einer jahrhundertelangen, durch nichts ersetzbaren alemannisch-schwäbischen Bodenständigkeit."

Dieser Bodenständigkeit hat Heidegger nicht nur im äußeren Habitus, sondern auch durch seine Lebensführung entsprochen: Er wohnte und lehrte in Freiburg und begab sich zur Arbeit des Denkens sooft wie möglich in seine Skihütte oberhalb von Todtnau im Schwarzwald. Auslandsreisen versuchte er, wenn eben es ging, zu vermeiden.

Was er in seiner Landschaft erfuhr, war ein Zuspruch besonderer Art. Heidegger hat ihn, an anderer Stelle, als den „Zuspruch des Feldweges" bezeichnet. Obwohl mit dem Feldweg ursprünglich ein ganz bestimmter Weg in seinem Heimatort Meßkirch gemeint war, auf dem der Philosoph einst des öfteren angetroffen werden konnte (heute endet dieser Weg bezeichnenderweise auf betoniertem Gelände, unweit einer nach Heidegger benannten Schule), wurde er später zu einem allgemeinen Bild für den Gang des Denkens in vertrauter, zur Natur hin offengehaltenen Umgebung. Ein solcher Weg, der noch in fast jeder Landschaft aufzufinden ist, die sich einen Rest Unversehrtheit bewahrt hat, läßt eine sehr alte und einfache Wahrheit anklingen: Wer Augen hat zu sehen und Ohren zu hören, der wird auf dem Feldweg in die verhaltene Zwiesprache mit dem, was ist, gebracht – und hat teil an einer unvordenklichen Gewißheit.

„Wenn die Rätsel einander drängten und kein Ausweg sich bot, half der Feldweg. Denn er geleitet den Fuß auf wendigem Pfad still durch die Weite des kargen Landes. – Immer wieder geht zuweilen das Denken in den gleichen Schriften oder bei eigenen Versuchen auf dem Pfad, den der Feldweg durch die Flur zieht. Dieser bleibt dem Schritt des Denkenden so nahe wie dem Schritt des Landmannes, der in der Morgenfrühe zum Mähen geht... Was um den Weg sein Wesen hat, sammelt er ein und trägt jedem, der auf ihm geht, das Seine zu. Ob das Alpengebirge über den Wäldern in die Abenddämmerung wegsinkt, ob dort, wo der Feldweg sich über eine Hügelwelle schwingt, die Lerche in den Sommermorgen steigt, ob aus der Gegend, wo das Heimatdorf der Mutter liegt, der Ostluft herüberstürmt, ob ein Holzhauer beim Zunachten sein Reisigbündel zum Herd schleppt, ob ein Erntewagen in den Fuhren des Feldweges heimwärtsschwankt, ob Kinder die ersten Schlüsselblumen am Wiesenrain pflücken, ob der Nebel tagelang seine Düsternis und Last über die Fluren schiebt, immer und von überall her steht um den Feldweg der Zuspruch des Selben: Das Einfache verwahrt das Rätsel des Bleibenden und des Großen. Unvermittelt kehrt es bei den Menschen ein und braucht doch ein langes Gedeihen. Im Unscheinbaren des immer Selben verbirgt es seinen Segen. Die Weite aller gewachsenen Dinge, die um den Feldweg verweilen, spendet Welt. Im Ungesprochenen ihrer Sprache ist, wie der alte Lese- und Lebemeister Eckehardt sagt, Gott erst Gott."

Als Heidegger 1949 seine Gedanken über den „Feldweg" niederschrieb, sah er bereits voraus, was heute krude Wirklichkeit geworden ist: Das Offene einer Landschaft, in der die Geheimnisse des Ursprungs noch in tätiger Bewahrung stehen, ist überall gefährdet oder längst Stein geworden. Die Hybris des Menschen, der sich zum Architekten des Weltgebäudes aufgeschwungen hat, wird begleitet von einer Abfolge gleichförmiger Katastrophenmeldungen, an die man anfängt, sich zu gewöhnen. Die Natur, einst ein blühender Garten, verkommt unter dem Zugriff der vorgeblich Gutwilligen; die Erde als Ganzes ist zur geknechteten und geschundenen Heimat geworden, an die man sich dereinst, falls ein Bedenken noch möglich sein wird, erinnern darf wie an ein alle Sehnsüchte auf sich vereinigendes Museumsstück, dem keine Realität mehr entspricht. Wer verlernt hat, auf das Einfache zu achten, dem muß es von Grund auf mißlingen, im Komplizierten Herr zu werden; der Zuspruch des Feldweges, sehr viel leiser geworden im Lauf der Zeit, ist noch zu vernehmen, aber er wird verfallen, wenn er letztlich doch unerhört bleibt.

„Der Zuspruch des Feldweges spricht nur so lange, als Menschen sind, die, in seiner Luft geboren, ihn hören können. Sie sind Hörige ihrer Herkunft, aber nicht Knechte von Machenschaften. Der Mensch versucht vergeblich, durch sein Planen den Erdball in eine Ordnung zu bringen, wenn er nicht dem Zuspruch des Feldweges eingeordnet ist. Die Gefahr droht, daß die Heutigen schwerhörig für seine Sprache bleiben. Ihnen fällt nur noch der Lärm der Apparate, die sie fast für die Stimme Gottes halten, ins Ohr. So wird der Mensch zerstreut und weglos. Den Zerstreuten erscheint das Einfache einförmig. Das Einförmige macht überdrüssig. Die Verdrießlichen finden nur noch das Einerlei. Das Einfache ist entflohen. Seine stille Kraft ist versiegt. – Wohl verringert sich rasch die Zahl derer, die noch das Einfache als ihr erworbenes Eigentum kennen. Aber die Wenigen werden überall die Bleibenden sein. Sie vermögen einst aus der sanften Gewalt des Feldweges die Riesenkräfte der Atomenergie zu überdauern, die sich das menschliche Rechnen erkünstelt und zur Fessel des eigenen Tuns gemacht hat. – Der Zuspruch des Feldweges erweckt einen Sinn, der das Freie liebt und auch die Trübsal noch an der günstigsten Stelle überspringt in eine letzte Heiterkeit. Sie wehrt dem Unfug des nur Arbeitens, der, für sich betrieben, allein das Nichtige fördert... Die wissende Heiterkeit ist ein Tor zum Ewigen. Seine Tür dreht sich in den Angeln, die aus den Rätseln des Daseins bei einem kundigen Schmied einst geschmiedet worden... Die Stille wird... noch stiller. Das Einfache ist noch einfacher geworden. Das immer Selbe befremdet und löst. Der Zuspruch des Feldweges ist jetzt ganz deutlich. Spricht die Seele? Spricht die Welt? Spricht Gott? – Alles spricht den Verzicht in das Selbe. Der Verzicht nimmt nicht. Der Verzicht gibt. Er gibt die unerschöpfliche Kraft des Einfachen. Der Zuspruch macht heimisch in einer langen Herkunft.«

Man könnte diese Sätze Heideggers, für sich genommen und aus verengter heutiger Sicht interpretiert, als philosophische Sendschrift aus der Provinz mißverstehen, in der, fast wie in einer Art grüner Predigt, all das beschworen wird, was der Moderne, die sich für Lärm, Umtriebigkeit und dreistes Gehabe entschieden hat, verlorengegangen zu sein scheint. Der Zuspruch des Feldweges aber, Heideggers Schlüsselerlebnis, mit dessen philosophisch-raunender Botschaft er sich beizeiten verproviantiert hatte, war alles andere als die schlichte Programm-

Musik zu einem Gedanken-Melodram aus längst versunkenen Tagen. Was Heidegger vorhatte, war die Umschreibung der bisherigen Philosophiegeschichte, die, spiegelbildlich dem sogenannten wirklichen Leben, der „Seinsvergessenheit" anheimgefallen war. Von den Ursprüngen des abendländischen Denkens, die Heidegger in der frühen griechischen Philosophie begründet sah, hatte man sich ganz und gar entfernt; mit Hilfe der neuzeitlichen Subjekt-Philosophie, die mancherorts auch als ewig-junge Aufklärung begriffen wurde, war es dem Menschen gelungen, sich in einer global-gedehnten und auf wissenschaftliche Richtigkeit angewiesenen Kompetenz einzuhausen, die wahrzunehmen es keines Zuspruchs mehr bedurfte, sondern nur noch halbgebildeter und hochgerüsteter Anmaßung. Bei den Griechen jedoch, in der griechischen Sprache und im besonderen bei den Vorsokratikern Heraklit und Parmenides, so Heidegger, gab es noch keine erkenntnistragende Trennung von Subjekt und Objekt; der Mensch stand im Offenen des Seins und das, was in ihm zum Sagen kam, war die den Dingen und dem Seienden selbst zugemutete Wahrheit.

„Wenn wir jetzt und später auf Worte der griechischen Sprache hören, dann begeben wir uns in einen ausgezeichneten Bereich. Langsam dämmert nämlich für unsere Besinnung, daß die griechische Sprache keine bloße Sprache ist wie die uns bekannten europäischen. Die griechische Sprache, und sie allein, ist *logos*... Für den Beginn genüge der Hinweis, daß in der griechischen Sprache das in ihr Gesagte auf eine ausgezeichnete Weise zugleich das ist, was das Gesagte nennt. Wenn wir ein griechisches Wort griechisch hören, dann folgen wir seinem *legein*, seinem unmittelbaren Darlegen. Was es darlegt, ist das Vorliegende. Wir sind durch das griechisch gehörte Wort unmittelbar bei der vorliegenden Sache selbst, nicht zunächst bei einer bloßen Wortbedeutung."

Heidegger begriff die Erkenntnisleistung des Subjekts nicht als kühne Tat eines wirklichkeitsmächtigen Ich, sondern als ein Zur-Sprache-Kommen des Seienden im Sein. Der Mensch, nunmehr zum „Hirt des Seins" befördert, versichert sich dessen Zuspruchs und tritt hinaus ins Freie, wo ihm das, was ist, noch in früher „Unverborgenheit" begegnet. Dieser fast heilige Ort, an dem sich, bei geeigneter Stimmungslage, das Sein selbst zu erkennen gibt, ist die „Lichtung", eine Oase des reinen Erkennens, deren Genesis auf das uralte Rätsel der Menschenherkunft überhaupt verweist. Die Lichtung wurde zum Schlüsselwort von Heideggers Spätphilosophie, die – nachdem sein berühmtestes Buch, das 1927 erschienene „Sein und Zeit", mit Hilfe einer Vielzahl subtiler Einzelanalysen eigentlich nur der Zeit nähergekommen war, nicht aber dem Sein – in die Anfänge des philosophischen Denkens zurückfragte, das für Heidegger bei den Griechen lag. Wollte man, sozusagen unabhängig von jedem gegenwärtigen Bedenken der Zeit, dem Sein selbst auf die Spur kommen, galt es, noch einmal in die frühe „Unverborgenheit" einzutreten, der die „Lichtung" zum Aufschein verhilft. Nur dort wird man noch einer Wahrheit ansichtig, die in der Geschichte der Seinsvergessenheit nurmehr als das „Ungedachte im Gedachten" namhaft gemacht werden kann.

„Das Licht... kann in die Lichtung, in ihr Offenes, einfallen und in ihr die Helle mit dem Dunkel spielen lassen. Aber niemals schafft das Licht erst die Lichtung, sondern jenes, das Licht, setzt diese, die Lichtung, voraus. Indes ist die Lichtung, das Offene, nicht nur frei für Helle und Dunkel, sondern auch für Hall und das Verhallen, für das Tönen und das Verklingen. Die Lichtung ist das Offene für alles An- und Abwesende... Die Sprache der Griechen nennt die alles Offene erst gewährende Freigabe des Freien die Aletheia, die Un-verborgenheit. Sie beseitigt nicht die Verborgenheit. Dies geschieht so wenig, daß die Entbergung stets der Verbergung bedarf. – Schon Heraklit deutet auf dieses Verhältnis mit dem Spruch: ‚Dem von sich her Aufgehenden ist es eigentümlich, sich zu verbergen'... Für uns kommt es darauf an, die Unverborgenheit als Lichtung zu erfahren. Das ist das Ungedachte im Gedachten der ganzen Denkgeschichte. Bei Hegel bestand das Bedürfnis der Befriedigung des Gedachten. Für uns waltet dagegen die Bedrängnis des Ungedachten im Gedachten."

Heidegger verstand es, seine Philosophie in dezidierter Unentschiedenheit zu halten; er kam dem Geheimnis des Seins näher, ohne es, wen wundert's, endgültig lösen zu können. Allen unverschämt nachsetzenden Fragen wich er aus; das Denken selbst blieb der Weg, den das Denken zu gehen hatte. Philosophie war vom Staunen angeleitet und zum Fragen veranlaßt worden; alle Antworten, die im Lauf der Zeit dann gegeben wurden, verdankten sich wackerer Vermutung und waren vom Ursprung des Philosophierens, äußerer Notwendigkeit folgend, schon sehr weit entfernt. Was aber läßt sich nun von dem Sein, das im Seienden ist, sagen? Auf diese Frage der Fragen gab Heidegger, mit Blick auf eine dem Sein dienstbar gemachte Philosophie, die folgende Antwort:

„Alles Seiende ist im Sein. Solches zu hören, klingt für unser Ohr trivial, wenn nicht gar beleidigend. Denn darum, daß das Seiende in das Sein gehört, braucht sich niemand zu kümmern. Alle Welt weiß: Seiendes ist solches, was ist. Was steht dem Seienden anderes frei als dies: zu sein? Und dennoch: gerade dies, daß das Seiende im Sein versammelt bleibt, daß im Scheinen vom Sein das Seiende erscheint, dies setzte die Griechen, und sie zuerst und sie allein, in das Erstaunen... Doch das Sein – was ist das Sein? Es ist Es selbst. Dies zu erfahren und zu sagen, muß das künftige Denken lernen. Das ‚Sein' – das ist nicht Gott und nicht ein Weltgrund. Das Sein ist weiter denn alles Seiende und ist gleichwohl dem Menschen näher als jedes Seiende, sei dies ein Fels, ein Tier, ein Kunstwerk, eine Maschine, sei es ein Engel oder Gott. Das Sein ist das Nächste. Doch die Nähe bleibt dem Menschen am weitesten... Die Philosophie sucht das, was das Seiende ist, insofern es ist. Die Philosophie ist unterwegs zum Sein des Seienden, d. h. zum Seienden hinsichtlich des Seins... Zugleich mit dem Aufbruch des Menschen in das Sein geschieht das Sich-finden in das Wort, die Sprache."

Eine Philosophie wie die Heideggersche, die das Wissen zu einem Geschehen macht, das sich im Menschen er-eignet, bedarf einer besonderen Sprache, die fernab aller sachbezogenen, wissenschaftlich strangulierten Verfügungsidiome sich ins Bild zu bringen versucht. Der Erfolg von „Sein und Zeit" hatte auch mit der Sprache zu tun, in der das Werk vorgetragen wurde: Heidegger bediente sich darin einer eigenen Terminologie, die, im Zusammenhang genossen, wie ein berauschender Geistestrank wirkte, in dem die verschiedensten Bestandteile zusammengeschüttet worden waren: ein kräftiger Schuß Expressionismus, zarte, aber befremdlich anmutende philosophische Eigengewächse und für die Würze ein Stimmungselixier, das dem Gefühl allgemeiner Heimatlosigkeit abgelauscht schien.

Diese Sprache, die eigentümlich blieb im wahrsten Sinn des Wortes, hat der Philosoph Theodor W. Adorno, dem die schöne Kunst, unverständlich zu schreiben, selber nicht fremd war, später als „Jargon der Eigentlichkeit" bezeichnet. Heidegger mußte dies nicht unbedingt stören. In seiner Spätphilosophie, nach der von ihm so genannten „Kehre", ist er mit dem, was noch zu sagen war, in die dunkle Einfachheit zurückgekehrt. Sprache, wie er sie verstand, kam nurmehr, einem feinen Geschick gleich, über den Menschen und wurde zur „Sage", die – ähnlich dem Sein, dessen Licht die Dinge, das Seiende, erst aufscheinen läßt – von tiefstem Grund her zur Sprache bringt, was der Rede wert zu sein scheint. In der Sage offenbart sich, letztlich, auch Heideggers berühmt-berüchtigtes „Geviert", das eherne Zusammenspiel der Weltgegenden von Erde, Himmel, Menschen und Göttern, die den Horizont ausmachen, der sich von jeher auf die Köpfe der Sterblichen gelegt hat.

„Die Sage durchwaltet und fügt das Freie der Lichtung, die alles Scheinen aufsuchen, alles Entscheinen verlassen, dahin jegliches An- und Abwesen sich hereinzeigen, sich einsagen muß ... Jede Sprache des Menschen ist in der Sage ereignet und als solche im strengen Wortsinn, wenngleich nach verschiedenen Maßen der Nähe zum Ereignis, eigentliche Sprache. Jede eigentliche Sprache ist, weil durch die Be-wegung der Sage dem Menschen zugewiesen, geschickt, dadurch geschicklich ... Die Sprache ist als die Sage des Weltgevierts nicht mehr nur solches, wozu wir, die sprechenden Menschen, ein Verhältnis haben im Sinne einer Beziehung, die zwischen Mensch und Sprache besteht. Die Sprache ist als die weltbewegende Sage das Verhältnis aller Verhältnisse. Sie verhält, unterhält, reicht und bereichert das Gegenein-ander-über der Weltgegenden, hält und hütet sie, indem sie selber – die Sage – an sich hält."

In der Zeit des Nationalsozialismus wurde der Zuspruch des Feldweges, dem Heidegger folgte, zur bösartigen Einflüsterung. Er verleitete ihn dazu, sich – zumindest vorübergehend – einer Bewegung anzuschließen, die mit dem Denken, das Heidegger seiner Philosophie verordnet hatte, hoffnungslos überfordert schien. Was den Philosophen veranlaßte, ausgerechnet in den Nazis, deren Ideologie sich der übelsten Ressentiments und dumpfesten Vorurteile bediente, eine von der Weltgeschichte persönlich berufene Gruppierung zu erblicken, die nun an vorderster Front in der Lichtung des Seins herumlungerte und sich im Glanz einer unverstandenen Wahrheit sonnte, bleibt unerfindlich. Sicher ist die nationalsozialistische Episode Heideggers kein einmaliger Ausrutscher gewesen; dafür spricht, daß gewisse Bestandteile seiner Philosophie, so etwa ihre wabernde Überheblichkeit und strikte Vernunftfeindlichkeit, durchaus für die platte Zweckentfremdung im Arsenal faschistischen Gedankenguts taugten. Auch die leicht miefige Volkstümelei, die bereits in dem Aufsatz „Schöpferische Landschaft: Warum bleiben wir in der Provinz?" mit angeklungen war, paßte in das tumbe Verlautbarungsdenken, mit dem sich die Nationalsozialisten bemühten, ihrem Selbstwertgefühl zum abgegriffenen Wort zu verhelfen. Im großen und ganzen aber wird man Heideggers Eintreten für eine in der Gewalt gleichgeschaltete Welt als persönliches Versagen begreifen müssen, das seiner Philosophie, ungeachtet ihrer Größe, geschadet hat und einen hartnäckigen Hauch von Schäbigkeit verleiht. Heidegger selbst pflegte auf die gegen ihn erhobenen Vorwürfe mit Schwarzwälder Schweigsamkeit zu reagieren. George Steiner, ein an den Universitäten Genf und Cambridge lehrender Literaturwissenschaftler, der 1978 in den USA ein bemerkenswert einfühlsames und dichtes Buch über Heidegger veröffentlichte, das erst elf Jahre später in deutscher Übersetzung erschien, schrieb dazu:

„Wenn Heidegger offenkundig auf gewissem Niveau ein großer Mann war, ein Lehrer, dessen philosophisch-sprachliche Tätigkeit verschiedene Aspekte der zeitgenössischen Spekulation buchstäblich überragt, so war er zugleich auch ein kleiner Mensch. Er führte sein Leben im Kreise eines Klüngels von

Anbetern und besonders in späteren Jahren hinter Barrieren der Lobhudelei. Seine Ausflüge in die große Welt waren wenig zahlreich und sorgfältig orchestriert. Es kann durchaus sein, daß er nicht den Mut oder die Geistesgröße besaß, sich seiner eigenen politischen Vergangenheit und der Frage nach Deutschlands Parteinahme für die Barbarei zu stellen... Wenn man außerdem Heideggers Karriere in ihrem bewunderungswürdig haushälterischen Verlauf betrachtet und mit ihrer Fähigkeit, Legenden zu schaffen (es gibt hier eindeutig Berührungspunkte zu Wittgensteins Karriere), so ist der Zug, der in überwältigender Weise in Erscheinung tritt, der der List, der ‚Bauernschläue'. Der geschürzte Mund und die kleinen Augen scheinen den Frager aus einem jahrtausendalten Erbe geschickter Verschwiegenheit anzublicken."

Heideggers Schlüsselerlebnis, die Gewißheit, einer Landschaft anzugehören und in ihrem Gebote zu arbeiten, hat ihn weder vor philosophischer Größe noch vor dem unabsehbaren politischen Irrtum bewahrt. Heidegger ist, so gesehen, ein sehr moderner und ein sehr deutscher Philosoph. Neu an ihm war auch, daß er die Provinz zu seiner Bühne machte, der er die Illumination besorgte, die zu ihm paßte: das trübe Licht verbrämter deutscher Enge und einen fast überirdisch zu nennenden Glanz, der von jener vielzitierten und nie-gestellten Wahrheit ausgeht, die höher ist als alle Vernunft.

Der Zuspruch des Feldweges, den man, wie Heidegger vorgeführt hat, durchaus auch auf peinliche Weise mißverstehen kann, muß uns Heutigen, die wir geübt sind darin, alles besser zu wissen, trotz allem nicht fremd bleiben. Was wir aus ihm heraushören können, ist nicht die Nötigung zu einem strengbeschaulichen Leben in rustikaler Umgebung, sondern eine Aufforderung zu vorsichtiger *Gelassenheit*. Von ihr, der Gelassenheit, die uns mittlerweile schwerer ankommen mag als die tägliche Angst, sagte Heidegger im Oktober 1955:

„Die Gelassenheit zu den Dingen und die Offenheit für das Geheimnis gehören zusammen. Sie gewähren uns die Möglichkeit, uns auf eine ganz andere Weise in der Welt aufzuhalten. Sie versprechen uns einen neuen Grund und Boden, auf dem wir innerhalb der technischen Welt, und ungefährdet durch sie, stehen und bestehen können... Vorerst allerdings – wir wissen nicht wie lange – befindet sich der Mensch auf dieser Erde in einer gefährlichen Lage... Es droht im... Atomzeitalter eine* weit größere Gefahr – gerade dann, wenn die Gefahr eines dritten Weltkrieges beseitigt ist... Inwiefern gilt der soeben ausgesprochene Satz? Er gilt insofern, als die im Atomzeitalter anrollende Revolution der Technik den Menschen auf eine Weise fesseln, behexen, blenden und verblenden könnte, daß eines Tages das rechnende Denken als das einzige in Geltung und Übung bliebe... Dann ginge mit dem höchsten und erfolgreichsten Scharfsinn... die Gleichgültigkeit gegen das Nachdenken, die totale Gedankenlosigkeit zusammen... Dann hätte der Mensch sein Eigenstes, daß er nämlich ein nachdenkendes Wesen ist, verleugnet und weggeworfen. Darum gilt es, dieses Wesen des Menschen zu retten. Darum gilt es, das Nachdenken wachzuhalten. Allein – die Gelassenheit zu den Dingen und die Offenheit für das Geheimnis fallen uns niemals von selber zu. Sie sind nicht Zu-fälliges. Beide gedeihen nur aus einem unablässigen herzhaften Denken."

„Alles liegt zu unseren Füßen"

Jean-Paul Sartre

Daß Freiheit, wenn sie denn überhaupt stattfindet, sich des Denkens bedienen muß, darf als einigermaßen plausible Annahme gelten. Im Denken kann der Mensch nicht nur das Chaos der Gegenstandswelt ordnen und sich dabei als Logiker versuchen, sondern er hat auch die Möglichkeit, die Wirklichkeit selbst zu übersteigen, sie anders zu sehen und zu werten, als sie in schlechter Wahrheit wohl ist. Das Denken muß sich dafür nicht mit explosiver Phantasie wappnen oder diverse Verklärungskünste bemühen; es genügt, wenn die Realität eine gegenläufige Deutung erfährt, ein Verständnis, das Freiheit auch dort sieht, wo sie längst verlorengegangen scheint.

Der Philosoph und Schriftsteller Jean-Paul Sartre entwickelte ein solches Freiheitsverständnis, als er im Sommer 1940 in deutsche Kriegsgefangenschaft geriet und in ein Lager bei Trier gesteckt wurde. Die Zwänge, die ihm dort widerfuhren, begriff er als beispiellose Herausforderung, an der er sich zu beweisen und, im Rahmen gegebener Möglichkeiten, produktiv abzuarbeiten hatte. Sartre verstand seine Gefangenschaft als eine zugleich krude wie wohltätige Zwangsgemeinschaft, die ruhende Gedanken wecken und verborgene Lebenstendenzen ins fahle Licht der Gewißheit zerren konnte. Um die Umstände, in denen er sich bewegte, als eine Spielart der Freiheit zu begreifen, die man noch gar nicht so recht wahrgenommen hatte, bedurfte es der Einübung eines besonderen Blicks, einer Auffassung, die sich über Vordergründigkeiten konsequent hinwegsetzte. Sartre, der keine Eingewöhnungs- und Umstellungszeit benötigte, hielt sich dazu an, seine Umgebung mit anderen Augen zu sehen. Schon nach den ersten Tagen im Lager Stalag XII D, einem Barackendorf, das sich vergleichsweise malerisch über die Anhöhen des Petrisbergs oberhalb der Stadt erstreckte, brachte er Tagebuchnotizen zu Papier, die eine betont eigenwillige Sicht der Dinge verrieten:

„Ich schäme mich, es zu sagen, aber auch ich habe schon meine Gewohnheiten. Ich empfinde sehr lebhaft, daß ich auf einem Berg wohne, über einer Stadt. In der Ebene wäre ich mehr gedemütigt gewesen. Wo immer ich bin, setze ich die Höhe meiner geographischen Lage mit irgendeiner moralischen Überlegenheit gleich, die ich mir nicht formuliere. Ich mag es, wenn die Geräusche der Stadt zu mir aufsteigen; sonntags scheint mir das Glockengeläut von sehr weit her, von tief unten zu kommen. Alles liegt zu meinen Füßen: die Deutschen, Vichy, England. Ich erlebe, ohne es mir klarzumachen, eine erhabene Gefangenschaft. Ich nähere mich manchmal dem Stacheldraht, betrachte die gelbe, kahle Hochebene, die auf der anderen Seite der Stadt liegt. Ich kann nur sie sehen; das Tal ist verdeckt. Mir scheint, daß ich mit dieser unberührten, verlassenen Einsamkeit kommuniziere; sie ist wie meine Freiheit, ich denke nicht oft an Paris oder Juan-les-Pins. Aber es kommt mir oft vor, als ginge ich allein über diese Hügel; ich identifiziere den Petrisberg mit dieser Einsamkeit, deren Wildheit ich übertreibe; eigentlich sieht er ganz genauso aus, abgesehen von den Baracken und der Kaserne. Ich vergesse sie, wir kommunizieren von Kraft zu Kraft. Manchmal bewegt sich ein schwarzer Punkt langsam auf dem Hügel gegenüber. Das ist ein Mensch, das bin ich. Alles in mir ist dazu angetan, mir eine erhabene Gefangenschaft zu gewähren; manchmal setze ich sie mit der exaltierten Zurückgezogenheit des Weisen gleich, der Wahnsinn ist im Tal."

Sartre hatte sich vorgenommen, seine Gefangenschaft erhaben zu finden, und er versuchte, diese Einschätzung durch ein entsprechendes Beschäftigungsprogramm zu untermauern, das er sich selbst verordnete. Er las viel, suchte Gespräche mit Kameraden, die er für nützlich hielt, und beteiligte sich an Gemeinschaftsveranstaltungen; zugleich aber blieb er der Sartre, den man von früher her kannte: ein elitärer Einzelgänger mit gelegentlichem Hang zur Geselligkeit. Der Philosoph genoß es, Teil einer zwanghaft ruhiggestellten Masse zu sein, in welcher der einzelne zwar nicht unterging, aber doch auf ein Normalmaß zurückgestutzt wurde, das realistischer war als jede Theorie der individuellen Selbstfindung. Im Erlebnis gemeinsamer Knechtschaft verlor sich der persönliche Hochmut, aber auch jede körperbetonte Scheu vor dem Dasein des andern; man war beisammen, und dies wurde zur Gewißheit, deren tägliche Zumutung ein Netz neuer Funktionalitäten schuf. Wer sich diesen Gegebenheiten anpaßte, ohne seinen Stolz aufzugeben, konnte tatsächlich so etwas wie Glück erfahren, ein Glück, das sich aus einer Vielzahl kleinster, fast läppisch zu nennender Ereignisse aufbaute und gerade deswegen zu kalten und großen Hoffnungen berechtigte.

„Ich habe im Stalag eine Art kollektiven Lebens wiedergefunden, die ich seit der École normale nicht mehr erlebt hatte, und ich kann sagen, daß ich dort eigentlich glücklich war... Es war eine lückenlose Kommunikation, Tag und Nacht... es gab gemeinsame Latrinen. Und wenn man die zusammen mit vielen anderen benutzt, verschwindet jede Elite... Das Gefühl, Teil einer Masse zu sein!... Der Feldwebel, dem wir den Beinamen Pilchard gegeben haben, ohrfeigt uns gern... Was die Deutschen in der Tat überrascht, entmutigt oder aufbringt, ist unser passiver Ungehorsam... Beim Zapfenstreich bleiben wir vor den Baracken, still, entspannt, jede gestohlene Minute genießend... Pilchard schreit, seine Stimme wird heiser vor Wut; die ihm am nächsten stehen, gehen hinein, kommen aber wieder heraus, sobald er ihnen den Rücken gekehrt hat; die anderen warten und verschwinden, wenn er sich nähert. Er kehrt um: wir sind alle vor der Tür... Nach zehn Minuten solchen Treibens verliert er den Kopf und prügelt; alles flieht... Denn unsere Haltung ist auch ein Sich-Wehren gegen die Erniedrigung... Im übrigen gibt es noch viele andere Formen der Abwehr: von der starren Bewegungslosigkeit bis zum einfältigen Lachen."

Das Lachen, auch die Einfältigkeit, die man ihm unterschob, erwiesen sich als überlebensnotwendig. Im Lachen wurde der Verzweiflung eine komische Seite aufgebürdet, die ihr im Grunde schon gar nicht mehr zukam; dabei blitzte eine Lächerlichkeit auf, die jederzeit in ihr Gegenteil umschlagen konnte.

Die Lage war ernst, aber man trat ihr nicht zu nahe, wenn man sie, aus Gründen der Todtraurigkeit, nicht gar zu ernst nahm. Sartre versuchte, das Verhalten, das sich daraus ergab, bis ins Groteske hinein zu perfektionieren. Er kultivierte die Lächerlichkeit, machte sie zur Allzweckwaffe der Unbewaffneten in einer Phalanx mörderisch sicher geregelter Anarchie, deren Ordnungshaftigkeit schließlich dem lachhaften Zwang der Wiederholung erlag.

„Gestern abend zum Beispiel hat es mir Spaß gemacht, einen Tritt in den Arsch zu kriegen... Ich hatte mich verspätet, und die Stunde des Zapfenstreichs war schon lange vorbei... Als ich auf leisen Sohlen den Seitenweg erreichte, traf mich das Licht einer Taschenlampe voll ins Gesicht. Der Posten brüllte los und bedrohte mich mit dem Bajonett... Ich verstand, daß er nicht die Absicht hatte, mir sein Bajonett in den Bauch zu stoßen, aber daß er mit dem Gedanken spielte, mir damit in den Hintern zu stechen. Er wartete darauf, daß ich ihm den Rücken zukehrte. Ich machte langsam kehrt, nie habe ich so lebhaft und deutlich dieses ganze ohnmächtige Fleisch gespürt, das sich unter meinem Rücken zusammenballt... Schließlich habe ich einen gewaltigen Fußtritt bekommen, der mich gegen die Tür geschleudert hat. Ich lachte noch drüber, als ich in die Stube trat. Ich habe zu den Kumpeln gesagt: ‚Ich habe gerade einen ihrer Arschtritte bekommen!', und sie haben alle herzlich losgelacht."

Das Gemeinschaftsleben im Stalag wurde von einigen wenigen Aktivisten organisiert, zu denen, in Maßen, auch Sartre gehörte, der sich allerdings von den anderen Künstlern im Lager, die in einer eigenen Baracke untergebracht waren, bewußt fernhielt. Ihnen warf er elitäres Gebaren und affektierte Empfindsamkeit vor, obwohl er selbst durchaus mithalten konnte, wenn es darum ging, elitär aufzutreten und massive Empfindsamkeit zu zeigen. Sartre fühlte sich zu einer Gruppe von Priestern hingezogen, mit denen er über Gott und die Welt diskutierte. Besonders der Abbé Marius Perrin, ein gebildeter Mann mit toleranten Ansichten, hatte es ihm angetan. In den Gesprächen, die sie führten, ergaben sich immer wieder Berührungspunkte, an denen die zwielichtige, weil letztlich bodenlose Suggestivität überkommener Begriffe deutlich wurde, die sich weder im Terrain des Glaubens noch im mutig abgesteckten Areal freier Interpretation sicher wähnen durften. Perrin hat die Erinnerungen an seine Zeit im Kriegsgefangenenlager später zu einem Büchlein zusammengefaßt; darin schilderte er Sartre als einen gewitzten Diskutanten, der keine Gelegenheit ausließ, den tieferen Unstimmigkeiten im Gebrauch der täglichen Rede nachzuspüren.

»Gerade war ich bei einem sehr freundschaftlichen Streitgespräch dabei – war es überhaupt ein Streitgespräch – zwischen Sartre und (dem Priester, d. Vf.) Espit. Dieser sagte..., es sei immerhin ein Vorteil, den Glauben zu haben. Seine Pfeife auf den Tisch legend, fragte Sartre ihn, was er darunter verstehe, wenn er sagte, ,den Glauben zu haben'. Sei das etwas, das er besitze, wie er selbst diese Pfeife besitze? Ein äußerlicher Gegenstand, der eine magische Verbindung zu seinem Besitzer habe? ,Ist es nicht eher eine grundlegende Haltung, die Sie annehmen, wenn Sie sich zum Gläubigen machen? Eine Wahl, die Sie ständig neu treffen müssen vor dem Hintergrund eines gewissen Unglaubens? Sie sind Priester. Sie müssen doch jeden Morgen, wenn Sie die Messe lesen, Ihre Priesterweihe wiederholen, erneuern? Nur die Heiligen aus Holz sind das, was sie sind.' Espit erkannte bereitwillig an, daß er sich schlecht ausgedrückt hatte, und dankte ihm, bescheiden wie er ist, für diese Lektion in Spiritualität.«

Was Sartre mit den Priestern verband, war das Wissen um ein besonderes Alleinsein, das seine Verantwortung aus dem selbstbewußten Umgang mit der Freiheit bezog. Das Alleinsein des Philosophen glich der Einsamkeit des Priesters im Zölibat, einer Einsamkeit, die der Priester als Geschenk verstehen mußte, als Aufforderung zu einer unbedingten und damit begnadeten Mitmenschlichkeit, deren Scheitern letztendlich eher der Realität anzulasten war als dem ausübenden Personal. Die Perspektiven der Freiheit blieben, unabhängig von den Glaubensinhalten, die man mit ihnen verbinden mochte, zeitübergreifend; sie wirkten auf einen begründeten Neuanfang hin, für den die Bilder des Gewesenen sich zu einer Gegenwärtigkeit zusammenfanden, die das Zukünftige, durch alle Widerständigkeit hindurch, bereits aufscheinen ließ.

„Die Gefangenschaft setzt uns in eine Art schrecklicher Unschuld zurück... Wir tragen nicht die Verantwortung dafür, daß wir hier sind, weil wir nicht hinauskönnen. Welche Erholung für den Geist... Zeuge, immer Zeuge. Zeuge der anderen und meiner selbst... Bis zum Krieg habe ich nichts gemacht; ich spielte vor Kindern mit Ideen, die zu alt waren, um Schaden anzurichten; eine Behörde zahlte mir jeden Monat Geldbeträge, die in keinem erkennbaren Verhältnis zu meinem Geschwätz standen: ich war Rentier mit schlechtem Gewissen, ein reiner Konsument... Ich drehte mich im Kreis, ich machte manchmal mit, ich gab mich nicht hin: ich war eine Jungfrau, die für ein extravagantes Verlöbnis bestimmt war, ich habe die Bewerber abgelehnt, weil sie nicht schön genug waren.“

Auf Anregung Perrins hielt Sartre einen Vortrag über Heidegger, der pikanterweise der einzige zeitgenössische Philosoph war, den die deutsche Lagerleitung glaubte, ihren Gefangenen zumuten zu dürfen; die Beschäftigung mit anderen Denkern galt als unerwünscht. Heideggers Philosophie, ohnehin dunkel und raunend, wurde per Dekret zu einer Weltanschauungslehre befördert, aus der man die mutmaßliche Überlegenheit teutonisch-tiefgründelnden Denkens ablesen durfte, ein Sachverhalt, den Sartre eher amüsiert zur Kenntnis nahm. Er hatte sich, nach vorangehenden Studien der Phänomenologie Husserls, bereits intensiver mit Heidegger beschäftigt und war dabei auf Gedanken gestoßen, die für seine eigenen philosophischen Überlegungen von großer Bedeutung werden sollten. Sartre eignete sich Heideggers Philosophie mit dem Gestus jener Freiheit an, die er sich selber zugesprochen hatte; er adaptierte Bruchstücke eines sehr deutschen Denkens, um sie alsbald mit kartesianischer Radikalität umzuschreiben und für die Zwecke einer existentiellen Grundorientierung neu zu bestimmen. So glaubte er, auf Heideggers Seinsproblematik, die dieser ja mit quälerisch sicheren Einzelanalysen in immer neuen Anläufen vorgetragen hatte, gänzlich verzichten zu können, um statt dessen einen Entwurf für eine großangelegte Realphänomenologie des menschlichen Daseins zu wagen, die sich an den tatsächlich gegebenen und auf ihre Tiefenstruktur hin befragten Lebensbedingungen der Indi viduen orientierte. Im Rückblick notierte Sartre zu seiner Heidegger-Lektüre:

„Ich war Kriegsgefangener, und einige Geistliche im Lager baten mich, mit ihnen über Philosophie zu sprechen. Heidegger war der einzige von den Deutschen erlaubte Autor. Nach ihm sind die Dinge letztlich ‚Zeug'. In meinem ersten Roman ‚Der Ekel' betrachtete ich einen Baum, um zu seinem Wesen vorzudringen; mit anderen Worten, ich stürzte mich in eine unablässige Befragung der Dinge. Ich versuchte zu erfahren, was sie sind. Was sind die Dinge? Warum sind wir da und zu welchem Zweck? Nach Heidegger ist ein Baum etwas, das man fällt, um Feuer zu machen oder ein Haus zu errichten; ein Baum ist also das, wozu man ihn gebraucht – und das gilt ähnlich für den Menschen. Aber ein Mensch hat die Freiheit, sich selbst zu verstehen, für sich selbst und andere eine Wahl zu treffen. Es ist mir unmöglich, die Struktur des Lebens eines Menschen zu untersuchen, ohne darunter all die anderen Strukturen wahrzunehmen, die uns zu den Bedürfnissen der Menschen zurückführen – zur Arbeit, zum Werkzeug. Selbst wenn ich mir eine Tasse Kaffee koche, verändere ich die Welt."

Sartres eigenwillige Heidegger-Rezeption fand ihren Niederschlag in dem 1943 erschienenen Buch „Das Sein und das Nichts", einem umfangreichen Opus magnum, dessen Entstehung und Vollendung wesentlich durch die „erhabene Gefangenschaft" seines Autors befördert wurde. Im Mittelpunkt des Werks steht eine präzise Untersuchung zwischenmenschlicher Interaktion, deren Vielschichtigkeit sich letztlich auf die wiederkehrenden Wahrnehmungsmuster wechselseitiger Kenntnisnahme reduziert. Der Mensch, frei verantwortlich für sich selbst, wird seines Mitmenschen gewahr, ein fundamentaler Akt der Vergegenwärtigung, der von der Intensität eines ursprünglichen Blickkontakts lebt, aus dem sich alle weiteren Strukturen der bewußten Welt- und Ich-Fixierung ableiten lassen. Im Blick des Anderen erfährt sich der zuvor Einzelne als beeinträchtigt; er ist nicht mehr allein, und man scheint ihm das Ganze seiner Welt, die er für sich in Besitz genommen hat, entscheidend streitig zu machen.

„So ist plötzlich ein Objekt erschienen, das mir die Welt gestohlen hat. Alles ist an seinem Platz, alles ist immer noch für mich da, aber alles ist zugleich durch ein unsichtbares und starres Ausfließen zu einem neuen Objekt hin durchzogen. Das Erscheinen des Anderen in der Welt entspricht also einem starren Entgleiten meines gesamten Universums, eine Dezentrierung der Welt, die die Zentrierung unterhöhlt, auf die ich zugleich aus bin... So ist... dasjenige, was ich das Erscheinen eines Menschen in meinem Mikrokosmos nenne, die Erscheinung eines Elementes der Auflösung... Der Andere, das ist zunächst die beständige Flucht der Dinge auf ein Ziel hin, das ich in einer gewissen Entfernung von mir als Objekt erfasse, was mir aber gleichzeitig insoweit entgeht, als es um sich herum seine eigenen Entfernungen entfaltet. Und diese Auflösung schreitet immer weiter fort."

Durch die Existenz des Anderen wird die Freiheit des einzelnen beschränkt; darauf hat er sich einzustellen. Das Wissen um diese Beschränkung bedeutet zugleich eine Herausforderung, Freiheit neu zu bestimmen und zu erfahren. Aus der gemütlichen Willkür der Subjektivität, die mit ihrer Freiheit scheinbar absichtslos spielen konnte, wird eine ins Objektive hineinreichende Dialektik der persönlichen Verantwortung, an der die einzelnen gewissenhaft ihr Handeln auszurichten haben. Der Blick des Anderen, ein schimmernder Indikator für offensichtliche Rätselhaftigkeit, bleibt das Instrument, an dem die beeinträchtigte Freiheit des Einzelnen abzulesen ist. Es zeigt eine schockierende Inbesitznahme an, verweist aber auch auf grundlegende Möglichkeiten der Transzendenz, die jedem Ich gegeben sind. Es kann sich vom Blick des Anderen losreißen und seine Freiheit, als eine aus der Beschränkung verantwortete Willkür, neu entwerfen; Freiheit wird damit erst wesentlich und überindividuell vertretbar...

„Insoweit ich als von mir selbst als von einer meiner freien Möglichkeiten Bewußtsein erlange und insoweit ich mich auf mich selbst hin entwerfe, um diese Selbstheit zu realisieren, insoweit bin ich für Fremdexistenz verantwortlich: ich selbst bewirke durch die Behauptung meiner freien Spontaneität, daß es einen Anderen gibt und nicht bloß eine unendliche Verweisung des Bewußtseins auf mich selbst... Im Entwerfen meiner Möglichkeit erfahre ich mich als Selbstheit, lade die Verantwortung für mein Sein nicht dem Anderen auf, sondern umgekehrt, das Sein des Anderen wird mir zugesprochen. Es hängt von mir ab, nicht der Andere zu sein. Seine Transzendenz wird von mir überstiegen, im Verwirklichen meiner selbst. Das Sein des Anderen erscheint mir als degradiertes Sein. War ich vorher für den Anderen Objekt, und der Andere das blickende Subjekt, so bin ich nun zum Subjekt geworden und der Andere zum Objekt. Der Andere ist nun für mich der, der ich nicht sein will."

Das Wissen um die Freiheit bedarf, so scheint es, einer gespaltenen Bewußtseinsstruktur, einer Unaufrichtigkeit, die Methode hat. Der Einzelne, ob er nun angeblickt wird oder nicht, kann sich über sich selber täuschen; er vermag sein Täuschungsmanöver aber auch auf den Anderen auszudehnen. Beides setzt eine Ahnung der Wahrheit voraus, die dezidierter Erkenntnis gleichkommt; der Mensch weiß mehr, als er eigentlich wissen kann, nämlich auch das, was er nicht weiß, und dieses Wissen hilft ihm, sich auf so versierte Weise im Alltag zurechtzufinden, daß ihm sogar grandiose Steigerungen möglich sind, die Abenteuer der besonderen Art. Sartre adelt die Lüge, bis sie im Rang der Wahrheit sehr nahekommt; der Mensch, ein durch und durch merkwürdiger Gratwanderer zwischen Faktizität und Transzendenz, hat sich einzuhausen in der Gespaltenheit seines Bewußtseins, mit der er leben kann.

„Die Unwahrhaftigkeit kommt nicht von außen her zur menschlichen Realität. Man erleidet die Unwahrhaftigkeit nicht, man wird nicht von ihr angesteckt, sie ist kein Zustand. Es bedarf einer ursprünglichen Absicht und eines Entwurfs der Unwahrhaftigkeit; dieses Entwerfen beinhaltet ein Verständnis der Unwahrhaftigkeit als solcher und eine präreflexive Erfassung des von der Unwahrhaftigkeit gestalteten Bewußtseins. Es folgt daraus, daß der, den man belügt, und der, der lügt, ein und dieselbe Person sind, was bedeutet, daß ich als Täuschender die Wahrheit kennen muß, die mir als Getäuschtem verborgen ist. Mehr noch, ich muß die Wahrheit sehr genau kennen, um sie vor mir sorgfältig verstecken zu können – und dies nicht in zwei verschiedenen Momenten der Zeitlichkeit..., sondern in der vereinheitlichenden Struktur des gleichen Entwurfs... Das Bewußtsein ist nicht, was es ist, und es ist, was es nicht ist."

Sartre, der Mann einer „erhabenen Gefangenschaft", die für andere gar nicht so erhaben war, mochte von der einmal entdeckten Freiheit nicht mehr lassen. Nachdem er ihr, mit dialektischen Kunstgriffen, die den schmerzlichen Unterschied zwischen Gedanken und Wirklichkeit verschwinden ließen, eine philosophische Begründung verpaßt hatte, die einigermaßen widerständig erschien, konnte er sie im Tagesgeschehen erproben, das, nach wie vor, in einer kleinen, gewaltsam versperrten Welt stattfand, deren Außenkontakte vom großen Geschehen des Krieges abhingen. Was im Gefangenenlager vor sich ging, war mittlerweile zu einer Art Routineveranstaltung geworden; man sah sich mit einer Ordnung konfrontiert, deren Legitimation durch die Nötigung der Stärke und des Faktischen bereitgestellt wurde. Man lebte, um zu überleben; die Hoffnungen, die sich daraus ergaben, mochten ehrbar sein, gelegentlich auch realistisch, aber sie wären nicht existenzfähig gewesen, wenn sie sich nicht von jener Unaufrichtigkeit genährt hätten, die Sartre als Wesensmerkmal seines schillernden Freiheitsbegriffs ausgemacht hatte. In der Not wurde das Leben zur Lebenslüge, eine Form der Rehabilitation, die in ihrer heimtückischen Redlichkeit Zulauf von allen Seiten erfahren mußte.

„Im Grunde haben sie alle wie ich das Gefühl, daß sie von vorne beginnen können. Sie sind weit weg, Frankreich ist besiegt, sie werden auf jeden Fall bei der Rückkehr nicht ihre alte Situation vorfinden. Jetzt sind sie umgeben von nackten Männern, wie sie es selbst sind, Papiere und Ränge sind abgeschafft. Da sagen sie ihre Träume: jener Meistertitel, den sie verdienten, zufällig natürlich, ungerechterweise, endlich haben sie das Recht, sich mit ihm zu schmücken. Sie lügen nicht; sie sagen eine Wahrheit, die wahrer ist als das Wahre. Sie wären Ingenieure geworden, selbstverständlich, wenn ihre Familien nicht ihr Studium unterbrochen hätten, wenn man ihnen nicht ein Stipendium verweigert hätte. Der Unter-Bürochef gibt sich, wenn er sich Bürochef nennt, genau die Beförderung, die er erlebt hätte, wenn er nicht an die Front gemußt hätte. Und da sie wissen, daß die Kameraden sich eine Stufe höher gestellt haben, stellen sie sich auch höher, um die echten Verhältnisse zu wahren. So wird dieses Lager von Besiegten, Arbeitern, Bauern, kleinen Angestellten, kleinen Kaufleuten ein Lager von Zufriedenen, von Glücklichen dieser Welt. Ich bin sicher, daß das für manche eine Chance ist und daß sie ihr nachtrauern werden. Die Ungerechtigkeiten des Schicksals sind wiedergutgemacht."

Im März 1941 wurde Sartre aus der Gefangenschaft entlassen: Er hatte sich ein falsches Attest besorgen können, das „eine Teilerblindung des rechten Auges" konstatierte. Die Umstände seiner Entlassung sind bis zum heutigen Tag strittig, desgleichen die „erhabene Gefangenschaft" selbst, deren Vorzüge einige Kritiker meinten, auf eine diskrete Kollaboration Sartres mit dem Feind zurückführen zu können. Den Philosophen der Freiheit mußte dies nicht anfechten; er hatte im Stalag die Grundgedanken seiner Philosophie gefunden, die er, ungeachtet gelegentlicher Variationen und Neuansätze, bis ins hohe Alter hinein beibehielt. An die Zeit seiner Gefangenschaft erinnerte er sich mit hartnäckiger Genugtuung; er wußte, was er ihr zu verdanken hatte, und sein Resümee, von kritischen Einwänden kaum getrübt, fiel entsprechend emphatisch aus:

„Niemals waren wir freier als unter der deutschen Besatzung. Wir hatten alle Rechte verloren und zuerst dasjenige zu sprechen; man beschimpfte uns jeden Tag, und wir mußten schweigen; man verschleppte uns in Massen, als Arbeiter, als Juden, als politische Gefangene; überall – auf den Mauern, in den Zeitungen, auf der Leinwand fanden wir dies abscheuliche und fade Gesicht wieder, das uns die Unterdrücker von uns geben wollten: wegen all dem waren wir frei. Da das Nazigift sich bis in unsere Gedanken einschlich, war jeder rechte Gedanke eine Eroberung; da eine allmächtige Polizei uns zum Schweigen zwingen wollte, wurde jedes Wort wertvoll, wie eine prinzipielle Erklärung; da wir verfolgt waren, besaß jede unsere Gesten die Schwere eines Engagements."

Der Weg zurück nach Paris, zurück in die andere, die reale

Freiheit, von der man vermuten konnte, daß sie eigentlich schon länger nicht mehr existierte, erwies sich als schwierig. Das Vertraute war nicht mehr vertraut, das Fremde noch nicht fremd genug. Sartre kam sich ausgegrenzt vor. Am 2. April 1941, an seinem ersten Abend in Freiheit, betrat er, zögernd und wie aus Versehen, ein Café, das er von früher her kannte:

„In diesem Augenblick überfiel mich Angst oder doch etwas dergleichen; ich konnte nicht verstehen, wie diese behäbigen, dickbäuchigen Häuser solche Wüsten in sich bergen konnten; ich fühlte mich verloren; die paar Kunden erschienen mir weiter als die Sterne; jeder hatte Anrecht auf ein großes Stück Bank, einen ganzen Marmortisch, und ich hätte, um sie zu berühren, das ‚glänzende Parkett‘ überqueren müssen, das zwischen mir und ihnen lag. Sie erschienen mir unnahbar, diese funkelnden, in ihrer Hülle aus verdünnter Luft sich wohlfühlenden Menschen, denn ich hatte nicht mehr das Recht, ihnen mit der Hand auf die Schultern oder Schenkel zu klopfen und sie ‚alter Junge‘ zu nennen: ich war wieder in der bürgerlichen Gesellschaft, mußte wieder lernen, ‚auf respektvolle Entfernung‘ zu leben, und meine plötzliche Platzangst verriet die unbestimmte Sehnsucht nach dem einträchtigen Leben, von dem ich soeben für immer ausgeschlossen worden war.“

„Geister der Nacht"

E. M. Cioran

Eine sehr alte, schon im Psalm vorgetragene Weisheit besagt, daß sich Gelegenheiten finden lassen, in denen es der Herr den Seinen im Schlafe gibt. Es liegt einiges an Hoffnung in diesem Ausspruch, vielleicht aber auch unausgesprochene Furcht, denn immerhin weiß man noch immer nicht, wer der Herr ist, und schon gar nicht, was er im Schlafe herab- und herniedergehen läßt; es kann vorzüglich sein, ein schöner Traum etwa oder die seit langem erwünschte Wahrheit; es kann sich aber auch um eine tückische Mitgift handeln, ein Geschenk, an dem man noch lange zu tragen hat. Bei den Erkenntnissen, die man im Schlafe gewinnt, bedarf es der nachträglichen Schürfarbeit, denn man hat sich zu besinnen, muß Vermutungen zu Rate ziehen, aus denen abzulesen ist, was der Schlummer einem gebracht haben könnte. Dabei zeigt sich zuweilen, daß der Herr anscheinend gar nichts gegeben hat, allenfalls dumpfes Erwachen und ein über Tag ausgedehntes Vergessen, während mit einem Mal etwas anderes zur Erinnerung wird, nämlich die nicht erwünschte Abwesenheit des Schlafes, seine Verkehrung ins Gegenteil: die Schlaflosigkeit.

Von diesem Zustand ist nicht bekannt, daß ihn die Alten als sonderlich erkenntnisfördernd gerühmt hätten; man hat sich nicht viele Gedanken über ihn gemacht, ihn allenfalls als nervösen Wartestand zwischen Wachen und Träumen beschrieben, von dem gelegentlich so etwas wie eine hypernervöse Empfindsamkeit ausgeht, eine schmerzlich feinfühlige Wahrnehmung des Wirklichen, die eher zum Fürchten ist, als daß sie dem Wohlbefinden diente. Mit den Einsichten, die der Schlaflosigkeit entstammen, kann man dennoch ein Weltbild bestücken. Dies hat der Philosoph Emile Michel Cioran unter Beweis gestellt, der sich aus früh empfangenen Nachtgedanken einen zugleich abgründigen wie bodenlosen Skeptizismus zurechtlegte, der vor allem eines nicht sein wollte: Philosophie.

Cioran, 1911 in Rasinari bei Hermannstadt in Rumänien geboren, verfiel auf seine Grundgedanken als junger Mann von gerade einundzwanzig Jahren.

„Ich habe damals Philosophie studiert, ganz ernsthaft. Philosophie ist sehr gefährlich für junge Leute, man wird dünkelhaft, man bläht sich auf, man ist unglaublich von sich selbst eingenommen. Die Philosophiestudenten sind eigentlich unerträglich, überheblich, von einer provozierenden Eitelkeit... Dann geschah etwas in meinem Leben, ein Zusammenbruch. Ich habe den Schlaf verloren. Alle meine Nächte wurden schlaflose Nächte, ich war Tag und Nacht ununterbrochen wach. Ich wohnte in einer Stadt, die sehr schön ist, sie ist fast so schön wie Tübingen: Hermannstadt in Siebenbürgen. Ich ging bei Nacht spazieren, ich wurde zu einem Gespenst, so daß die Leute in dieser Kleinstadt glaubten, ich sei geistesgestört. Und dann habe ich mir gesagt: Du mußt ein Buch schreiben! So entstand mein erstes Buch. Der Titel ist pompös und zugleich banal: ‚Auf den Höhen der Verzweiflung'. Das war damals eine übliche journalistische Redewendung in der Rubrik ‚Verschiedenes'. Wenn jemand Selbstmord beging, hieß es, er habe es ‚auf der Höhe der Verzweiflung' getan. Ich hatte mehrere Titel im Kopf, aber ich konnte mich nicht entscheiden. Ich habe es dann mehrmals so gemacht: ich ging ins Café und fragte einen Kellner: Welchen von diesen drei oder vier Titeln würden Sie wählen? So war es bei meinem ersten Buch und beim nächsten auch. Nachdem ich dieses erste, dieses extreme Buch geschrieben hatte, war ich absolut überzeugt, daß ich entweder Selbstmord begehen würde oder daß etwas passieren mußte."

Ciorans Erstlingswerk, der Geniestreich eines grenzenlos übermüdeten jungen Mannes, der seine Nächte als Stadtstreicher wider Willen zubrachte, ist ein Buch von irritierender Haltlosigkeit, eine Gedächtnisschrift für das hintergründige Leid der Welt, zu dem sich ein Chronist herabläßt, der nicht mehr an den Symptomen herumkurieren möchte, sondern den literarisch geläuterten Untergang will, aus dem nur entkommen kann, wer sich einzurichten versteht inmitten eines allgegenwärtigen Grauens. Der Titel des Buches, den, wie zu vernehmen war, ein genialischer Kellner ausgeheckt hat, ist von bemerkenswert plakativer Genauigkeit: Tatsächlich erreicht Cioran seine Gipfel der Verzweiflung, ein vergleichsweise ödes Plateau, auf dem er genau das sieht, was er immer schon sehen wollte. Die Bergtour in das Massiv der Verzweiflung, ein Aufstieg ohne Sicherung, dafür aber mit gleichbleibendem Schwierigkeitsgrad, bleibt ohne verwertbares Ergebnis; wer verzweifelt ist, so zeigt sich, kann dies auch in den Niederungen sein, von denen aus man die Gipfelkette im Blick behält, einen Kranz von düsteren Bergen, die den Himmel verstellen. Cioran beschreibt seine Exkursion in die Höhenwelt der Verzweiflung auf merkwürdig gravitätische Weise; sein Bericht ist kein Aufschrei, sondern eine sehr subjektiv angelegte, fast verschmockt anmutende Aufrechnung von Gedankenexperimenten, deren Bekenntnis zum persönlichen Leiden so leidenschaftlich ausfällt wie die Kondolenzbekundung des Bestattungsunternehmers im Hause des Toten:

„Die Tatsache, daß ich lebe, beweist, daß die Welt keinen Sinn hat. Denn wie könnte ich in der Ruhelosigkeit eines übermäßig erregten und unglücklichen Menschen, für den sich alles letztlich auf das Nichts beschränkt und über dem das Leiden als Weltgesetz waltet, einen Sinn aufspüren? Wenn die Schöpfung ein Menschenwesen meines Schlages zugelassen hat, kann dies nur beweisen, daß die Flecken der sogenannten Sonne des Lebens derart gewaltig sind, daß sie ihr Licht allgemach ersticken. Die Bestialität des Lebens hat mich zertreten und gedrückt, mir die schwebenden Schwingen gestutzt und alle Freuden, auf welche ich ein Recht hatte, entrissen. Alle überspannte Beflissenheit und alle irrsinnige, paradoxe Leidenschaft, die ich daransetzte, um im Diesseits zu glänzen, aller teuflischer Zauber, den ich verbrauchte, um mir einen künftigen Nimbus zu erwerben, und der ganze Elan, den ich auf eine organische Wiedergeburt oder innerliche Morgenröte verschwendete, haben sich als schwächer erwiesen als die Bestialität und Urgründigkeit dieser Welt, welche alle ihre Vorräte an Verderbnis und Gift in mich ausgegossen hat. Das Leben hält hohen Temperaturen nicht stand."

Die Erhitzung des Daseins, in schlaflosen Nächten vorbereitet, erweist sich als fataler Dauerzustand. An der Glut der Gedanken allerdings, so Cioran, erwärmt sich nicht der durch-
schnittliche Bruder im Geiste, sondern der Seher, ein ruheloser
Streuner, dem es zur Überlebenspflicht wird, sein Leiden zu
kultivieren, auf daß es sich tauglich erhält und ein Gegenstand
bleibt für die Kunst des insistierenden Bedenkens. In Ciorans
Erstlingswerk indes gleichen die ausgegebenen Durchhalteparo-
len einem Bekenntnis zur elitären Nachbesserung der wahnwit-
zigen, vielleicht auch nur versehentlich ausgetragenen Schöpfung. Die einmal geschaute Wahrheit ist schrecklich, aber nicht
schrecklich genug, um nicht noch zusätzlichen Zunder vertragen
zu können, eine Flammenkur, der zumindest die herrschende
Mittelmäßigkeit und ihr massenhaft über den Erdball verbreite-
tes Bedienungspersonal zum Opfer fallen müßte.

„Wenn ich nur könnte, würde ich die gesamte Schöpfung in
Agonie versetzen, um des Lebens Wurzeln von Grund auf zu
läutern, sie mit weißglühenden und einschmeichelnden Flammen zu entzünden, jedoch nicht um sie zu zerstören, sondern
um sie mit frischem Saft und unverbrauchter Glut zu beleben.
Der Weltbrand, den ich entfachen wollte, würde nicht Trümmer,
sondern kosmische, wesentliche Verklärung abwerfen. Auf diese
Weise würde sich das Leben an höhere Temperaturen gewöhnen
und keinen Nährboden mehr für Mittelmäßigkeit abgeben. Und
vielleicht wäre in diesem Traum auch der Tod dem Leben nicht
mehr immanent. – (Zeilen, die ich heute, am 8. April 1933, da ich
zweiundzwanzig Jahre alt werde, geschrieben habe. Mir ist seltsam zumute, wenn ich bedenke, daß ich bereits zu einem Spezialisten des Todes geworden bin.)"

Die Beschwörung des kosmischen Weltbrandes als irdische
Leidensfeier für nichtsahnende Gäste – ein solches Szenario,
vorgetragen von einem gerade mal zweiundzwanzigjährigen Autor, der sich zudem nicht scheute, auf der Klaviatur der Begriffe
nur die hohen, gelegentlich leicht schrägen Töne zu wagen,
durfte nicht nur als erstaunlich gelten, sondern schien auch dazu
geeignet, Hohn und Spott sowie einige handfeste Verdächtigun-
gen hervorzurufen. Cioran konnte damit umgehen; er begegnete

seinen Kritikern mit ruhigem, in der Sache jedoch unnachgiebigem Humor, der die eigene Person, einen besessenen, zunehmend in die Jahre kommenden und noch immer leidensverliebten Jungautor, keineswegs zu schonen beabsichtigte.

„Dieses erste Buch war von einer höllischen und dadurch provokativen Aufrichtigkeit. Ein Bekannter erzählte mir: Meine Frau hat Ihr Buch ins Feuer geworfen, sie sagte: Es hat mich so bedrückt, ich konnte es nicht mehr aushalten. Meine Mutter war besonders beängstigt: Was wird aus Dir werden? Wer so etwas geschrieben hat, der ist verdammt. Ich werde einen Arzt rufen. Der Arzt kam, er stellte mir Fragen, und danach hat er meiner Mutter gesagt: Ihr Sohn ist höchstwahrscheinlich Syphilitiker. Damals stand die Syphilis im Ruf einer Prestigekrankheit; wenn man die kleinste Extravaganz zeigte, hieß es gleich: er hat Syphilis. Ich habe damals ein Buch gelesen, dessen Verfasser ein Jugoslawe war, es hieß ‚Das Genie und die Syphilis‘... Er wollte beweisen, daß für jemanden, der nicht das Glück hat, an Lues zu leiden, es keinen Zweck hat, Ansprüche zu stellen. Und dann zitierte er viele Namen von hochbegabten und angesteckten Geistern. Ich war sehr beeindruckt. Ich wollte Syphilitiker sein. Meine Mutter hat mich gezwungen, eine Blutuntersuchung machen zu lassen. Ich suchte einen Spezialisten auf, der sagte: Sie können in einigen Tagen wiederkommen. Meine Einstellung war zwiespältig, einerseits wünschte ich mir diese unverhoffte Chance, andererseits auch wieder nicht. Als ich bald darauf zu dem Arzt zurückkam, sagte er triumphierend: Ihr Blut ist rein. Sind Sie nicht froh darüber? – Eigentlich nicht, war meine Antwort.“

Ciorans Denken, angetrieben durch eine wachtraumhafte Abfolge nächtlicher Inspirationen, verblieb nicht im Bannkreis jener zweifelhaften Höhen, die von den „Gipfeln der Verzweiflung“ markiert wurden. In der Folgezeit sah es sich zur Versachlichung angehalten, die mit einer Veränderung der realen Lebensumstände des Autors zu tun hatte: Ende 1937 ging Cioran nach Paris, wo er sich dem Wagnis unterzog, eine Existenz als sogenannter freier Schriftsteller zu führen und, was einer zusätzlichen Herausforderung gleichkam, in französischer Sprache zu schreiben. Als Philosoph mochte sich Cioran noch immer nicht sehen, eher als „mißglückten Buddhisten", wie er später einmal zu Protokoll gab. An der Philosophie störte ihn ihr ausgeprägter Ordnungssinn, ein fast beamtenhaftes Bemühen, das Chaos der Weltläufigkeit in Regelwerke zu kleiden, die nicht haltbarer sein konnten als die vom regen Zerfall bedrohten Körper ihrer Urheber. Cioran schrieb, um zu überleben, was grotesk anmuten durfte bei einem Schriftsteller, der, prädestiniert durch seine literarischen Anfänge unter dem Signum prätentiöser Verzweiflung, mit dem Selbstmord auf besonders vertrautem Fuße zu stehen schien – eine Vermutung allerdings, die Cioran nicht zu teilen vermochte.

„Schreiben ist die einzige Behandlung, wenn man keine Arzneien nimmt. Dann muß man schreiben. Auch der Akt des Schreibens allein ist eine Genesung... Formulieren ist Heilung, auch wenn man Unsinn schreibt, auch wenn man kein Talent hat..." Und „über den Selbstmord: Man hat mich oft als seinen Apologeten gebrandmarkt. Ich bin es eigentlich nicht. Ich muß hier mich selbst zitieren: Ohne die Idee des Selbstmordes hätte ich mich seit langem getötet. Damit wollte ich sagen: diese Idee ist eine unglaubliche Hilfe. Das Leben wird dadurch erträglich, weil man sich sagt, ich kann mich töten, wenn ich will. Mit so einer Hoffnung kann man fast alles aushalten."

Mit zunehmendem Alter legte sich Cioran eine Gelassenheit zu, die man auch als Gleichgültigkeit auslegen durfte, zumal alles darauf hinzuweisen schien, daß Veränderungen nur als Illusionen Bestand haben konnten. Mochten in der Theorie noch große Visionen möglich sein, kühne Entwürfe, radikale Umgestaltungen, so erwies sich die Praxis als Durchgangsstation und Betätigungsfeld für fanatisierte Menschheitsbeglücker, deren jeweiliges Scheitern mit dem Aufstieg neuer Ideologen verbunden war. Ein Fortschritt in der Geschichte fand nicht statt, allenfalls ein Fortschreiten im lauernd-gehässigen Umgang der Menschen miteinander, die sich von Generation zu Generation versierter darin zeigten, den Schrecken zu verharmlosen und das Entsetzen unter Kontrolle zu halten. Cioran registrierte dies als Aphoristiker, der im modern ausgebauten Unterstand der Skepsis längst eine Art Hausrecht beanspruchen durfte. Statt der Verzweiflung bediente er sich des Zweifels, den er zu einer Erkenntnis-Instanz ausbaute, die für tragisch-spielerische Einsichten zuständig wurde, nicht jedoch für moralische Gewißheiten oder die möglichen Ansprüche der Verantwortung. Den Gang der Geschichte konnte der Skeptizist getrost außer acht lassen; es blieb ohnehin (fast) alles beim alten, auch wenn man, bei wohlwollender Betrachtung, Nuancen entdecken mochte, in denen sich historische Abläufe noch voneinander unterschieden.

„Die Stunde des Verbrechens schlägt nicht für alle Völker gleichzeitig. So erklärt sich die Permanenz der Geschichte... Die Geschichte läßt sich nicht verteidigen. Ihr gegenüber muß man mit der unbeugsamen Apathie des Zynikers reagieren, wenn man sich nicht in die Allerweltsordnung einreihen und mit den Herden der Aufbegehrenden, der Mörder und der Gläubigen zusammen marschieren will... Wenn ihre Grausamkeit befriedigt ist, werden die Tyrannen leutselig; alles würde in seine Ordnung zurückkehren, wenn die Sklaven, eifersüchtig wie sie sind, nicht ihrerseits Anspruch darauf erhöben, die ihrige zu befriedigen. Das Bestreben des Lammes, ein Wolf zu werden, ist der Anlaß für die meisten Ereignisse. Solche, die keine Fangzähne besitzen, träumen davon, welche zu haben; sie wollen auch einmal diejenigen sein, die die andern verschlingen, und es gelingt ihnen dank der rohen Kraft ihrer Überzahl. – Die Geschichte – diese Dynamik der Geopferten."

An der Virtuosität, mit der sein perfekt funktionierender Zweifel zu Werke ging, konnte man sich beruhigen, ohne das Leid selbst, vor allem seine absoluten und zeitlosen Dimensionen, aus dem Blick zu verlieren. Der Beobachterstatus, den Cioran einnahm, glich dem eines perfekt desillusionierten Chronisten, der keine Anmerkungen mehr zum Tagesgeschehen machte, sondern nur noch Nachbetrachtungen lieferte, künstlich animierte Reminiszenzen an eine Ereigniswelt, deren Stillstand durch höchststeigenen Richterspruch besorgt worden war. Wahrnehmung, ohnehin präjudiziert, blieb auf das Wesentliche beschränkt, das nur so wesentlich sein konnte, wie es die flankierenden Erkenntnismaßnahmen des Zweifels zuließen, der sein eigentliches Geschäft nach wie vor in der Nacht besorgte. Tagsüber ließ er sich scheinbar beruhigen, einlullen vom Gleichmaß der Alltäglichkeit, während er sich in den Nächten zu einem Zweckbündnis mit der Schlaflosigkeit zusammenfand, an das sich Cioran seit seinen schriftstellerischen Anfängen auf eine fast innige Weise gewöhnt hatte.

„Zweierlei Geister: des Tages und der Nacht. Sie haben weder die gleiche Methode noch die gleiche Moral. Am hellen Tag beobachtet man sich, in der Dunkelheit sagt man alles. Die heilsamen oder ärgerlichen Folgen dessen, was er denkt, gelten dem nicht viel, der sich in den Stunden befragt, in denen die anderen dem Schlaf verfallen. Auch dreht und wendet er den Gedanken an die Mißlichkeit, geboren zu sein, ohne sich um das Böse zu bekümmern, das er andern oder sich selbst zufügen kann. Nach Mitternacht beginnt der Rausch der verderblichen Wahrheiten."

Die in der Schlaflosigkeit erschauten Wahrheiten erwiesen sich in doppelter Hinsicht als verderblich: Zum einen nämlich waren sie für den alsbaldigen Verbrauch bestimmt, und ihr Verfallsdatum schlug bereits mit dem jeweilig nächsten Morgengrauen; zum anderen ging eine chronische Bitterkeit von ihnen aus, eine in zahllosen Wachträumen gefestigte Übellaunigkeit, die sich bei Bedarf in ihr Gegenteil verkehren ließ, eine grundlose, unangestrengte Heiterkeit, die zu gegebener Zeit problemlos als Altersweisheit durchgehen konnte. Cioran wurde mit den Jahren zum Routinier durchwachter Nächte, die keine ganz großen Abenteuer mehr boten; Schlaflosigkeit ließ sich demnach, bei pfleglicher Behandlung, auch als zweifelhaftes Geschenk begreifen, als die Gewähr eines Zustands verschärfter Hellsichtigkeit, der von existentieller Bedrohung ebenso kündete wie von den Ritualen der Bestätigung und einer ihr heimlichtuerisch zuarbeitenden Überlebensstrategie.

„Diese Raserei mitten in der Nacht, dieses Bedürfnis einer letzten Auseinandersetzung mit sich, mit den Elementen. Mit einem Mal wallt das Blut auf, man zittert, man erhebt sich, man sagt sich nochmals, daß es keinen Grund mehr gibt, den Rückzug anzutreten: diesmal gilt's. Kaum ist man draußen – eine unmerkliche Beruhigung. Man schreitet, durchdrungen von der Geste, die man vollbringen wird, von der Mission, die man sich angemaßt hat. Eine Spur von Jubel tritt an die Stelle der Raserei, wenn man sich sagt, daß man endlich ans Ziel gelangt ist, daß die Zukunft sich auf wenige Minuten beschränkt, auf eine Stunde höchstens, und daß man aus eigener Befugnis die Aufhebung der Gesamtheit der Augenblicke entschieden hat. – Dann folgt der beruhigende Eindruck, den die Abwesenheit des Nächsten hervorruft. Alle schlafen. Wie soll man eine Welt verlassen, in der man noch allein sein kann? Diese Nacht, die die letzte sein sollte, man bringt es nicht fertig, sich von ihr zu trennen, man kann nicht begreifen, daß sie schwinden kann, und man möchte sie gegen den Tag verteidigen, der sie untergräbt und bald überflutet.“

Der Sinn, der sich aus einem Weiterleben in offensichtlicher Sinnlosigkeit ergibt, ist eine bruchstückhafte, unendlich subjektivierte Wahrheit, die ihre Berechtigung aus einem einzigen gelebten Augenblick bezieht. Diesen Augenblick kann man auskosten, man kann ihn erinnern, aber er läßt sich nicht für andere Zwecke verbiegen, und er bleibt haltlos in reiner Gegenwärtigkeit. Das lebenslang abschnurrende Tag- und Nachtwerk des Zweifels zeigt sich davon unberührt; es geht seinen Gang, der einer immer wieder neu ansetzenden Vernichtung bei intensiver Selbstversorgung entspricht. Mit dem Wissen, das der Zweifel ermöglicht, läßt sich kein Staat machen; es ist brüchig und strafverschärfend zugleich, ein Wissen, das sich selbst erlösen kann, weil es vor den eigenen Gewißheiten kapituliert, die in einem entgrenzten und damit nichtssagenden Kosmos aufgehen. Was kostbar anmuten mag an den Erfahrungen des Zweifels, sind bloße Momentaufnahmen, denkwürdige Bilder, die den Stillstand ihrer eigenen Vergänglichkeit aufscheinen lassen.

„Feststellen, daß allem die Grundlage fehlt, und nicht ein Ende machen, diese Inkonsequenz ist keine: im äußersten ist die Wahrnehmung der Leere mit der Wahrnehmung des Ganzen gleich, mit dem Eingehen ins Ganze. Man beginnt endlich zu sehen, man tastet nicht mehr ziellos, man beruhigt sich, man erlangt Festigkeit. Wenn es eine Chance des Heils außerhalb des

Glaubens gibt, sollte man sie in der Fähigkeit suchen, sich am Kontakt der Irrealität anzureichern. – Und wenn die Erfahrung der Leere nur ein Trug wäre, sie verdiente dennoch, gemacht zu werden. Was diese Erfahrung sich vornimmt, was sie versucht, ist, das Leben und den Tod auf das Nichts zurückzuführen, und das mit dem einzigen Ziel, sie uns erträglich zu machen. Gelingt es ihr manchmal – was mehr können wir wünschen? Ohne sie keine Remedur gegen die Krankheit des Seins, keine Hoffnung, auch nur für kurze Augenblicke die Süße der Ungeborenheit, das Licht des reinen Vorher wieder zu finden."

Mit zunehmendem Alter hat sich Cioran immer mehr vom Tagesgeschäft der Verzweiflung zurückgezogen. Daß sich für sein Weltverständnis heute mehr Belange denn je finden lassen, muß ihn nicht sonderlich beeindrucken: Die Menschheit geht den Weg, den sie gehen muß, wider besseres Wissen vielleicht, aber mit jener dummdreisten Sturheit, die auch den nächtlich wiederkehrenden Alpträumen eignet. Obwohl Untergangsszenarien an der Tagesordnung sind, möchte man das gute alte Prinzip Hoffnung noch nicht aufgeben, welches allerdings immer weniger Anlässe findet, sich bestätigt zu sehen. Cioran, wen wundert's, macht keine Anstalten, einem dahinsiechenden Optimismus wieder auf die Beine zu helfen; die Zukunftsvision, die er anzubieten hat, ist dafür von boshafter Eindringlichkeit: Der Mensch bringt sich selbst um, nicht weil er zuwenig, sondern weil er zuviel weiß.

„Immer wieder stellt sich die Frage, wie der Mensch enden wird. Es gibt zwei Möglichkeiten: durch Kriege oder durch inneren Verschleiß. Der Mensch ist ein Abenteurer. Und ein Abenteurer kann nicht gut enden. Ich habe eine Marotte, ich glaube, daß der Mensch enden wird, wenn man auch das letzte Heilmittel gefunden haben wird. Man kann sich vorstellen, daß die Wissenschaft eines Tages alle Krankheiten besiegen kann, und daran wird der Mensch zerbrechen. Man muß die Idee annehmen, daß der Mensch verschwinden muß. Der Mensch war von Anfang an von der Obsession des Wissens beherrscht, er hat also sein Unglück gewollt. Sein Schicksal ist klar vorausgesagt in der Genesis. Er ist Opfer seiner Wissensbegierde, das ist heute offensichtlich; es war bereits offensichtlich für den oder die Verfasser des Ersten Buches der Bibel, so daß diese ursprünglichen Wahrheiten die wahren Wahrheiten sind."

Der Untergang also, über Jahrhunderte hinweg verzweifelt genau vorbereitet, scheint unabwendbar; die Frage bleibt nur, welche Generation das zweifelhafte Vergnügen haben wird, ihn endlich und endgültig zu erleben. Eine solche Gewißheit kann mutlos machen, sie kann aber auch zu einer stabilen Gelassenheit führen, die sich über das alltägliche Elend erhebt und nur noch jene großen Gedanken pflegt, die der persönlichen Endzeit und ihrer Entsorgung gelten. So verliert letztlich sogar der Tod seinen gewöhnlichen Schrecken, über den sich ohnehin streiten läßt. Cioran, längst ein mehr als weiser alter Herr, läßt die gepflegte Düsternis seiner Lebenserwartung in Heiterkeit ausklingen, einer Heiterkeit, die therapeutische Wirkung zeigt und als begründete Fortsetzung der Verzweiflung mit anderen Mitteln gelten kann.

„In meiner Jugend dachte ich ununterbrochen an den Tod. Es ist merkwürdig: mit dem Alter denkt man weniger daran. Ich habe kürzlich einen Brief von einem Jugendfreund bekommen, der älter ist als ich. Er schrieb mir, daß er kein Interesse mehr am Leben habe. Ich wußte, daß meine Antwort ihm ziemlich wichtig sein würde, und schrieb ihm: Wenn Du einen Rat von mir willst, dann nimm diesen: Wenn Du nicht mehr lachen kannst, dann kannst Du Dich töten. Aber solange Du noch lachen kannst, warte, denn das Lachen ist ein Sieg über das Leben und über den Tod, es ist ein Zeichen dafür, daß man Herr über alles ist. – Mein Vater war Priester. Einmal, nach einem Begräbnis, hat er uns erzählt, daß, nachdem man den Sarg eines jungen Mädchens ins Grab gesenkt hatte, deren Mutter in Lachen ausbrach. Das war Wahnsinn, aber es ist nicht absolut sicher, daß es Wahnsinn war. Wenn ich es auch damals nicht ganz klar begreifen konnte, habe ich doch gespürt, daß der Tod und erst recht die Beerdigung eine unerträgliche und provokatorische Tragikomödie darstellen. Die Mutter konnte etwas so Ungeheuerliches und Undenkbares nicht ertragen. Das Leben und der Tod sind ein substanzloses Schauspiel, das das Lachen rechtfertigt. Die

Schöpfung ist bloß ein Vorwand des Absoluten. Das Vedanta, das tiefste metaphysische System der Inder, behauptet mit Recht, daß Gott die Welt ‚nur aus Spiel' geschaffen hat."

Das Leben also ein Spiel, das in der Regel tödlich endet; wer es gelassen durchsteht, ohne von größeren Schicksalsschlägen gebeutelt zu werden, darf wohl schon von Glück reden. Ein gutes Gelingen ist damit noch längst nicht angezeigt, zumal das Gute selbst, wie auch im übrigen alles andere, durchgehend bezweifelt werden kann. Cioran, der den Zweifel zur metaphysischen Kunstform erhoben hat, ist seinen Anfängen verbunden geblieben. Den Gedanken seiner schlaflosen Nächte bewahrte er ein ehrendes Andenken; sie begleiteten ihn, Sinnbilder ihrer selbst, in denen die Zeit auf Erinnerungsgröße schrumpfte und die lange Weile des Lebens auf den Stand ihrer menschenfernen Erlösung fiel.

„Es ist dasselbe Lebensgefühl, dasselbe Seinsgefühl..., die Reaktion eines Aussätzigen, der nicht mehr der Menschheit angehören kann, ein Gefühl also von völliger Einsamkeit. Meine Vision des Lebens ist dieselbe geblieben. Ich kann die Art, wie ich das Leben gesehen habe, nicht ändern. Nur die Ausdrucksform ist eine andere... Die Schmach des Alterns besteht darin, daß man die Ideen mit verringerter Intensität erlebt. Man wird fast zur Karikatur seiner selbst. Zumindest war es kein Zufall, daß mein erstes Buch ein Buch der totalen Verzweiflung war. – Das Nichts lag in mir selbst, ich brauchte es nicht zu entdecken. Ein Vorgefühl davon hatte ich schon als Kind, durch die Langeweile, diesen Schlüssel zu abgründigen Entdeckungen. Ich kann genau sagen, wann ich als Kind zum ersten Mal die plötzliche Gewißheit hatte, daß ich die Zeit wahrnehme, daß mir die Zeit schlagartig fremd wurde... Auf einmal hatte ich dieses Gefühl der Leerheit, das Gefühl, an jenem Nachmittag, mit fünf Jahren, daß ich außerhalb der Zeit sei. Das habe ich seit damals immer wieder gespürt, es ist eine fast tägliche Erfahrung geworden."

„*Ein sanfter und gutmütiger Mann*"

Karl R. Popper

Unter einem Philosophen stellt man sich, einigen hartnäckigen Klischees zufolge, eher einen unpraktischen Menschen vor: Er ist in der Welt der Bücher zu Haus und beherrscht die Kunst des Gedankenflugs, hat aber Schwierigkeiten, unfallfrei einen Nagel in die Wand zu schlagen. Er ist zudem bemerkenswert zerstreut und weiß nicht annähernd so viel, wie er leichterhand wieder vergißt, was, als wiederkehrende Gedankenfigur, auf Umwegen dann zum Problem der Identitätsfindung führt, einer Verwahrung des Selbstbewußtseins im Sicherheitstrakt der Theorie, welcher einerseits einsam macht, andererseits aber auch Schutz gewährt vor den Fährnissen der alltäglichen Lebenspraxis. Philosophen, die diesen sympathischen Vorurteilen entsprechen, mag es geben, zumal sich zahlreiche Anekdoten bemühen lassen, die von den Unbedarftheiten großer Denker berichten; dennoch ist der Philosoph als genialischer Tolpatsch keineswegs zu einer Regelgestalt geworden, die das Image eines ganzen traditionsreichen Berufsstandes nachhaltig geprägt hätte. In Wahrheit hat sich die Philosophie immer an die schon von Aristoteles ausgegebene Devise gehalten, daß die Theorie die höchste Form der Praxis darstellt, ein Grundsatz, der den Philosophen dazu anhält, seinen theoretischen Bemühungen jene praktischen Konsequenzen folgen zu lassen, die er einmal als richtig erkannt hat. Umgekehrt wirkt die Praxis auf die Theorie zurück; sie läßt Einsichten wirksam werden, die sich aus der Verfertigung der Gedanken zu einem Produkt der Arbeit ergeben. Man lernt aus seinem Tätigsein; ein Erkenntniszugewinn, der in der Folge theoretisch und praktisch gleichermaßen bedeutsam wird.

Der Philosoph Karl Raimund Popper unterzog sich einer

solchen Erkenntnisschulung durch die Praxis, als er im Jahre 1922 eine Tischlerlehre absolvierte, die ihm auch philosophisch zu außerordentlichem Nutzen gereichte.

„Es war einmal ein Tischlermeister, der hieß Adalbert Pösch. Als ich zwanzig Jahre alt war, wurde ich sein Lehrling. Ich arbeitete in seiner Werkstatt, nicht lange nach dem Ersten Weltkrieg, von 1922 bis 1924. Adalbert Pösch sah Georges Clemenceau zum Verwechseln ähnlich, aber er war ein sanfter und gutmütiger Mann. Nachdem ich sein Vertrauen gewonnen hatte, teilte er oft, wenn wir allein in seiner Werkstatt waren, seinen wahrhaft unerschöpflichen Schatz an Wissen mit mir. Einmal erzählte er mir, daß er viele Jahre lang an verschiedenen Modellen für ein Perpetuum mobile gearbeitet habe. Nachdenklich setzte er hinzu: ,Da sag'n s', daß ma' so was net mach'n kann; aber wann amal eina ein's g'macht hat, dann wer'n s' schon anders red'n!' Es war ihm ein besonderes Vergnügen, mir eine historische Frage vorzulegen und sie selbst zu beantworten, wenn sich herausstellte, daß ich die Antwort nicht wußte (obwohl ich, sein Lehrling, ein Universitätsstudent war – eine Tatsache, auf die er sehr stolz war). ,Und wissen S", fragte er mich, ,wer die Schaftstiefel erfunden hat? Nein? Dös wissen S' net? Das war der Wallenstein, der Herzog von Friedland, im Dreißigjährigen Krieg!' Und nachdem er ein oder zwei noch schwierigere Fragen gestellt und triumphierend selbst beantwortet hatte, pflegte er mit bescheidenem Stolz zu sagen: ,Da können S' mi frag'n, was Sie woll'n: ich weiß alles.'"

Was Popper von seinem Meister Pösch vorgeführt bekam, war ein Stück alltäglicher Wissensarbeit, bezogen auf reale Verwertbarkeit und durchsetzt von den Höhenflügen persönlicher Mutmaßung. Der Meister machte seinem Lehrling deutlich, daß man etwas wissen konnte, ohne es zu wissen; Erkenntnisprozesse waren auf eine Vordergründigkeit angelegt, die in der Natur der Sache stand und für eine Abgeschlossenheit bürgte, der man jederzeit mit neuen Fragen zu Leibe rücken durfte. Das Wissen selbst, mit dem man arbeitete, wurde einer ständigen Korrektur durch die Anforderungen der Praxis unterzogen, die ihre eigene Gesetzlichkeit hatte, ein Programm, das die Qualitäten des Ge-

genständlichen ebensosehr schätzte wie die Erfordernisse unverzichtbarer Verkäuflichkeit. Die Allwissenheit des Meisters erwies sich als kompetentes Täuschungsmanöver, das gleichwohl notwendige und wichtige Vorgaben setzte für die praktische Wirksamkeit eines Wissens und seiner wiederkehrenden Verfügungsstrukturen. Erkenntnisse, immer wieder neu in Anschlag gebracht, richteten sich an ihrer eigenen Unzulänglichkeit auf, die immerhin dazu taugte, anständige Arbeit abzuliefern und auf Verbesserungen aus zu sein. So gesehen mußte die wundersame Gelehrsamkeit des Meisters beachtliches Stückwerk bleiben – und der Mann selbst zu einem späten Nachfahren des legendären Sokrates werden, der als erster lehrte, daß man nichts anderes wissen konnte, als nichts zu wissen, dies aber auf beispielhaftem Niveau.

„Ich vermute, daß ich über Erkenntnistheorie mehr von meinem lieben, allwissenden Meister Pösch gelernt habe als von irgendeinem anderen meiner Lehrer. Keiner hat so viel dazu beigetragen, mich zu einem Jünger von Sokrates zu machen. Denn mein Meister lehrte mich nicht nur, daß ich nichts wußte, sondern auch, daß die einzige Weisheit, die zu erwerben ich hoffen konnte, das sokratische Wissen von der Unendlichkeit meines Nichtwissens war. – Diese und andere erkenntnistheoretischen Gedanken beschäftigten mich, während ich an einem Schreibtisch arbeitete. Wir hatten nämlich damals einen großen Auftrag für dreißig Mahagoni-Schreibtische, mit vielen, vielen Laden. Ich fürchte, daß die Qualität einige dieser Schreibtische, und besonders ihre Politur, unter meiner Beschäftigung mit der Erkenntnistheorie sehr gelitten hat. Das hat meinen Meister und schließlich auch mich davon überzeugt, daß ich zu unwissend war und zu fehlbar für diese heikle Art von Arbeit. So entschloß ich mich, nach Beendigung meiner Lehrzeit den Versuch zu machen, eine Beschäftigung zu finden, die etwas leichter war als die Arbeit an Mahagoni-Schreibtischen. Ein Jahr arbeitete ich mit sozial gefährdeten Kindern – etwas, was ich schon vorher gemacht und sehr schwierig gefunden hatte. Und dann, nach fünf Jahren, verbracht mit Studieren und Schreiben, wurde ich als Lehrer angestellt und heiratete. Das war 1930. Damals hatte ich keinen weiteren Ehrgeiz, als Schulkinder zu unterrichten. Des Unterrichtens wurde ich erst ein wenig müde, nachdem meine ‚Logik der Forschung' im November 1934 erschienen war. So war ich froh, als ich 1937 die Gelegenheit hatte, den Schulunterricht aufzugeben und an einer Universität Philosophie zu lehren. Ich war fast 35 Jahre alt und dachte, daß ich nun das Problem gelöst hätte, wie man an einem Schreibtisch arbeiten und sich gleichzeitig mit Erkenntnistheorie beschäftigen kann.“

Poppers Hinwendung zur Philosophie glich einer Liaison, die sich zu einer langanhaltenden Beziehung auswächst. Am Ende mußte die Eheschließung erfolgen, keine spaßhafte Angelegenheit, sondern ein ernsthaftes Unterfangen, das mit ebensolchen Absichten begonnen wurde. Was Popper an der traditionellen Philosophie ärgerte, war ihre vorgebliche Selbstsicherheit, die sie, ungeachtet von Fraktionierungen und systematisch aufgebauschten Gegnerschaften, geradezu unbeirrt bekundete. Der sokratische Gedanke, der ihm auf dem Umweg über die Wissensoffenbarungen des Meisters Pösch nahegebracht worden war, stand praktisch ohne verläßliche Anhängerschaft da; man hatte das Wissen zur Wissenschaft erhoben, ohne Rücksicht auf jene Verluste, die sich aus den Möglichkeiten des Nichtwissens ergaben. Popper stellte sich Wissenschaft jedoch als einen mühsamen Gang auf rauhem Gelände vor; man kam nur beschwerlich voran, erzielte aber kontinuierliche Fortschritte bei dem Versuch, sich den Weg zu vergegenwärtigen, den man eingeschlagen hatte. Diese Fortschritte beruhten auf der bewußten Korrektur von Irrtümern, denen, nach jeweilig bestem Wissen und Gewissen, veränderte Direktiven entgegengesetzt wurden – Hypothesen, von denen zu vermuten stand, daß sie, zumindest für kurze Zeit, kompetentere Dienste leisteten als ihre ebenfalls gutwilligen Vorgänger. Der Gesamtprozeß der Wissenschaft, wie ihn Popper verstand, sollte ein bescheiden betriebenes Erkenntnisbeschaffungsprogramm sein, das seine eigene Unzulänglichkeit methodisch absicherte, um die zulänglichen Forschungsresultate dafür noch dezidierter ausweisen und zur Diskussion stellen zu können. Die Konturen eines solchen Programms waren bereits von Kant vorgezeichnet worden; der Königsberger Philosoph hatte eine Grenzziehung des Wissens veranlaßt, die von nahezu zeitloser Gültigkeit zu sein schien:

„Es gab... Ideen, die mich ablenkten und in meiner Arbeit an den früher erwähnten Schreibtischen während meiner Tischlerlehrzeit störten. Es war das eine Zeit, in der ich wieder und wieder Kants erste Kritik las. Ich kam bald zu dem Schluß, daß der Mittelpunkt seiner Lehre ist, daß die wissenschaftlichen Theorien von uns selbst erfunden werden und daß wir sie der Welt aufzuzwingen versuchen: ‚Der Verstand schöpft seine Gesetze... nicht aus der Natur, sondern er schreibt sie dieser vor.‘ Aus der Verknüpfung dieser Bemerkung mit meinen eigenen Ideen kam ich etwa zu dem folgenden Ergebnis: Unsere Theorien, die mit primitiven Mythen anfangen und sich zu den Theorien der Wissenschaft weiterentwickeln, sind in der Tat Menschenwerk, wie schon Kant sagt. Wir versuchen, sie der Welt vorzuschreiben, und wir können, wenn wir es wollen, immer dogmatisch an ihnen festhalten, auch dann, wenn sie falsch sind (wie es nicht nur die meisten religiösen Mythen sind, sondern sogar Newtons Theorie, an die Kant dachte). Aber wenn wir auch zunächst an unseren Theorien festhalten müssen – ohne Theorien können wir nicht einmal beginnen, denn wir haben sonst nichts, an das wir uns halten könnten –, so können wir doch im Laufe der Zeit ihnen gegenüber eine kritischere Haltung einnehmen. Wir können versuchen, sie durch etwas Besseres zu ersetzen, wenn wir mit ihrer Hilfe die Stelle gefunden haben, an der sie uns im Stich lassen. So kann es zu einer wissenschaftlichen oder kritischen Phase des Denkens kommen, der notwendig eine unkritische oder dogmatische Phase vorausgeht."

Für Popper war, wie sich herausstellen sollte, die klassische deutsche Philosophie bei Kant stehengeblieben. Die kühnen, zum Teil auch abenteuerlichen Entwürfe, mit denen Fichte, Hegel und Schelling eine Intensivierung des Denkens betrieben hatten, das seine hochgesteckten Ziele und die ihnen auferlegte Legitimation aus sich selbst heraus bezog, fielen auf dem Prüfstand des Popperschen Kritizismus durch, und zwar vollständig. Der deutsche Idealismus, wie ihn die Kant-Nachfolger hinterlassen hatten, verkörperte die Anmaßungen der Metaphysik, denen

Popper mit der anmaßenden Selbstsicherheit eines moralisch und methodologisch geläuterten Erfahrungswissenschaftlers begegnete. Seine Philosophie, der später so genannte Kritische Rationalismus, entwickelte ein Begriffsinstrumentarium, mit dessen Hilfe man sowohl die Fiktionen der alten Metaphysik entlarven, als auch die undurchschauten Voraussetzungen eines längst behäbig gewordenen Positivismus problematisieren konnte – ein freiwilliger Rückzug in die von Kant einst durchmessenen Erkenntnisgebiete, ohne Not eingeleitet, aber strategisch begründet und geordnet, ja: diszipliniert durchgeführt. Der Philosophie, so schien es, konnte letztlich nur das zugemutet werden, was im Bereich ihrer Erfahrungsmöglichkeiten lag; von den darüber hinausreichenden Mutmaßungen des Wissens war nur zu reden im Sinne der stolzen sokratischen Unzulänglichkeit, was einer Reduzierung des Anspruchsdenkens gleichkam, welches nun mit neuen Ansprüchen operieren mußte.

„Kant, dachte ich, hatte recht, als er sagte, es sei unmöglich, daß die Erkenntnis gleichsam eine Kopie oder ein Abdruck der Wirklichkeit sei. Er hatte recht, wenn er sagte, die Erkenntnis sei in genetischer oder psychologischer Hinsicht a priori. Aber er war im Unrecht, wenn er glaubte, daß Erkenntnisse a priori gültig sein können. Unsere Theorien sind unsere Erfindungen. Sie mögen oft nichts Besseres sein als schlecht durchdachte Mutmaßungen. Sie sind nie mehr als kühne Vermutungen, Hypothesen. Aus diesen erschaffen wir eine Welt: nicht die wirkliche Welt, sondern Modelle; von uns gemachte Netze, mit denen wir die wirkliche Welt einzufangen versuchen. – Wenn diese Gedanken richtig waren, dann hatte das, was ich zunächst als Psychologie der Forschung aufgefaßt hatte, eine Grundlage in der Logik: Es gab aus logischen Gründen keinen anderen Weg ins Unbekannte, als selbst unsere Netze zu machen und sie auszuwerfen. (Bei Novalis fand ich die Bemerkung: ‚Hypothesen sind Netze, nur der wird fangen, der auswirft...‘).“

Der Wissenschaftler als Wahrheitsfischer auf einem Meer potentieller Erkenntnisse: Ein solcher Arbeitsauftrag, gebunden an das dazugehörige Selbstbewußtsein, setzte nicht nur funktionierendes Beschaffungsmaterial voraus, sondern blieb auch an ein streng limitiertes Philosophieverständnis gebunden, das sich im Zweifelsfall an Tatsachenentscheidungen halten mußte, deren Bestand kaum gesicherter erscheinen konnte als ein Arsenal sorgfältig erstellter Wettervorhersagen. Für Popper ging es darum, mit geregelten Unsicherheiten auszukommen; eine Zumutung, die er eher als Auftrag denn als Beschränkung der eigenen Möglichkeiten empfand. Für ihn war längst deutlich geworden, daß die traditionellen Ansprüche der Wissenschaftlichkeit von Voraussetzungen ausgingen, die, entgegen der herrschenden Meinung, keineswegs von verläßlicher Stabilität waren, sondern durchaus bezweifelt werden konnten. Es gab, wie Popper ein ums andere Mal feststellte, tatsächlich keine nennenswerten Sicherheiten: In Wirklichkeit nämlich ließen sich auch aus der dezidierten Wiederholung von als erwiesen geltenden Annahmen noch immer keine Gewißheiten ableiten, die über das kritische Tagesgeschäft hinaus mit ihrem zweifelsfreien Bestand rechnen durften. Damit wurde sogar die Induktion, ein doch, wie man meinen konnte, sehr solides und hochwirksames Erkenntnis- und Funktionsprinzip, das sich speziell in den Naturwissenschaften bewährt zu haben schien, im Grunde hinfällig, zumindest aber entbehrlich.

„Einige meiner früheren Ideen fügten sich zusammen. Ich begriff, warum die falsche Wissenschaftstheorie, die seit Bacon geherrscht hatte – die Theorie, daß die Naturwissenschaften induktive Wissenschaften seien und daß die Induktion ein Weg sei, durch wiederholte Beobachtungen oder Experimente etwas Allgemeines festzustellen oder zu rechtfertigen –, sich so tief verwurzeln konnte. Der Grund war, daß die Wissenschaftler ihre Tätigkeit sowohl von der Pseudowissenschaft wie von der Theologie und Metaphysik abgrenzen mußten und daß sie von Bacon die induktive Methode als ihr Abgrenzungskriterium übernommen hatten... Ich verfügte jedoch seit vielen Jahren über ein besseres Abgrenzungskriterium: die Prüfbarkeit oder Falsifizierbarkeit. – Ich konnte also auf die Induktion verzichten, ohne mit der Abgrenzung in Schwierigkeiten zu kommen. Und ich konnte meine Ergebnisse hinsichtlich der Methode von Versuch und Irrtum so anwenden, daß die gesamte induktive Methodologie durch eine deduktive ersetzt werden konnte."

Poppers Königsweg zu den gesichert-ungesicherten Erkenntnissen war keine Promenade, auf der man, wie einst die Philosophen des großen Worts, bei ständig schönem Wetter lustwandeln konnte, bestaunt vom gedankenträgen Fußvolk und voll der imposanten Einsichten, für die es keinerlei Beweise gab. Der neu beschilderte Weg glich eher einer schmucklosen Straße durch längst vermessenes Bürgergebiet, auf der man sich, bei präziser Zielvorgabe, nur noch selten verlaufen konnte. Trotzdem war es möglich, daß einem Fremde auf dieser Straße begegneten, die aber umstandslos nach ihrem Namen befragt werden konnten, so daß man, wenn geantwortet wurde, tatsächlich ein wenig mehr wußte als zuvor. Auf diese Weise kam eine höchst unspektakuläre Vermehrung des Wissens zustande, die alles andere als kühn, dafür jedoch grundsolide war. Die dazugehörige Philosophie arbeitete mit dem Irrtum als Kalkül für die Widerlegung von mutmaßlichen Wahrheiten, denen die Hochseilartisten der bemühten Reflexion, Metaphysiker also, noch immer mehr aufbürden wollten, als sie zu leisten imstande waren. Am Ende mutete das Arbeitsprinzip, das Popper in die Wissenschaften einbrachte, bemerkenswert einfach an, wobei die Schwierigkeiten, das blieb abzusehen, in der Anwendung lagen – und in den Kriterien ihrer philosophischen Weiterbeschäftigung.

Es „klärte sich das ganze Problem der wissenschaftlichen Methode wie von selbst, und damit auch das Problem des wissenschaftlichen Fortschritts. Der Fortschritt bestand darin, zu Theorien fortzuschreiten, die uns mehr und mehr sagen – zu Theorien von immer größerem Gehalt. Je mehr aber eine Theorie aussagt, um so mehr schließt sie aus oder verbietet sie, und um so größer sind die Chancen, sie zu falsifizieren. Eine Theorie mit größerem Gehalt ist also auch eine Theorie, die strenger geprüft werden kann. Diese Überlegung führte zu einer Erkenntnistheorie, der zufolge der wissenschaftliche Fortschritt nicht darin bestand, Beobachtungen anzuhäufen, sondern darin, weniger gute Theorien zu stürzen und durch bessere zu ersetzen, insbesondere durch Theorien von größerem Gehalt. Es gab also eine

Konkurrenz zwischen den Theorien – eine Art von Darwin-schem Kampf ums Dasein."

Popper, wenig kritikfreudig, wenn es um die Stabilität der eigenen Position ging, war sich eigentlich immer recht sicher, daß seine Philosophie eines strikten Fallibilismus aus dem Über-lebenskampf der Theorien unbeschadet hervorgehen würde. An Selbstbewußtsein mangelte es ihm nicht, auch nicht an der nöti-gen Kampfeslust, um wissenschaftliche Fehden, die mehr sein wollten als bloße Vorzeigescharmützel, aufzunehmen und bis zu einer ersten vorläufigen Gesamtwertung durchzustehen. Was Popper zu Ende brachte, so sah er es, war das kritische Geschäft Kants, das er mit dem Sachverstand eines methodologisch ver-sierten und moralisch empfindsamen Wissenschaftstheoretikers betrieb, dem es keine übermäßige Kraftanstrengung mehr be-deutete, auf der Höhe des neuen, d. h. des zeitgenössischen Reflexionsstandes zu verbleiben. Philosophie, wie Popper sie verstand, fungierte als Wegbegleitung für die moderne For-schung, eine Aufgabe, die nicht nur beratende Funktionen vor-sah, sondern auch das unmittelbare Eingreifen gestattete, wenn es galt, eine neue, plausibel anmutende Theorie im Sinne der mit ihr verbundenen Erwartungen zu animieren und verfügbar zu machen. Dem früheren Erkenntnisanspruch der Philosophie waren damit die Flügel gestutzt; gefordert wurde statt dessen eine nimmermüde, rationalistisch verbrämte Begeisterung für die wahren Wissens-Novitäten, deren bruchstückhafte Erobe-rung man, mit einigem guten Willen, als ständige Herausforde-rung, zumindest aber wohl als einen Hort der belehrbaren wis-senschaftlichen Neugier und ihrer Interessen begreifen durfte.

„Ich ersetzte... Kants Lehre von der Unmöglichkeit, die Dinge an sich zu erkennen, durch die Lehre von dem für immer hypothetischen Charakter unserer Theorien. Auch auf dem Ge-biet der Ethik betrachtete ich mich als einen (gemäßigten) Kan-tianer... Ich versuchte, eine Theorie des menschlichen Wissens zu formulieren, ... faßte aber das menschliche Wissen ganz anders auf als die klassischen Philosophen. Bis zu Hume, Mill und Mach sahen die meisten Philosophen im menschlichen Wis-sen etwas Sicheres, etwas Feststehendes. Sogar Hume, der sich für einen Skeptiker hielt und der den ‚Traktat über die menschliche Natur' in der Hoffnung schrieb, die Sozialwissenschaften zu revolutionieren, setzte das menschliche Wissen beinahe mit den stabilen menschlichen Gewohnheiten gleich. Das menschliche Wissen bestand in dem, was nahezu jedermann wußte: daß die Katze auf der Matte liegt; daß Julius Caesar ermordet wurde; daß das Gras grün ist. Alles das erschien mir aber sehr uninteressant. Das Interessante war das problematische Wissen, das unsichere Wissen; und das Wachstum des Wissens – die Forschung."

Popper versuchte, den Erkenntnisbestand des Wissens auf eine Subjektunabhängigkeit zu verpflichten, die sich nur behaupten ließ, wenn man die Entstehungs- und Wirksamkeitsmuster von Erkenntnissen vernachlässigte und sich statt dessen auf die komplizierten Zusammenhänge der szientifischen Strukturen selbst einließ, deren Funktionalität durch das Konzept objektivierter Beschreibungen erfaßt werden konnte. Das Subjekt, bei Kant noch der bescheidene, auf Erkenntnisgewinn fixierte Drahtzieher hinter dem Regel- und Gesetzeswerk natürlicher und gemachter Realitäten, wurde von Popper aus dem unmittelbaren Wissensdienst abgezogen und in die Beobachterränge zurückbeordert, von welchen aus man den zur unbedachten Vermehrung drängenden Erkenntnisprozessen, die zur Forschung kulminierten, relativ unbeteiligt folgen konnte. Eine solche Entsubjektivierung, die auch für das zuvor schon angesprochene Induktionsprinzip gelten mußte, beruhte, wie Popper zuzugeben bereit war, auf einer begründeten, dennoch wohl willkürlichen Einzelentscheidung; gegenteilige Dezisionen blieben weiterhin denkbar.

„Ich war ... der Ansicht, daß die menschliche Erkenntnis aus unseren Theorien, unseren Hypothesen, unseren Vermutungen besteht und daß sie das Produkt unserer geistigen Bemühungen ist. Natürlich kann man die ‚Erkenntnis' auch anders sehen: Wir können die ‚Erkenntnis' oder das ‚Wissen' als einen subjektiven Bewußtseinszustand auffassen oder als einen Zustand der Dispositionen eines Organismus. Ich entschied mich jedoch dafür, die Erkenntnis als ein System von Sätzen zu behandeln, von Theorien, die zur Diskussion gestellt werden. ‚Erkenntnis' in diesem

Sinne ist objektiv; und sie besteht aus Hypothesen und Vermutungen... In dieser objektiven Neuformulierung ist" auch „das Problem der Induktion nicht mehr als ein Problem anzusehen, das unsere Überzeugungen – oder die Rationalität unserer Überzeugungserlebnisse – betrifft, sondern als ein Problem der logischen Beziehung zwischen singulären Sätzen... und allgemeinen Theorien. – In dieser Form wird das Problem der Induktion lösbar. Die Lösung ist, daß es keine Induktion gibt, weil allgemeine Theorien nicht aus singulären Sätzen ableitbar sind. Sie können aber durch singuläre Sätze widerlegt werden, da sie mit Beschreibungen von beobachtbaren Tatsachen kollidieren können."

Poppers kritischer Rationalismus hat sich, über seine Anfänge als Wissenschaftstheoretiker hinaus und gegen den erklärten Willen seines Begründers, lange Zeit im Rang einer Modephilosophie der neuen aufgeklärten Bescheidenheit halten können. Redlichkeit ging von ihr aus, auch Gediegenheit und das unaufgeregte Streben nach Gerechtigkeit, so daß es nicht verwundern konnte, daß schließlich auch die Politiker auf den in Wien geborenen und in Großbritannien geadelten Denker aufmerksam wurden – und ihn, ohne Rücksicht auf das bereits vorhandene Schriftgut, für sich vereinnahmten. Poppers politische Philosophie, die mit den angeblichen Ideologen Platon, Hegel und Marx abrechnete, bot sich förmlich an, um in der einen oder anderen Grundsatzrede zitatweise der staunenden Öffentlichkeit dargeboten zu werden. Zudem erwies sich Poppers Kerngedanke der „offenen Gesellschaft" als begrifflich-griffiges Desiderat, das so vielseitig verwendbar erschien, daß es schließlich sogar zu einer Art Prinzip Hoffnung für die ernüchterten Stände wurde. Heute, da noch immer und wieder postmoderne Beliebigkeitsentwürfe angesagt sind, hat Poppers Philosophie etwas anrührend Obsoletes an sich; sie mutet auf wundersame Weise altmodisch an, vielleicht gerade weil ihr Beharren auf unpopulären Idealen und den Werten einer noch immer zu erinnernden Menschlichkeit durch das politische Tagesgeschäft mitleidlos widerlegt wird. Poppers Altersplädoyer für die sogenannte Welt 3, die ehrwürdige Welt unserer großen und bleibenden Gedanken, in der auch Visionen, Mythen und die listigsten und stabilsten unserer Theorien zu Hause sind, wird, so dürfen wir hoffen, nichts (mehr) von seiner Eindringlichkeit verlieren.

„Der Wechselwirkung mit der Welt 3 verdanken wir unsere Vernunft, unser kritisches und selbstkritisches Denken und Handeln. Wir verdanken ihr unser geistiges Wachstum. Und wir verdanken ihr unsere enge Beziehung zu unserer Aufgabe, zu unserer Arbeit, und auch deren Rückwirkungen auf uns... Wie es mit unseren Kindern geht, so geht es auch mit unseren Theorien und letztlich mit allem, was wir tun: Unsere Werke werden schließlich weitgehend unabhängig von uns, von ihren Erzeugern. So können wir von unseren Kindern und von unseren Theorien mehr Wissen erlangen, als wir ihnen je mitgegeben haben. Auf diese Weise können wir uns selbst an unserem Zopf aus dem Sumpf unserer Unwissenheit herausziehen. Und auf diese Weise können wir alle zur Welt 3 beitragen. Wenn ich recht habe mit der Vermutung, daß wir nur durch die Wechselwirkung mit der Welt 3 wachsen und zu einer Person, zu einem Ich, zu einem Selbst werden, dann ist der Gedanke tröstlich, daß wir alle zu dieser Welt beitragen können, wenn auch vielleicht nur wenig. Es ist besonders tröstlich für jemanden, der glaubt, im Kampf mit Ideen und im Kampf um Ideen sein Glück gefunden zu haben."

Literaturhinweise

Einleitung:
Philosophische Schlüsselerlebnisse –
zum Beispiel Augustinus, Pascal, Rousseau und Feuerbach

Adam, Karl: Die geistige Entwicklung des heiligen Augustinus, Darmstadt 1957.

Augustinus: Werke in deutscher Sprache. Hg. v. Carl Johann Perl, Paderborn 1940ff.

Béguin, Albert: Pascal, Reinbek 1959ff.

Benjamin, Walter: Illuminationen, Frankfurt a. M. 1977.

Blumenberg, Hans: Höhlenausgänge, Frankfurt a. M. 1989.

Bohrer, Karl Heinz: Plötzlichkeit. Zum Augenblick des ästhetischen Scheins, Frankfurt a. M. 1981.

Capelle, Wilhelm (Hg.): Die Vorsokratiker, Stuttgart 1968.

Feuerbach, Ludwig: Werke in sechs Bänden. Hg. v. Erich Thies, Frankfurt a. M. 1975.

Holmsten, Georg: Rousseau, Reinbek 1972.

Marrou, Henri: Augustinus, Reinbek 1958ff.

Pascal, Blaise: Gedanken, Fragmente und Briefe. Deutsch von C. F. Schwartz, Leipzig 1845.

Rousseau, Jean-Jacques: Schriften. Hg. v. Henning Ritter. 2 Bde., Frankfurt a. M. 1988.

Sass, Hans-Martin: Ludwig Feuerbach, Reinbek 1978.

Schadewaldt, Wolfgang: Die Anfänge der Philosophie bei den Griechen, Frankfurt a. M. 1978.

„In den Hallen der Großen"
Niccolò Machiavelli

Barincou, Edmond: Machiavelli, Reinbek 1958.

Brion, Marcel: Machiavelli und seine Zeit, Düsseldorf 1957.

Cleugh, James: Die Medici. Macht und Glanz einer europäischen Familie, München 1984.

Fink, Humbert: Machiavelli, München 1988.

Hausmann, Friederike: Zwischen Landgut und Piazza: Der Alltag von Florenz in Machiavellis Briefen, Berlin 1987.

Kersting, Wolfgang: Niccolò Machiavelli, München 1988.

König, René: Machiavelli. Krisenanalyse einer Zeitenwende, München 1979.

Machiavelli, Niccolò: Discorsi. Gedanken über Politik und Staatsführung, Stuttgart 1978.

Machiavelli, Niccolò: Der Fürst, Stuttgart 1978.

Machiavelli, Niccolò: Geschichte von Florenz, Zürich 1987.

„Das Licht einer wunderbaren Einsicht"
René Descartes

Baillet, Adrien: La vie de M. Descartes. Neuaufl. Paris 1946.

Behn, Irene: Der Philosoph und die Königin, Freiburg i. Br. 1957.

Davidenko, Dimitri: Ich denke, also bin ich. Descartes' ausschweifendes Leben, Frankfurt a. M. 1990.

Descartes, René: Briefe. Hg. v. Max Bense, Köln 1949.

Descartes, René: Meditationen über die Grundlagen der Philosophie, Hamburg 1960.

Descartes, René: Prinzipien der Philosophie, Hamburg 1965.

Descartes, René: Regeln zur Ausrichtung der Erkenntniskraft, Hamburg 1979.

Röd, Wolfgang: Descartes. Die innere Genesis des Cartesianischen Systems, München 1964.

Specht, Rainer: Descartes, Reinbek 1966.

„Ein weitläufiges Geschäft"
Immanuel Kant

Cassirer, Ernst: Kants Leben und Lehre, Berlin 1918.

Gross, Felix (Hg.): Immanuel Kant. Sein Leben in Darstellung von Zeitgenossen, Berlin 1912.

Gulyga, Arsenij: Kant, Frankfurt a. M. 1981.

Höffe, Otfried: Immanuel Kant. 3., durchges. Aufl. München 1992.

Kant, Immanuel: Werke in sechs Bänden, Frankfurt a. M. 1956–1964.

Kant, Immanuel: Briefwechsel, Hamburg 1972.

Schultz, Uwe: Kant, Reinbek 1969.

Stavenhagen, Kurt: Kant und Königsberg, Göttingen 1949.

Vorländer, Karl: Immanuel Kant. Der Mann und das Werk. 3. Aufl. Hamburg 1992.

„Am warmen Winterofen"
Johann Gottlieb Fichte

Böhmer, Otto A.: Faktizität und Erkenntnisbegründung. Eine Untersuchung zur Bedeutung des Faktischen in der frühen Philosophie J. G. Fichtes, Frankfurt a. M. 1979.

Fichte, Johann Gottlieb: Werke. Hg. v. I. H. Fichte, Berlin/Bonn 1834 ff. (Nachdruck Berlin 1971).

Fichte, Johann Gottlieb: Briefwechsel. Hg. v. Walter Schulz, Frankfurt a. M. 1968.

Fichte, Immanuel Herrmann: Johann Gottlieb Fichtes Leben und literarischer Briefwechsel. 2 Bde., Leipzig 1862.

Fuchs, E. (Hg.): Johann Gottlieb Fichte im Gespräch. Berichte der Zeitgenossen, Stuttgart-Bad Cannstatt 1978 ff.

Jacobs, Wilhelm G.: Johann Gottlieb Fichte, Reinbek 1984.

Medicus, Fritz: Fichtes Leben, Leipzig 1914.

Rohs, Peter: Johann Gottlieb Fichte, München 1991.

„Die Erhebung des Endlichen"
Georg Wilhelm Friedrich Hegel

Althaus, Horst: Hegel und die heroischen Jahre der Philosophie, München 1992.

Hegel, Georg Wilhelm Friedrich: Werke in 20 Bänden. Redaktion: Eva Moldenhauer und Karl Markus Michel, Frankfurt a. M. 1970 ff.

Helferich, Christoph: Georg Wilhelm Friedrich Hegel, Stuttgart 1979.

Hoffmeister, Johannes: Briefe von und an Hegel. 4 Bde., Hamburg 1969 ff.

Lukács, Georg: Der junge Hegel, Frankfurt a. M. 1973.

Nicolin, Günther (Hg.): Hegel in Berichten seiner Zeitgenossen, Hamburg 1970.

Rosenkranz, Karl: Georg Wilhelm Friedrich Hegels Leben, Berlin 1844 (Nachdruck Darmstadt 1977).

Wiedmann, Franz: Hegel, Reinbek 1965.

„Ich bin wer ich bin"
Arthur Schopenhauer

Abendroth, Walter: Schopenhauer, Reinbek 1967.

Böhmer, Otto A. (Hg.): Vom Nutzen der Nachdenklichkeit. Ein Schopenhauer-Brevier, München 1987.

Hübscher, Angelika (Hg.): Arthur Schopenhauer. Ein Lebensbild in Briefen, Frankfurt a. M. 1987.

Hübscher, Arthur (Hg.): Arthur Schopenhauer. Gespräche, Stuttgart-Bad Cannstatt 1971.

Safranski, Rüdiger: Schopenhauer, München 1987.

Schopenhauer, Arthur: Werke in 5 Bänden. Nach den Ausgaben letzter Hand herausgegeben von Ludger Lütkehaus, Zürich 1988.

Schopenhauer, Arthur: Reisetagebücher, Zürich 1988.

Schopenhauer, Arthur: Der handschriftliche Nachlaß. Hg. v. Arthur Hübscher, Frankfurt a. M. 1966–75 / München 1985.

„Meine Schwermut steht gegen mich auf"
Sören Kierkegaard

Bloch, Ernst: Leipziger Vorlesungen zur Geschichte der Philosophie. 4 Bde., Frankfurt a. M. 1985.

Dollinger, Robert (Hg.): So spricht Kierkegaard. Aus seinen Tage- und Nächtebüchern, Berlin 1930.

Kierkegaard, Sören: Philosophisch-theologische Schriften. Hg. v. Hermann Diem und Walter Rest, Köln 1951 ff.

Kierkegaard, Sören: Existenz im Glauben. Aus Dokumenten, Briefen und Tagebüchern. Hg. v. Liselotte Richter, Berlin 1956.

Kierkegaard, Sören: Briefe. Hg. v. Walter Boehlich, Köln und Olten 1955.

Lund, Hermann (Hg.): Kierkegaards Verhältnis zu seiner Braut. Briefe und Aufzeichnungen aus seinem Nachlaß, Leipzig 1904.

Rohde, Peter P.: Kierkegaard, Reinbek 1959.

„Geboren aus den Geheimnissen der Frühe"
Friedrich Nietzsche

Fink, Eugen: Nietzsches Philosophie, Stuttgart 1960.

Frenzel, Ivo: Nietzsche, Reinbek 1966.

Gerhardt, Volker: Friedrich Nietzsche, München 1992.

Guzzoni, Alfredo (Hg.): 100 Jahre philosophische Nietzsche-Rezeption, Frankfurt a. M. 1991.

Michels-Wenz, Ursula (Hg.): Nietzsche: Wie man wird, was man ist. Ermutigungen zum kritischen Denken, Frankfurt a. M. 1988.

Nietzsche, Friedrich: Kritische Studienausgabe in 15 Bänden. Hg. v. Giorgio Colli und Mazzino Montinari, München / Berlin / New York 1980.

Nietzsche, Friedrich: Sämtliche Briefe. Kritische Studienausgabe. Hg. v. Giorgio Colli und Mazzino Montinari, München / Berlin / New York 1986.

Ross, Werner: Der ängstliche Adler. Friedrich Nietzsches Leben, Stuttgart 1980.

Sloterdijk, Peter: Der Denker auf der Bühne, Frankfurt a. M. 1986.

„Im Umgang mit dem Meer"
Karl Jaspers

Jaspers, Karl: Chiffren der Transzendenz, München 1970.
Jaspers, Karl: Was ist Philosophie, München 1980.
Jaspers, Karl: Philosophische Autobiographie, München 1977.
Jaspers, Karl: Die großen Philosophen. 2 Bde., München 1981.
Jaspers, Karl: Weltgeschichte der Philosophie, München 1982.
Jaspers, Karl: Schicksal und Wille. Autobiographische Schriften, München 1967.
Piper, Klaus und Saner, Hans (Hg.): Erinnerungen an Karl Jaspers, München 1974.
Salamun, Kurt: Karl Jaspers, München 1985.
Saner, Hans: Jaspers, Reinbek 1970.

„Mühe, Dunkel, krachendes Eis"
Ernst Bloch

Brandt, Heinz: Ein Traum, der nicht entführbar ist, München 1967.
Bloch, Ernst: Werkausgabe in sechzehn Bänden, Frankfurt a. M. 1985.
Bloch, Ernst: Über Eigenes selber. In: Morgenblatt für Freunde der Literatur, Nr. 14. Sondernummer Ernst Bloch, Frankfurt a. M. 1959.
Markun, Silvia: Ernst Bloch, Reinbek 1977.
Münster, Arno (Hg.): Tagträume vom aufrechten Gang, Frankfurt a. M. 1977.
Traub, Rainer und Wieser, Harald (Hg.): Gespräche mit Ernst Bloch, Frankfurt a. M. 1975.
Ueding, Gert: Glanzvolles Elend. Versuch über Kitsch und Kolportage, Frankfurt a. M. 1973.
Unseld, Siegfried (Hg.): Ernst Bloch zu ehren, Frankfurt a. M. 1965.
Zudeick, Peter: Der Hintern des Teufels. Ernst Bloch – Leben und Werk, Baden-Baden 1987.

„Die Erklärungen haben ein Ende"
Ludwig Wittgenstein

Baum, Wilhelm: Ludwig Wittgenstein, Berlin 1985.
Engelmann, Paul (Hg.): Ludwig Wittgenstein. Briefe und Begegnungen, München 1970.
McGuiness, Brian: Wittgensteins frühe Jahre, Frankfurt a. M. 1988.
Rhees, Rush (Hg.): Ludwig Wittgenstein: Porträts und Gespräche, Frankfurt a. M. 1987.

Wittgenstein, Ludwig, Werkausgabe in 8 Bänden, Frankfurt a. M. 1989.
Wittgenstein, Ludwig: Vorlesungen und Gespräche über Ästhetik, Psychologie und Religion. Hg. v. C. Barrett, Göttingen und Zürich 1968.
Wuchterl, Kurt u. Hübner, Adolf: Wittgenstein, Reinbek 1986.

„Der Zuspruch des Feldweges"
Martin Heidegger

Biemel, Walter: Heidegger, Reinbek 1973.
Heidegger, Martin: Gelassenheit, Pfullingen 1959.
Heidegger, Martin: Holzwege, Frankfurt a. M. 1972.
Heidegger, Martin: Zur Sache des Denkens, Tübingen 1976.
Heidegger, Martin: Sein und Zeit. 14. Aufl., Tübingen 1977.
Heidegger, Martin: Wegmarken, Frankfurt a. M. 1978.
Heidegger, Martin: Denkerfahrungen, Frankfurt a. M. 1983.
Hühnerfeld, Paul: In Sachen Heidegger, München 1961.
Löwith, Karl: Heidegger. Denker in dürftiger Zeit, Frankfurt a. M. 1953.
Pöggeler, Otto: Der Denkweg Martin Heideggers, Pfullingen 1963.
Steiner, George: Martin Heidegger, München 1989.
Wisser, Richard (Hg.): Heidegger im Gespräch, Freiburg i. Br. 1970.

„Alles liegt zu unseren Füßen"
Jean-Paul Sartre

Biemel, Walter: Sartre, Reinbek 1964.
Cohen-Solal, Annie: Sartre 1905–1980, Reinbek 1988.
Perrin, Marius: Mit Sartre im deutschen Kriegsgefangenenlager, Reinbek 1983.
Sartre, Jean-Paul: Das Sein und das Nichts, Reinbek 1962.
Sartre, Jean-Paul: Über die Einbildungskraft, Reinbek 1964.
Sartre, Jean-Paul: Kritik der dialektischen Vernunft, Reinbek 1967.
Sartre, Jean-Paul: Briefe an Simone de Beauvoir, Reinbek 1986.
Sartre, Jean-Paul: Sartre über Sartre, Reinbek 1988.
Sartre, Jean-Paul: Autobiographische Schriften, Reinbek 1988.

„Geister der Nacht"
E. M. Cioran

Bergfleth, Gerd: Ein Gespräch mit E. M. Cioran, Tübingen 1984.
Buchka, Peter: Die Nachtwachen des schwärmenden Ketzers. E. M. Cioran zum 80. Geburtstag – Ein Versuch, seine Lehre vom Zerfall zu verstehen. In: Süddeutsche Zeitung, Nr. 80, München 1991.

Cioran, E. M.: Vom Nachteil geboren zu sein, Frankfurt a. M. 1979.
Cioran, E. M.: Die verfehlte Schöpfung, Frankfurt a. M. 1979.
Cioran, E. M.: Der Absturz in die Zeit, Stuttgart 1980.
Cioran, E. M.: Syllogismen der Bitterkeit, Frankfurt a. M. 1980.
Cioran, E. M.: Gevierteilt, Frankfurt a. M. 1982.
Cioran, E. M.: Dasein als Versuchung, Stuttgart 1983.
Cioran, E. M.: Auf den Gipfeln der Verzweiflung, Frankfurt a. M. 1989.
Cioran, E. M.: Das Buch der Täuschungen, Frankfurt a. M. 1990.

„*Ein sanfter und gutmütiger Mann*"
Karl R. Popper

Alt, Jürgen August: Karl R. Popper, Frankfurt a. M. 1992.
Nordhofen, Eckhard: Das Bereichsdenken im Kritischen Rationalismus. Zur trinitistischen Tradition der Popper-Schule, Freiburg i. Br. 1976.
Popper, Karl R.: Logik der Forschung, Wien 1935 / Tübingen 1966 ff.
Popper, Karl R.: Die offene Gesellschaft und ihre Feinde, Bern 1957 ff.
Popper, Karl R.: Objektive Erkenntnis, Hamburg 1973.
Popper, Karl R.: Ausgangspunkte. Meine intellektuelle Entwicklung, Hamburg 1979.
Popper, Karl R.: Das Ich und sein Gehirn, München 1982.
Popper, Karl R.: Auf der Suche nach einer besseren Welt, München 1984.
Schäfer, Lothar: Karl R. Popper, München 1988.

Sternstunden der Philosophie

Wolfgang Kersting
Niccolò Machiavelli
1988. 188 Seiten mit 5 Abbildungen. Paperback
Beck'sche Reihe Band 515

Otfried Höffe
Immanuel Kant
3., durchgesehene Auflage. 1992
330 Seiten mit 8 Abbildungen. Paperback
Beck'sche Reihe Band 506

Peter Rohs
Johann Gottlieb Fichte
1991. 196 Seiten mit 6 Abbildungen. Paperback
Beck'sche Reihe Band 521

Volker Gerhardt
Friedrich Nietzsche
1992. 235 Seiten mit 9 Abbildungen. Paperback
Beck'sche Reihe Band 522

Kurt Salamun
Karl Jaspers
1985. 188 Seiten mit 5 Abbildungen. Paperback
Beck'sche Reihe Band 522

Lothar Schäfer
Karl R. Popper
2., durchgesehene Auflage. 1992
188 Seiten mit 4 Abbildungen. Paperback
Beck'sche Reihe Band 516

Verlag C.H. Beck München